Somos associados da **Fundação Abrinq** pelos direitos da criança. Nossos fornecedores uniram-se a nós e não utilizam mão de obra infantil ou trabalho irregular de adolescentes.

Para Sempre Contigo
Copyright by © Petit Editora e Distribuidora Ltda., 2012
2-9-12-3.000-8.000
Direção editorial: **Flávio Machado**
Assistente editorial: **Renata Curi**
Imagem da capa: **Yi Fan Photography / iStockphoto**
Capa, projeto gráfico e editoração: **Estúdio Design do Livro**
Produtor gráfico: **Vitor Alcalde L. Machado**
Preparação: **Maiara Gouveia**
Revisão: **Katycia Nunes**
Impressão: **Vida e Consciência Gráfica
e Editora Ltda.**

**Dados Internacionais de Catalogação na Publicação (CIP)
(Câmara Brasileira do Livro, SP, Brasil)**

Pereira, Evanice Maria.
    Para sempre contigo / romance de Evanice Maria Pereira. – São Paulo :
Petit, 2012.

    ISBN 978-85-7253-205-1

    1. Espiritismo   2. Romance espírita   I. Título.

12-07732   CDD: 133.9

Índices para catálogo sistemático:
1. Romance espírita : Espiritismo   133.9

Direitos autorais reservados.
É proibida a reprodução total ou parcial, de qualquer forma
ou por qualquer meio, salvo com autorização da Editora.
(Lei nº 9.610, de 19 de fevereiro de 1998)
Traduções somente com autorização por escrito da Editora.
Impresso no Brasil, no inverno de 2012.

Prezado(a) leitor(a),

Caso encontre neste livro alguma parte que acredita que vai interessar ou mesmo ajudar outras pessoas e decida distribuí-la por meio da internet ou outro meio, nunca deixe de mencionar a fonte, pois assim estará preservando os direitos do autor e, consequentemente, contribuindo para uma ótima divulgação do livro.

Para sempre Contigo

Romance de
EVANICE MARIA PEREIRA

Rua Atuaí, 389 – Vila Esperança/Penha
CEP 03646-000 – São Paulo – SP
Fone: (0xx11) 2684-6000
www.petit.com.br | petit@petit.com.br

"E eis que estarei convosco todos os dias,
até a consumação dos séculos".

(MATEUS, 28:20)

Sumário

Hora de regressar, 9
Em Samaria, 14
João, 18
Planos estranhos, 23
Paulo de Tarso, 28
Cafarnaum, 44
Boas conversas, 59
Ainda em Cafarnaum, 90
E chegam as tormentas, 103
A ave de rapina se revela, 118
Tempo de provações, 130
Tragédia, 150
A nova igreja, 158
Destruindo vidas, 183
Medo, 191
Diante do Cristo, 211
Os Heróis da Nova Salvação, 221
O discurso, 247
Revelações, 253
Referências históricas, 267

Hora de regressar

Admirando a paisagem, Gregório passeava pelas alamedas floridas da colônia, e a tranquilidade do lugar trazia calma ao seu coração aflito. A reencarnação aconteceria em breve; por esse motivo, angustiava-se. Como impiedoso carrasco, o passado clamava em seu íntimo. Havia muitas reparações a realizar.

Avistou, não muito longe, dois jovens caminhando lentamente em animada conversa. Sorriam. Percebia-se neles a satisfação pela possibilidade de andar juntos e desfrutar de uma paz alcançada somente no mundo espiritual, porque, em existências passadas, sofreram a inveja, a vaidade e o orgulho daqueles que desejavam a separação de suas almas afins.

Não demorou até passarem por Gregório. Ainda risonhos, cumprimentaram de modo respeitoso o amargurado senhor de cabelos grisalhos que respondeu com um aceno de cabeça. Era como se ambos, sendo jovens, não levassem o passado em consideração, por isso não guardavam mágoas. Vagarosamente, afastaram-se, sob o olhar triste do homem mais velho.

Gregório sentou-se num banco. Por mais que desejasse, não conseguia afastar as lembranças. Olhou mais uma vez para Helena e Raul. Tinha sido o algoz daquele casal harmonioso. Em virtude de sua loucura e seu orgulho desmedido, empreendera toda a sorte de atrocidades contra os jovens apaixonados. Na pele do bispo Saramago, nutriu inexplicável e doentia paixão pela jovem Helena – na época, Sofia, a bela cigana das terras espanholas. Em nome desse amor, em momento algum correspondido, cometeu crimes bárbaros. Ao perceber que era rejeitado, forjou mentiras contra a jovem, acusando-a de bruxaria, e, assim, a moça queimou na fogueira da Inquisição enquanto o amante era apanhado em emboscada por serviçais do inescrupuloso bispo. Em outra encarnação, na condição de um padre, viveu no Rio de Janeiro e encontrou novamente Helena, filha de um poderoso fazendeiro, e de novo fez minar os sonhos de sua amada e de Raul, um médico formado na Europa, também filho de fazendeiros, criando trama tão sórdida que não tinha coragem de recordar. Helena, triste e sem esperança, refugiou-se num convento em Portugal. Mesmo tendo afastado a jovem de Raul, que foi assassinado, Gregório não conseguiu conquistá-la. Acabou decadente e bêbado, acometido por crise hepática, aos cinquenta e oito anos, quando caminhava pelas calçadas do Rio de Janeiro. Expirou caído no chão, na rua, como um andarilho qualquer. E ainda não era tudo: apesar dos séculos que o separavam da recordação, guardava a clara lembrança de que, em uma de suas existências, desperdiçara valiosa oportunidade de reparar graves erros que cometera. Se tivesse notado o momento especial pelo qual passava, não teria sido homem tão duro e apegado às coisas materiais, sem nenhum respeito ou consideração pelo próximo.

Agora, retornaria mais uma vez como ministro religioso. Era um desafio. Aceitou temeroso, mas decidido. Aquela vida de abusos deveria ter fim. Durante o período escolar, quando somos reprovados em alguma matéria, é necessário rever a disciplina e começar de novo. Na vida espiritual também é assim. Portanto, aceitara a incumbência de reencarnar, na condição de líder religioso, com a missão de compreender o verdadeiro objetivo do sacerdócio: conduzir as almas a Deus. Entenderia, nessa existência, que não deve usar das prerrogativas eclesiásticas para praticar atos deploráveis.

Decidido, Gregório mergulhou em oração íntima. Não queria errar mais. Estava farto de relembrar os erros do passado, tão clamorosos. Queria ser um bom homem, ficar em paz com a sua consciência. Queria viver as lições do Evangelho do Cristo, aprendidas em sua vida religiosa, porém jamais colocadas em prática. Chegou à conclusão de que nunca acreditara de verdade no Evangelho, cumprira normas e dogmas por convenção, ou não teria seguido caminhos tão insanos e perversos em nome de Deus.

Uma lágrima rolou por sua face quando relembrou inesquecíveis palavras ditas há séculos, no momento em que os principais do templo de Jerusalém disputavam com o Divino Mestre: "Mas, ai de vós escribas e fariseus hipócritas! Pois que fechais aos homens o Reino dos Céus e nem vós entrais, nem deixais entrar aos que estão entrando!"[1].

Quantas vezes fechara as portas dos Céus aos semelhantes! Andava pelas ruas distribuindo bênçãos, como respeitável homem de bem e, contudo, tantos crimes cometera! Quanta palavra astuta e mal-intencionada disse aos famintos de justiça, palavras que não traduziam, de maneira alguma, a sublime e esclarecedora mensagem do Cristo! Como recompensa por suas mentiras, também não entrou no Reino dos Céus. Restou o desapontamento e o sentimento de fracasso quando chegou ao mundo espiritual e não encontrou um coro de querubins saudando o seu ingresso no templo das bem-aventuranças. Ele não tinha conquistado um lugar de destaque ao lado da Majestade Celeste; ao contrário, teve a lama e a escuridão do umbral por onde vagou entre seres fantasmagóricos e maus por longa temporada até clamar pela misericórdia do Salvador. Seus paramentos sacerdotais e formação teológica não garantiram melhor lugar no Além.

---

1. Mateus (23:13).

Endireitou o corpo. Secou as lágrimas. *"Agora será diferente. Tem de ser. Basta de erros!"*. Observou Helena e Raul, agora apenas dois pontos distantes em meio àqueles que transitavam pela colônia espiritual. Ia se levantar quando avistou, do outro lado, um amigo querido. Adonai parecia um protetor. Moço cativante, trabalhava no hospital da colônia como enfermeiro, mas Gregório desconfiava que ele fosse muito mais do que dizia. Em virtude de tantas conversas esclarecedoras e sábias com o rapaz, suspeitava que sua procedência era mais elevada.

Adonai chegou sorridente como sempre, mostrando dentes perfeitos e alvos. Era belo, e seus cabelos cacheados cor de caramelo eram sedosos e brilhantes. Os olhos, duas safiras cintilantes.

— *Ah, Gregório! Chorando de novo, amigo?*

Gregório, tristonho, baixou a cabeça, desanimado.

Adonai aproximou-se dele, dizendo em tom carinhoso:

— *Compreendo sua angústia. O momento da reencarnação é semelhante ao do desencarne. Há sensações de que algo vai mudar e não temos escolha. Tudo que podemos fazer é aceitar a mudança.*

— *Não é só o medo da reencarnação, Adonai. Tenho medo de falhar outra vez! E se eu fizer tudo errado de novo! Se causar outros males a pessoas inocentes?*

Adonai sorriu, imperturbável.

— *Se Jesus nos ensina perdoar setenta vezes sete*[2], *sem dúvida é um mandamento divino. Pior é estagnar, amigo. Ter medo de seguir o caminho é descrer da misericórdia divina.*

Gregório silenciou-se, aflito. Adonai o abraçou e deitou a cabeça dele em seu ombro:

— *Não tema, Gregório. Se nos detemos, não acertamos nem erramos, porém tudo continua igual. Prosseguir nos transforma. Ao caminhar,*

---

2. Mateus (18:21-22).

encontramos novos rumos. Nosso Senhor nunca nos coloca numa estrada sem mapa, sem direção. Todos nós participamos de uma história e não seguimos sozinhos, sem ajuda ou auxílio do Alto. Ele sabe que sempre precisaremos da mão estendida para nós, em nosso favor. Mas devemos carregar nossos fardos. Cada um tem o seu, recebido de acordo com a própria capacidade. Tome o seu fardo e carregue, dignamente, com o seu esforço.

Gregório reconfortou-se no abraço do jovem amigo. Secou a última lágrima, insistente, e permaneceu em oração.

Em Samaria

Agitada, Ana apressava-se em coordenar os servos de casa nos afazeres domésticos, sob o olhar inconstante do irmão. Entre um documento e outro que analisava, percebia, discretamente, a aflição da moça. Enfim, ela terminou o trabalho e foi buscar um véu. Estava pronta para sair quando Abdias não conteve a curiosidade:

– Aonde vai agora, Ana?

– Fala como se eu passasse a maior parte do tempo fora de casa! Quase não saio! Mas posso saciar sua curiosidade: pretendo ouvir o novo profeta que apareceu na região.

O rapaz estalou os lábios.

– Mmm... Mais um...

Ana fez uma careta, mas o irmão não viu, porque voltou a analisar os papéis, sem muito interesse pela novidade. Ela observou o rapaz, sempre às voltas com a contabilidade, auxiliando nos negócios do pai. Era um descrente, só o trabalho o interessava. E o dinheiro que embolsava, claro. O pai era proprietário de uma pequena, porém rentável, tecelagem. E há muito tempo a família vivia confortável por conta do negócio.

Preocupava-se com Abdias. O irmão era um homem mal-humorado, violento, andava na contramão das crenças religiosas da maioria das famílias samaritanas. O Deus Inominado, aquele que não tem nome porque é Único, não merecia sua reverência e adoração. Ele se interessava pouco pelas antigas Escrituras. Sua vida era trabalho, bebedeira com os amigos, gastos exorbitantes e supérfluos. Namoradas com estilo de vida duvidoso... Ana aproximou-se:

— Não se trata de mais um, Abdias. O homem que está em nossa cidade é reconhecido como Messias. Chamam-no Jesus de Nazaré.

Ele levantou as vistas para a irmã com ar de desagrado. Queria concentrar-se nas contas e não tinha interesse naquele assunto. Mas preferiu não explodir em xingamentos como era comum fazer quando perdia a paciência.

— Ana, repito a máxima, apenas como recordação: e pode vir alguma coisa boa de Nazaré? Não é o que dizem?

— Que falem, não me importo. Esse senhor é digno de respeito. Contam que falou a uma senhora, ao passar pela fonte de Jacó, e não se importou que ela fosse uma samaritana.[3] Ele não tem preconceitos como os outros judeus. E ainda disse àquela mulher tudo o que acontecia com ela, como se a conhecesse há anos.

"Mulheres! Todas se impressionam com tanta facilidade!", pensou Abdias, enfadado com a narrativa monótona da irmã.

— Grande estratégia para conquistar um povo discriminado! Dessa forma, não haveria como não angariar simpatia dos samaritanos! E a mulher que ouviu as verdades talvez tivesse lá a sua fama...

Ana entendeu bem o sarcasmo.

— Não seja indelicado, Abdias! Sou sua irmã e deveria ter vergonha de me dizer tais insinuações! Logo serei uma senhora casada com um bom homem!

— Então vá para o seu profeta e deixe que eu termine o meu trabalho, ou seu casamento pode não ter comida nem vinho suficientes para os inúmeros convidados!

---

3. João (4:1-42).

Ofendida, Ana saiu batendo a porta. Abdias, com o semblante fachado, desistiu de continuar a tarefa. Levantou-se. Tinha perdido a concentração. Foi para o andar superior da casa meio a esmo, não buscava nada. Queria apenas esfriar a cabeça. A irmã falava demais, era uma tola, encantava-se com qualquer notícia.

Na varanda, respirou fundo o ar da tarde. Olhou para baixo e viu, a alguns metros dali, homens e mulheres apressando-se na direção de um pequeno ajuntamento. Entre os apressados iam também coxos, que se arrastavam como podiam, e paralíticos carregados em padiolas precárias. Iam chegando e rodeando um homem que estava sentado em uma grande pedra. Em razão da distância, não podia ver o rosto dele com exatidão, mas percebia-se uma longa cabeleira à moda dos nazarenos. Tinhas gestos calmos e cadenciados, dava atenção a todos. "Deve ser aquele", deduziu Abdias. E explodiu em sarcasmo quando percebeu a simplicidade das vestes do forasteiro:

– Mais um pobre!

Era sempre a mesma situação. Todos os profetas eram invariavelmente miseráveis. Talvez fosse um requisito para adquirir sabedoria. E, entre a sabedoria e a riqueza, Abdias preferia a riqueza, sem dúvida. Sabedoria não pagava tributos, não dava comida farta à mesa, não comprava roupas boas e bonitas. Sabedoria era uma ilusão, quem poderia, afinal, saber exatamente o que era a sabedoria? Quem poderia se dizer possuidor do mais alto saber? Ninguém! E aquele povo tolo? Por que não procurava ocupação melhor do que ouvir devaneios de homens como aquele? E ele, o profeta, porque não ia trabalhar, se sustentar, dar uma vida digna aos familiares? Se é que tinha parentes vivos. Era realmente um modo de viver muito fácil, andar pelas cidades recolhendo esmolas, vivendo de bons gestos dos outros sob o pretexto de espalhar uma desprezível filosofia que encontrava um público apropriado a acreditar em tantas tolices!

Homens letrados e esclarecidos não seguiam os falastrões, não se deixavam enganar ou encantar como crianças inocentes.

Lembrou-se de um fato: ouvira falar que Jesus era carpinteiro. Tinha profissão e preferia viver de cidade em cidade a trabalhar honestamente! Era lastimável que alguém preferisse tal tipo de vida. Coisa de gente vulgar e de baixa estirpe. Com toda a razão os romanos tinham conquistado aqueles povos. Eles mereciam submeter-se a uma autoridade superior.

– Terra maldita!

Abdias não podia evitar. Sempre que pensava nas estranhezas de seu povo, reclamava em seu íntimo que poderia, com um pouco de sorte, ter nascido melhor. Não precisaria nem ter despertado em berço de ouro, bastaria, pelo menos, que fosse um grego. Ou melhor: romano. Os romanos, sim, eram respeitáveis. Inteligentes. Poderosos. Pessoas de uma raça especial, depurada. Mentes brilhantes. Contudo, tivera o azar de ter nascido em Samaria, no meio de gente discriminada pelos fariseus e saduceus, orgulhosos e cheios de si. Não suportava a discriminação. Odiava toda vez que era evitado por alguém de Jerusalém, como se fosse um leproso, ladrão ou vagabundo. Samaritano ou não, tinha o seu valor! Tinha direito ao respeito, como qualquer outro ser.

– Ainda me vingo desta corja! Quem eles pensam que são?

Esbravejou e foi dar com os olhos novamente no Nazareno. Apesar da distância, percebeu que era observado por Ele. Estranhou. Com tanta gente ali, à sua volta, porque atentava para um desconhecido no alto de um terraço?

Abdias ficou paralisado, olhando o profeta também, não conseguia se desembaraçar daquele olhar insistente. Só deu conta de si quando Ele se levantou e passou a falar aos presentes. Irritado, o moço girou nos calcanhares e entrou. Começava a se impressionar, também, como seus conterrâneos, os quais considerava gente inculta e atrasada.

João

Em meio à confusão do grande centro financeiro, esperava pelo sinal verde. Sujeito de meia altura, franzino. Os pelos dos braços se eriçaram com a brisa fria. O verão começava a se despedir. Deixou o paletó no escritório, parecia que o dia ia ser tão quente... Ajeitou os óculos e reparou na elegância da moça loura ao seu lado. Incrível como algumas pessoas tinham bom gosto invejável ao se vestir. De repente, um rapaz tão elegante quanto a jovem loura, o encarou.

– O que foi? Está olhando o quê? Ela é muita coisa para você, vê se te enxerga!

O sinal fechou, e os dois jovens alinhados se adiantaram rapidamente sobre a faixa de pedestres, rindo sem parar. Alguns transeuntes gostaram da brincadeira dos dois e riram também.

Virou-se e atravessou a rua, tranquilamente. Não se podia nem admirar a elegância de alguém.

Não se abalou com a ofensa. Estava habituado ao preconceito. Habituado, não conformado. Era diferente. Compreendia que a questão racial seria consumida aos poucos, de acordo com a evolução do pensamento. Então, não tinha porquê definhar e lamentar a própria condição. Preocupava-se com outras questões. As pessoas estavam tão amargas e violentas, sempre prontas a atacar, como se a vida tivesse se tornado uma guerra de cada um. Não existia hesitação em dizer uma palavra má com intuito de desprezar, magoar, ofender, embaraçar e humilhar. Parecia-lhe estranho que o homem, entre tantos avanços tecnológicos, lamentavelmente tenha progredido tão pouco na condição moral.

Observou dentro de um restaurante elegante um senhor operando um *laptop* enquanto aguardava o almoço e, logo ao lado, na calçada, um pedinte em péssimo estado. Sujo, em farrapos. O rosto macilento e pálido denunciando o ataque impiedoso da fome. Pegou o saquinho de papel da lanchonete no qual havia um grande pedaço de um lanche que, por falta de tempo, não tinha comido até o fim. Entregou ao pedinte, que recolheu o pacote com as mãos trêmulas e aflitas.

– Ô menino! Que Deus te dê em dobro!

Ele sorriu ao mendigo e entrou no prédio, pensando em como o ser humano resolvera o problema da comunicação, criando a telefonia celular e a internet, mas ainda não tinha solução para a fome e a penúria dos semelhantes.

Ao passar pelos porteiros, foi saudado alegremente:

– Boa tarde, Joãozinho! Já de volta?

– É, "seu" Geraldo! Preciso adiantar um trabalho. Tenho vinte minutos sobrando.

– Então vai, filho. Aproveite.

Ele se dirigiu ao corredor dos elevadores enquanto os porteiros comentavam:

– Bom rapaz esse João!

– Se é!

João chegou ao vigésimo andar e parou na recepção. Não se cansava de admirar o letreiro. Além de ser um trabalho de mestre, as letras grandes e douradas, fixadas sobre uma parede em textura branca, eram a recordação de uma conquista. Ele trabalhava na Advocacia Souza e Silva. Ingressara como estagiário no escritório, que tomava todo o andar, e depois de dez meses a doutora Valquíria o admitira como assistente, com a justificativa de que estava no terceiro ano do curso de Direito e era dedicado demais para ficar somente estagiando. E assim veio a contratação efetiva.

Ele sorriu, satisfeito, e foi para a sala. Doutora Valquíria ainda não retornara do almoço. Recolocou a gravata e o paletó, porém notou um pequeno furo sob o braço esquerdo da peça. Fazer o quê? Tinha apenas dois paletós para intercalar o uso durante a semana, ainda não dava para comprar um terno completo. Costuraria quando chegasse em casa.

Dirigiu-se ao lavabo e, logo que retornou, deparou-se com a doutora.

– Que susto! Também voltou mais cedo do almoço?

– É. Hoje não fui almoçar com o Pedro. Ele não pôde sair da empresa onde trabalha por causa de imprevistos. E você? Por que voltou mais cedo?

– Preciso adiantar um trabalho da faculdade. Sabe que tenho pouco tempo, não é? Se não tivesse ido ao banco pagar uma conta, já teria adiantado bastante!

– Então, nem almoçou direito! Hoje os bancos estão estourando de tão cheios!

– Comi a metade de um lanche e vim para cá.

– Não, não. Isso não está certo. Faça assim: termine o seu trabalho e desça novamente para se alimentar direito. Você vai direto para a faculdade, nem tem como jantar, precisa começar a se alimentar melhor, João! Desse jeito, logo perco um excelente assistente!

– Não se preocupe, doutora Valquíria. Eu vou me cuidar.

– É somente Val, já disse. Você é meu amigo!

Ele sorriu embaraçado. Ela o chamou para perto.

– João, quero contar somente a você. Vou pedir que seja discreto e não diga a ninguém. Estou descontente com esse trabalho.

O salário é ótimo, mas... Em seis anos de empresa consegui economizar e tenho o suficiente para abrir meu escritório. Pedro concorda que eu saia e prometeu até me ajudar, não sei como. Ele também cursa faculdade e seu trabalho não rende um salário tão bom assim.

– E os planos do casamento de vocês?

– Tivemos que suspender, por enquanto. Depois que estivermos estabelecidos financeiramente, voltaremos a planejar. É o último ano do curso do meu noivo, e, pegando o diploma, terá boas chances na construtora em que trabalha.

– Por que a pressa, Val? Não dá para esperar um pouco?

– Não, preciso sair daqui o quanto antes. Com a chegada do Paulo, a tendência é que as coisas se compliquem cada vez mais! Ele pode acabar percebendo tudo. Se é que já não percebeu...

Um ruído na porta da sala ao lado fez terminar a conversa sigilosa. Senhor Jonas havia chegado. João e Valquíria foram para as suas mesas. Não passou muito tempo e Jonas entrou na sala com jeito de poucos amigos. Reparou nos cadernos de João e fez uma careta.

– Já disse que aqui não é colégio!

– Ainda estou em meu horário de almoço, doutor Jonas.

– Não importa! Venha até minha sala, quero falar com você!

Sem alternativa, João guardou os cadernos e fez o que o patrão pediu. Então, Jonas começou a despejar a ira sobre o rapaz. Valquíria ficou ouvindo, irritada. O patrão não gostava de João, procurava defeitos ridículos em suas tarefas, buscava por detalhes sem importância alguma pelo prazer de perseguir o jovem. Fora terminantemente contra a contratação dele, mas Valquíria insistiu. Era inadmissível que Jonas não gostasse de João apenas pela cor de sua pele e por sua religião. "Feiticeiro", asseverava o advogado quando o via folheando livros espíritas. A advogada jurou que, ao abrir seu escritório, levaria João para trabalhar com ela.

Assim que João entrou em casa consultou o relógio. Onze e quarenta da noite. O ônibus demorou muito, teria menos tempo para descansar. Ainda bem que o fim de semana estava chegando. Tomou um banho rápido, comeu algumas frutas e se aconchegou na cama cheirosa e limpa. Fazia frio. Pegou os cadernos para terminar o trabalho, mas mudou de ideia. Entregaria a tempo, sem problemas. Fez apenas uma releitura das matérias aplicadas naquele dia e se deitou, cobrindo-se até pescoço. Olhou para a outra cama de solteiro ao lado da sua. Observou o quarto inteiro. Um guarda roupas pequeno, velho. Uma cômoda também antiga e um aparelho de TV de vinte e uma polegadas. Enguiçado. Um radiogravador com tocador de CDs. O quarto era pequeno, assim como a cozinha ao lado. Pagava muito caro por uma casa de apenas três cômodos, e o proprietário não negociava menor preço em hipótese alguma. Aquela vida teria fim, um dia. Pesquisaria como fazer um financiamento para adquirir uma casa própria e um crediário para comprar móveis novos. No futuro, quando estivesse formado e ganhando um salário melhor, talvez fosse possível planejar com calma.

Eram seis horas da manhã quando o celular o despertou com a sua música irritante. Pulou da cama rapidamente, não podia perder tempo. Todo dia era aquele corre-corre: arrumar a roupa, ir à padaria e seguir para a estação de trem. Na plataforma de embarque, digitou uma mensagem no celular: "*Vem logo para casa. O plantão de enfermagem não é fácil, eu sei. Tem café com leite na garrafa térmica e não use a margarina, hoje deu para comprar manteiga. O pão está quentinho, guardei no forno para não esfriar. Paguei o aluguel. Bom descanso quando chegar. Um beijo mãe, te amo*".

Planos estranhos

Há dias Ezequias e Rebeca tentavam entender o comportamento do filho. Abdias, desde que retornara de Jerusalém, onde fora vender os tecidos fabricados pela família, andava mais mal-humorado que de costume. Conversava o necessário e quase não saía de casa. Quando saía, retornava embriagado, num estado que indicava uma noite passada em completa perdição. Então, respondia grosseiramente às perguntas dos pais, que esperavam por ele preocupados e, assim, continuavam sem entender nada.

No terraço, lugar aonde ia para refletir, sentia, neste momento, uma angústia. Nunca a mágoa de ser um desafortunado tinha doído tanto. Nascera na Judeia e não em Roma. Era um simples tecelão samaritano, rico, mas sem nenhuma nobreza, sem conhecimento sobre as artes e a beleza das grandes cidades. Jamais lera nada sobre filosofia. Sua vida era tecer e pagar contas, brigar com os judeus que se mostravam hostis, sair de vez em quando para as mesmas conversas e festas vazias. Seu mundo era limitado. Seu modo de viver, medíocre. Assim, não teria nada a oferecer a Fábia... Somente em murmurar o nome da linda romana que conhecera em Jerusalém, sentia como se o doce do mel escorresse em seus lábios ávidos. O coração batia em descompasso ao se lembrar das delicadas formas da maior representação da beleza que já vira em toda sua vida estúpida. Queria, necessitava tocar aqueles cabelos cor de fogo, desejava perder-se na meiguice daqueles olhos tão profundos e verdes;

era imprescindível beijar aqueles lábios perfeitos e rosados como uma romã. Porém, tão meigos olhos já tinham com o que se admirar: o tribuno Marcus Varro, o esposo a quem ela ouvia, encantada, discursar sobre política e filosofia entre homens letrados. Marcus era um tipo daqueles que impõem respeito até pela entonação da voz grave e estudada, inteligente, altivo, bem relacionado. Era um homem importante. Era romano. E o que era Abdias? Nada!

Andou nervosamente pelo terraço, amaldiçoando. Por que a vida era tão injusta? Por que tinha se apaixonado por uma nobre romana de um mundo tão oposto ao seu? Por que não poderia tê-la em seus braços? Não! Um homem não poderia viver daquela forma, atormentado por um amor que merecia receber, como qualquer outra pessoa! Era cruel, desumano, ficar ao longe, admirando e desejando, como se a felicidade de estar ao lado da criatura amada fosse privilégio de poucos.

— Não aceito tal condição! Recuso-me a aceitar! Farei o impossível para tê-la somente para mim!

Abdias falou em voz alta, inflamado pelos próprios pensamentos, sem notar Elias, um amigo de infância, parado na entrada do terraço.

— O que é isso, Abdias? Parece um louco!

Enfim, ele parou de andar de um lado para o outro e procurou recompor-se. Chegava a arfar, de tão alterado.

— Ainda pensando na romana?

— Sempre pensando nela! Acho que enlouqueço!

— Seja sensato, Abdias. O que o distancia dela não é só a cultura e a origem. Ela é casada! E feliz, pelo que foi possível perceber.

— Pouco me importa. Elias, enquanto ela é feliz, estou aqui sofrendo. Tenho que fazer algo. Tenho que...

— Já chega! Eu ouvi suas palavras quando cheguei. É um absurdo desejar separá-la do esposo. Você não tem o direito de destruir um casamento venturoso por um desejo desenfreado. Você foi imprudente ao deixá-lo fluir!

– E como frear a impetuosidade do amor, Elias? Sabe responder?

– Antes é necessário definir o que você sente de fato.

– Se não é amor, o que é então?

– Quando se deseja destruir algo, pode ser qualquer outro sentimento, menos amor!

– Ora, você nada sabe de amor!

– Posso mesmo não saber, amigo, mas sei de uma coisa: quando estive com você em Jerusalém, conheci um belo casal vivendo em completa harmonia e acredito que não seja justo arruinar a vida de duas pessoas que se amam, por livre escolha de cada um. Você é o intruso, chegou agora, no meio de uma história já formada e concluída, querendo dar a ela um triste final. Sempre fui seu amigo, mas, se precisar de minha ajuda para um intento tão perverso, não conte comigo!

– Jamais pensei em pedir sua ajuda!

Elias saiu sem se despedir. Abdias, a sós, continuou remoendo pensamentos. Precisava encontrar um meio de mudar-se para Jerusalém. Queria acompanhar sua presa de perto, observar os costumes do casal, criar vínculos que os aproximasse.

De repente, sorriu com a ideia que chegou à sua mente. Apressado, foi falar com o pai. Precisaria convencê-lo.

Encontrou o senhor Ezequias na antessala, preparando-se para o jantar. Chegou e não fez cerimônia em iniciar o assunto.

– Pai, tem um tempo para mim, antes do jantar?

– Sim, fale.

– Estive pensando... Podemos expandir nossos negócios. Quando estive em Jerusalém, soube das tecelagens existentes na Galileia e pensei: por que não abrir uma fábrica também na região e oferecer concorrência? Nossos tecidos são excelentes, de primeira qualidade.

– Duas tecelagens? Daremos conta?

– Claro, pai! Eu sigo para a Galileia e encontro um bom local.

– E quem me ajudará aqui, em Samaria?

– Ora, Felipe, seu genro, é bem esperto, tem tino. Peço a Elias, e ele vai comigo para me auxiliar.

– De onde tirou tal ideia, Abdias?

– Do desejo de expansão. Não podemos nos contentar e parar no tempo, pai. Precisamos ousar, pensar grande. Vivemos bem, eu sei, mas por que não desejar progredir, fazer mais?

– Sua ambição me assusta, Abdias!

– Não é só ambição. É trabalho digno e honesto.

Ezequias silenciou para refletir enquanto Abdias mal suportava conter a ansiedade pela resposta.

– Seu projeto despenderá muito dinheiro...

– É verdade, concordo. Mas o senhor sabe como eu trabalho, sou competente. O dinheiro empregado retornará multiplicado, acredite.

Ezequias concentrou-se refletindo sobre a proposta. Deixou o filho aflito, aguardando por uma decisão por longo tempo. Depois concluiu:

– Vamos pensar com cuidado. Não se toma uma decisão como esta assim, sem exame. Por hora, vamos jantar.

Abdias seguiu o pai com leve sorriso nos lábios. Quando falava daquele modo, significava um "sim". Mal podia esperar para sair de Samaria.

❧ Exatamente quarenta e cinco dias após a conversa com o pai, Abdias, satisfeito, admirava a extraordinária Fortaleza Antonia, em Jerusalém, o afamado posto de observação romano. Odiava aquela cidade também. Era feia, suja, barulhenta. Mercadores de um lado e pedintes do outro, aos berros. Contudo, ali estava o objeto do seu maior desejo. Seguiria para a Cidade Alta, onde os poderosos e ricos estabeleciam moradia e, assim, estaria próximo de Fábia. Elias, o acompanhava em completo desânimo. Quando viu a satisfação estampada no rosto do amigo insensato lamentou pelo senhor Ezequias, homem tão honesto e bom.

– Não creio, Abdias! Engana o próprio pai! Disse que seguiria para a Galileia!

– Eu precisava do dinheiro. Como poderia me arranjar aqui sem posses?

– Seu pai espera que abra uma nova tecelagem, deu alta soma somente pela empresa!

– Eu vou criar a tecelagem, Elias, não se aflija. Entretanto, primeiro vou conquistar a mulher que amo. Então, ela seguirá comigo para Galieia, como minha esposa, e farei dela a mais feliz entre todas, darei a ela tudo que desejar apenas para que viva ao meu lado!

– Fala como se fosse muito simples tomá-la do esposo. Quem te garante que conseguirá?

– Tenho uma intuição. Ela verá que sou o melhor para esposá-la. Mostrarei meus dons, abrirei meu coração. Serei feliz, Elias, esteja certo.

Elias preferiu voltar ao silêncio de antes. Na verdade, pressentia um futuro de amarguras. Não adiantaria advertir ao amigo teimoso e insensato.

Paulo de Tarso

Era sexta-feira, perto das cinco horas da tarde. Finalmente, a dura semana terminava. Paulo examinou o processo, acabara de chegar do fórum. Inúmeras páginas. Por enquanto, bastava. Na próxima segunda-feira continuaria. Guardou a papelada na sua pasta de prioridades. Precisava falar com o doutor Jonas.

Não encontrou o doutor em sua sala. Seguiu para o outro gabinete, o de Valquíria, e encontrou o homem por lá, falando com ela. Não quis interromper e aguardou. Prestou atenção em João. Faltavam dez minutos para terminar o expediente, e o rapaz continuava diante do computador digitando velozmente, concentrado ao extremo. Sorriu. Dava prazer ver João trabalhar. Ele cumpria as tarefas com afinco, deixava transparecer a satisfação pela função que exercia. "Moço esforçado", pensou.

De repente, deixou de observar o rapaz e ficou olhando os advogados conversando. Doutor Jonas falava manso, em tom especial, como sempre fazia. Valquíria, sem encará-lo, respondia polidamente, porém formal demais, como se uma distância de quilômetros existisse entre eles. Paulo apanhou cada detalhe. O olhar mórbido de Jonas, os gestos das mãos, o meio sorriso escondendo palavras que não podia pronunciar naquele momento. Irritado, Paulo interrompeu a conversa, sem pensar:

– Se o senhor for demorar, eu o aguardo em sua sala!

Valquíria se espantou, e João interrompeu a digitação. A voz de Paulo soou brusca, numa entonação vigorosa. Jonas se voltou para ele, tão surpreso quanto os outros.

– Está bem. Espere em minha sala.

Sem mais, ele se retirou rápido para a sala de Jonas. Sentou-se numa cadeira giratória e ficou aguardando, fazendo a cadeira oscilar de um lado a outro, nervosamente. Logo Jonas adentrou o recinto e se sentou diante do moço, no lado oposto da mesa.

– Que jeito de falar foi aquele?

Paulo apanhou uma caneta de cima da mesa. Contemplou a peça dourada e fina em suas mãos. Olhava por olhar.

– O dia foi difícil, estou cansado.

– Como foi no fórum?

– Tudo bem. Ganhamos a causa.

Paulo era frio. Continuava observando a caneta dourada. Jonas se irritou:

– O que há, Paulo? Que bicho te mordeu?

– Que bicho me mordeu? – Ele se levantou, nervoso. – Parece que não sabe!

– Lá vem você com essa história de novo!

– Insisto até que você tome jeito. Valquíria é noiva! Qualquer dia desses, vai se casar! Por que não a deixa em paz? Todos vão acabar percebendo!

– Do que é que está falando, rapaz? Eu não sou nenhum moleque para você se dirigir a mim nesse tom! Baixe a voz!

Paulo mirou Jonas firmemente. Consultou o relógio.

– Cinco horas. Terminou o expediente. Até logo.

– Não esqueça de que hoje tem o culto!

– Talvez eu não vá.

– Você tem que ir.

– Ainda assim, vou pensar, pai...

Disse e saiu batendo a porta atrás de si. Estava farto de tal comportamento do pai. Desde que entrara no escritório, percebia a atenção exagerada que ele dedicava à doutora. Irritava-se com as constantes negativas do advogado, as desculpas sem nexo que ele insistia em dar quando era pego admirando a jovem.

– Nem tem coragem de admitir! – disse para si mesmo dirigindo-se aos elevadores.

João já estava dentro do elevador quando viu Paulo. Segurou a porta, e o rapaz entrou correndo. Ele arfava, tinha o rosto avermelhado, mas procurava disfarçar o próprio estado. João reparou e, discreto, nada comentou. Passou pelo corredor do escritório e ouviu vozes alteradas na sala do patrão, portanto, sabia do que se tratava. Desnecessário tecer comentários. Pai e filho sempre discutiam no trabalho.

Paulo deu um sorriso forçado, procurando se recompor. Reparou que o assistente não carregava mochila naquele dia.

– Não vai para a faculdade?

– Não, vou descansar. Estou bem adiantado nas matérias de hoje e será minha primeira falta desde que começou o ano letivo.

– Então, terá tempo para um *happy hour*?

Ajeitando os óculos, João preparou-se para recusar. Estava cansado demais, queria ir para casa e conversar um pouco com a mãe, aproveitar a presença dela, quase não se viam. Contudo, reparou nos gestos angustiados de Paulo. Certamente, o rapaz queria relaxar e adiar a volta para o lar. Lar que, em desabafo, ele dizia ser uma mentira.

– Bem, podemos ir ao barzinho de sempre, aqui na avenida mesmo.

– Ótimo!

O elevador parou no quinto andar, e Ricardo, alegre, também entrou.

– Sexta-feira, amigos! Ânimo! Agora é hora de começar a festa! O que pretendem fazer de bom?

– Eu vou para casa descansar, estou morto! – disse João.

– E eu... Preciso ir ao culto... – Paulo era completo desânimo.

Ricardo balançou a cabeça em tom de deboche.

– Tristes perspectivas! O que é isso, gente, vocês não vivem não, é? Eu não! Vou reunir minha turma, criar um agito, pegar umas gatas... E é isso aí!

Paulo e João se entreolharam. Não pareciam à vontade diante do jovem espalhafatoso.

Já no térreo, Paulo acompanhou o assistente.

– Veio sem o carro hoje, Paulo? – Ricardo quis saber.

– Não, vou deixá-lo no estacionamento e vou ao barzinho antes de ir para casa. Quero relaxar um pouco.

– Passarei por lá antes de ir embora.

– Tudo bem.

Ricardo seguiu para o subsolo, e Paulo fez uma careta para João.

– Oh, não! Teremos que aguentar esse chato falador!

– Sossegue, Paulo! – João ria – Talvez ele encontre uma linda mulher e tente conquistá-la, aí estaremos livres!

Os dois saíram rindo.

෴ Paulo agora se sentia tranquilo. O bar estava lotado, mas o ruído dos frequentadores não o incomodava. Ele e João ficaram no balcão, nos únicos lugares que encontraram. Cada um pediu um suco de frutas, nenhum deles tinha o hábito de consumir bebidas alcoólicas.

Conheciam-se há pouco tempo e pareciam ter anos de convivência. Desde a chegada do filho do patrão ao escritório, há pouco mais de sessenta dias, a amizade havia iniciado, e era no mínimo estranha, como dizia o doutor Jonas. Eram de mundos diferentes. Enquanto Paulo formara-se em Direito com tranquilidade, em virtude das posses de sua família, João precisou disputar, entre inúmeros candidatos, uma vaga na universidade, e ainda teve que estudar além do que deveria para conseguir uma bolsa de cinquenta por cento de desconto durante todo o curso. Paulo residia num palacete em um bairro nobre, e João morava em uma casa alugada de três cômodos, na periferia da cidade. Paulo circulava de carro importado, e João usava trem, metrô e ônibus, lotados. E a diferença que mais incomodava o doutor Jonas: Paulo era de família evangélica, e João, espírita. Ainda assim, os dois rapazes tinham grande estima um pelo outro, independentemente de tantas diferenças.

Paulo parecia melhor, mas aparentava desânimo. João observou o amigo acabrunhado. Na maioria das vezes, ele se apresentava com aspecto amargo e distante, como se sua vida não tivesse sentido.

– Paulo – procurou falar com cuidado – você não pode ficar assim por causa de uma discussão com seu pai. As pessoas têm diferenças, brigam, é assim desde o começo do mundo. As opiniões não são sempre as mesmas, por isso há tanta confusão no trabalho ou na família. Precisamos aprender a lidar com tais situações.

– O problema entre nós não é somente questão de divergência de opiniões, João...

João preferiu não comentar. Entendia o que ele queria dizer e era extremamente desagradável.

– Não sei o que o doutor Jonas pretende, amigo. A impressão que tenho é que ele vive num mundo à parte da realidade, onde tudo acontece como ele deseja e, assim, pode agir acima das leis. Parece não se importar com as necessidades e desejos dos outros, só ele sabe o que é melhor e impõe a própria vontade. Tenho pena de minha mãe... Ela se dedica de corpo e alma a ele, anulou-se como ser humano em favor de um esposo indiferente e... E...

– Infiel – completou João, com delicadeza.

Paulo dirigiu ao amigo um olhar amargurado.

– É. Você disse tudo. Eu não queria pronunciar tal palavra, porém é o caso e não posso evitá-la.

Nesse exato momento, Valquíria e Pedro entraram. Imediatamente avistaram Paulo e João e acenaram, sorridentes. Os dois moços acenaram também.

– Preocupo-me com a Val, João. Sinto que meu pai pode prejudicá-la. E não é justo. Veja que bonito casal ela e Pedro formam. Pedro é tão esforçado. Como você, arca com os custos da família e de seu curso de Engenharia Civil, trabalha como um louco. Val me contou.

João sorriu. Muito observador, tocou o ombro do amigo:

– E ela te encanta também, não é Paulo?

Paulo desviou os olhos de João, meio embaraçado. E admitiu intimamente que o assistente estava certo. Não fugiria da realidade como seu pai.

– Val é linda! Mas existe algo que encanta mais do que a beleza. Ela tem uma dignidade, uma delicadeza. Não é vulgar e fútil como a maioria das mulheres que conheço. Ela é linda, mas não faz uso da beleza para dissimular e causar assombro apenas por vaidade. Acabou de chegar e todos olharam para ela, outra em seu lugar estaria cheia de si e envaidecida, andaria por este lugar como se estivesse em exposição. Ela não. Não se importou, acho que nem percebeu. Ela se rege por outros valores. É a mulher que todo homem queria como esposa. Contudo, quero contar com a sua discrição, João. Ela me encanta, sim, mas não tenho coragem de arruinar a vida que ela tem, separando-a do homem que ama.

– Estou impressionado, Paulo. Você é homem como poucos. Num mundo onde a lei do mais forte é que vale e as disputas estão cada vez mais acirradas, aparece alguém como você, que desiste de competir e defender o próprio orgulho apenas para não cometer o mal. Os filósofos do nosso mundo moderno diriam que isso é fraqueza e que, em se tratando de amor, tudo é válido. Eu diria: isto sim é a verdadeira coragem e firmeza de caráter!

Paulo sorriu tristemente. Pediu outro suco de frutas.

— Eu pago tudo, João. Você está aqui, suportando-me bravamente, então, fico com a conta.

Ricardo cumpriu a promessa e, para a aflição dos jovens, foi mesmo para o bar. Tinha chegado há um tempo, porém conversava com outras pessoas. Em dado momento, seguiu até o balcão para falar com os colegas.

— Esse bar é mesmo um achado, não, Paulo? Como tem mulher bonita!

— É verdade, Ricardo.

— Vocês estão tomando suco? Sério?

— Que mal há?

— Estão doidos! — protestou Ricardo, pedindo uma bebida alcoólica ao *barman*.

João indignou-se:

— Ricardo, você vai beber e depois dirigir?

O moço tomou um longo gole da bebida e, com descaso, olhou para João:

— Sem problemas. Se a polícia me parar e eu tiver que pagar uma multa, pago e fim. Sou rico e posso pagar.

Paulo enrubesceu. Ricardo sempre tratava João com desprezo e nunca deixava de salientar sua condição social e financeira, como se estivesse zombando do rapaz pobre. Ia revidar quando João o impediu com um sinal discreto e falou calmamente.

— Sei que você é rico, Ricardo, aliás, não deixa que a gente esqueça. A questão de beber e dirigir envolve muito mais do que imagina. Se você for pego e pagar multa não será mal nenhum, realmente. O problema será se perder o controle e acabar com a vida de alguém por dirigir alcoolizado... Aí, nem todo o seu dinheiro compensará a tristeza daqueles que perderam um membro amado da família. Porém, como o seu dinheiro proporciona exatamente tudo o que deseja, talvez eu esteja dizendo uma bobagem, porque esbanjar a sua riqueza dá trabalho e não sobra muito tempo para se preocupar com coisas tão insignificantes como a vida humana, presumo.

Sério, Ricardo encarou João. Antes que dissesse algo, João continuou:

— Eu sei o que vai dizer, conheço o seu modo de pensar. Grande coisa se alguém morrer, com certeza será um vagabundo, um Zé Ninguém. Morrem pessoas todos os dias e em toda parte, não é mesmo? Mas a gente só deixa de pensar desta forma quando perdemos alguém de nossa família num desastre na estrada. Então, saímos por aí, participando de passeatas pela paz, empunhando bandeiras de respeito e responsabilidade no trânsito... É. O mundo é assim mesmo.

Paulo sentiu vontade de aplaudir João. Percebeu que Ricardo corava de raiva por não conseguir revidar ao rapaz que desprezava. Tentou mudar o assunto.

— Certo, rapazes, já chega. Decidiu o que fará no fim de semana, Ricardo?

— Ainda não. E você? Resolveu conquistar a morenaça que chegou agora?

Ricardo se recuperava logo. Num momento estava louco para pular em cima de João; no outro, fazia suas costumeiras insinuações de péssimo gosto. Paulo tentou ser paciente.

— Não vou conquistar ninguém, meu amigo...

— Ora, vamos. Vi como olhava a Valquíria. Ela é de babar!

— É uma excelente pessoa.

— Pare de rodeios, Paulo. Gostou, chega lá e pega. É simples.

– Pegar? Você fala como se as pessoas fossem coisas. Isso é irritante.

– Você é cheio de moralismo, Paulo. É a razão de estar sempre sozinho. Pegar é só um modo de falar, uma gíria.

– Pois bem! Não se "pega" quem já é comprometido. Não está vendo o noivo dela, o Pedro?

Ricardo encolheu os ombros:

– E daí?

Paulo desistiu. Preferiu voltar para o suco de frutas. Ricardo continuou, debochado:

– Assim que eu tiver uma chance, vou conversar com ela, Pedro que se dane! Um mulherão daqueles, não é para ele. E já que você quer permanecer sozinho, Paulo, eu vou à luta. Aliás, minha irmã, a Alessandra, vive perguntando de você.

O rapaz engasgou-se com a bebida. Lembrava-se de Alessandra, de um dia em que resolveram sair juntos para uma festa, por insistência de Ricardo. A garota bela, porém fútil, embebedou-se e teve um salto do sapato quebrado, dançou descalça de maneira escandalosa, caiu. Foi um vexame. Depois de tossir muito, Paulo se levantou:

– Bem, a conversa está boa, mas tenho que ir.

João percebeu que o amigo não suportava mais. Não queria voltar para casa tão cedo e, de repente, resolveu partir. Iria embora também, Ricardo não simpatizava com ele e com certeza não ficaria ali.

Paulo e João saíram juntos, e Ricardo embrenhou-se entre as pessoas, foi procurar outros amigos. Na rua, João foi para o metrô e Paulo retornou ao prédio devagar, pois deixara o carro na garagem. Aproveitava para refletir. Era o dia em que não queria voltar para casa de jeito nenhum. Sentia uma amargura insistente no peito. Tinha problemas em casa, estava apaixonado por uma moça comprometida e feliz. Para piorar, o pai ainda disputava o afeto dela, vergonhosamente.

Não queria retornar e encarar a mãe. Nunca teria coragem de revelar a ela o que acontecia no escritório, porém não queria vê-la enganada, desrespeitada e humilhada. Ficou dentro do carro, na garagem, por um longo tempo. Mas não havia remédio, precisaria voltar, afinal, ainda morava lá. Ligou o carro e tomou o rumo de casa, pensativo.

❧ A iluminação do salão era ofuscante, luz intensa demais. Paulo sentia agulhadas nas têmporas. Certamente, teria uma dor de cabeça daquelas! Ouvia sem muito interesse o discurso do pastor, que parecia empolgado pela revelação que não demoraria a fazer.

Em dado momento, o senhor grisalho chamou Jonas, que aguardava, sorridente, pelo anúncio. Solene, atendeu ao colega de púlpito e se dirigiu para o microfone enquanto aplausos demorados o saudavam. Jonas realizava um sonho. Naquele dia, ordenava-se o novo pastor da ordem religiosa. Paulo observou a irmã Sara, à sua esquerda, no banco. Ela sorria, com os olhos marejados pela emoção. Comovido, Jonas começou a discursar. Versava sobre os grandiosos trechos bíblicos de maneira brilhante, eloquente. Paulo olhou para a mãe, a sua direita. A maquiagem cuidadosa não escondia com sucesso os olhos inchados pelo choro derramado antes de seguir para o templo. Ainda assim, Ester sorria, contente pelo esposo.

Jonas tinha preparado longo discurso. Paulo sentiu um desconforto no estômago exatamente quando o pai entrou em um tema específico: a família. O jovem tentou, sem sucesso, impedir um olhar inquiridor ao pai. De imediato, o novo pastor o captou. E ficou difícil continuar discursando. Jonas pigarreou e sorveu um pequeno gole de água de um copo descartável ao seu lado. Fez uma pausa longa demais. Os ouvintes ficaram atentos, em expectativa. Enfim, o pastor reiniciou, após ruidoso suspiro, que produziu um som desagradável no microfone. Neste momento, Paulo viu alguém passar por trás do pai. Apertou as vistas, não foi uma pessoa, foi um vulto que surgiu furtivamente. Ele se movimentou, aflito. A mãe percebeu:

— O que há, filho?

— Preciso sair, mãe. Minha cabeça dói.

— Agora? Tente suportar.

— Não posso... Tenho náuseas... Acho que vou...

Sem aviso, levantou-se e saiu sob as vistas contrariadas do pai. Ficou no pátio, aspirando o ar fresco da noite. O mal-estar foi se atenuando, devagar. Mas a cabeça latejava. O pai que o perdoasse, não conseguiria ficar no templo com toda aquela iluminação exagerada. Voltou para casa.

☙ Em seu quarto, deitado, Paulo ouviu o carro do pai estacionando. Depois de tomar um comprimido, sentiu que a dor lhe dera uma trégua. Apagou a luz fraca do abajur e cobriu a cabeça. Ficou imóvel. Não demorou para que Jonas entrasse, furioso:

— Não está dormindo, eu sei! Levante-se!

Paulo sentou-se na cama.

— Acabei de me livrar de uma dor de cabeça terrível, não vou me levantar, desculpe-me.

— Você nem ao menos se esforça em ter um pouco de respeito por mim! Levante-se!

— Ainda não estou bem, não posso!

Jonas queria explodir, ralhar com o filho teimoso, porém controlou-se.

— Paulo de Tarso, precisamos conversar. É possível?

Paulo irritou-se. Detestava quando o pai o tratava como criança. Ele o chamava pelo nome completo quando ainda era menino e fazia alguma traquinagem.

PARA SEMPRE CONTIGO

— Fale, pai, estou ouvindo.

— Gostaria de entendê-lo, apenas. Por que insiste em me fazer passar por vexames diante de todos?

— O que fiz agora?

— Poderia ter ficado no templo até que eu terminasse meu discurso! Nas fotografias, todas as pessoas da minha família estavam lá me prestigiando, menos o meu filho! Fiquei inventando histórias a quem me perguntava por Paulo de Tarso, por que ele não estava lá, com o pai que acabara de ser ordenado?!

— Não tenho culpa se me senti mal! E não precisava inventar nada, minha mãe sabia!

— Mentira! Puro desacato! Saiu para me provocar, para estragar o dia mais feliz de minha vida!

— O senhor acha, realmente, que tudo gira ao seu redor, não é? É o centro de todas as coisas! Olhe, pense o que quiser. Não havia motivo para eu inventar pretextos e não ficar na festa de sua ordenação.

Jonas apertou as mãos, nervoso. O filho tinha, sim um, motivo para atacá-lo.

— Paulo de Tarso, não me irrite! É claro que você tinha um motivo para se vingar, para me aborrecer e estragar tudo: seus pensamentos ridículos sobre mim e a doutora Valquíria!

— Serão ridículos mesmo? Então, por que se abalou tanto durante o culto, quando falava de família?

— Você me encarou de uma maneira desafiadora, não gostei!

— Não gostou porque se incomodou, porque falava de algo que não preza e nem respeita: sua família. Ela desmorona por conta dos seus sonhos absurdos e suas vontades! Tudo tem que ser à sua maneira, conforme seus desejos. Minha mãe é infeliz; minha irmã é infeliz; eu sou infeliz! Escolheu o esposo de Sara, minha mãe tem de suportar seu espírito aventureiro, já não é a primeira vez que se encanta com outra mulher! Acha que ela nunca soube? E meus tios

39

e tias, primos, todos os parentes? Acredita que ninguém desconfia? Todos sabem, apenas vivem mergulhados em hipocrisia e fingem não ver nada! E por quê? Fácil responder: o doutor Jonas é um homem íntegro, religioso, cumpridor dos seus deveres e, principalmente, rico! O interesse, em certos casos, meu pai, fala muito mais alto que a moral! Fique sabendo que, ainda que estivesse bem, não ficaria lá, ouvindo seu espetacular discurso sobre uma família feliz! É assim que conduzirá os fiéis? Falando sobre os deveres de uma pessoa para com a família e fazendo o contrário? Usando um conhecido ditado que diz: faça o que eu mando, mas não faça como eu faço?!

Jonas avançou para o filho, os olhos esbugalhados, louco de raiva. Paulo não se moveu. O pai parou diante do filho, como se tivesse despertado de um pesadelo. Ordenou as ideias, devagar se recompôs. Sentia vontade de esbofetear o rapaz com toda a sua força, mas conteve-se. Paulo era um homem feito, tinha seus vinte e oito anos, seu diploma de bacharel em Direito. Não tinha cabimento tratá-lo como menino.

Afastou-se, desanimado.

– O que fiz de tão mal para desejar minha ruína? Sempre quis a sua felicidade, investi em sua carreira e educação. Dou tudo o que deseja, preocupo-me em primeiro lugar com a minha querida família. O que te falta, Paulo, diga-me?

– Não desejo a sua ruína, pai. Serei eternamente grato por tudo que me fez. Contudo, somente amparo material não é a base para a harmonia familiar. Deixe que pensemos por nós mesmos, eu, a mamãe e Sara. Ainda que o senhor seja um homem de Deus, sua ordenação não te dá plenos poderes sobre as decisões das pessoas.

– Eu quero apenas o bem de todos...

– Eu sei, mas nem sempre o que te parece bom pode realmente ser o melhor para outras pessoas. Nós não temos o dom de analisar uma questão de todos os lados, infalivelmente. Somente Deus pode ver de todos os ângulos. O que eu quero, pai, é liberdade de poder decidir minha vida.

— Não quer mais ser advogado? Queria ter outra profissão?

— Amo minha profissão. O que desejo é ter liberdade sobre minhas ideias. Desejo também que respeite minha mãe. Ela dedicou toda a vida ao senhor, merece ser tratada com dignidade. Ninguém suporta a humilhação de ser enganado, trocado como um trapo velho.

Jonas meneou a cabeça.

— Por que insiste em dizer que traio sua mãe? Eu trato Valquíria como uma pessoa respeitável deve ser tratada.

— E por que não dispensa o mesmo tratamento a João?

— Ora, e quem disse que João é de respeito? Quem vive de feitiçaria pode ser do bem?

— É o que não entendo no seu comportamento! Proclama o bem e a paz a alguns e faz guerra a outros, de acordo com o seu julgamento unilateral!

— Não posso conviver amigavelmente com pessoas dissolutas que desafiam o poder de Deus!

— Pai, eu não compreendo a crença de João, mas não tenho como afirmar que ele seja uma má pessoa em virtude dela. Converso sempre com ele, sei de toda a sua vida difícil. Não conheceu o pai, que faleceu quando tinha apenas três anos. Vive com a mãe enfermeira, e os dois têm uma vida de orçamentos reduzidos, tudo é na ponta do lápis. Ele não desistiu de se instruir, embora tivesse recursos escassos e tão poucas oportunidades. Esforça-se no escritório, faz tudo o que desejamos que ele faça, sem resmungar, sempre sorrindo e contente. Ele poderia ter seguido o caminho das drogas e da marginalidade, como acontece com muitos jovens sem perspectiva de futuro neste país, porém preferiu não ser mais um nas trágicas estatísticas da criminalidade. Por que vou me manter a distância de alguém como ele?

Jonas ficou quieto. Parecia não querer ouvir a defesa do rapaz. Paulo poderia atear fogo à conversa novamente, mas, nem por isso, se calaria.

– Compreendo seu silêncio. A religião de João é somente um agravante. O senhor não suporta que ele seja negro.

O advogado continuou mudo, olhando para baixo de braços cruzados.

– Como advogado, e dos bons, o senhor deveria lembrar que liberdade de crença é uma garantia constitucional e que racismo é crime inafiançável. Além disso, o que fará no templo, em relação aos seus seguidores de outras etnias, de outras origens que não sejam as suas? Terá repulsa também por eles? Se quisermos ser bons pastores de Deus, meu pai, creio que devemos seguir o exemplo puro que Ele deixou para nós: Jesus Cristo. O Mestre falava com cobradores de impostos, chegou a amparar, defender e perdoar a mulher adúltera. Não rejeitava a ninguém em virtude de sua raça, crença ou estilo de vida. Ele não fazia distinção de pessoas.

– Seu discurso, Paulo, foi belo, mas não me serve. Ralho com João porque ele não é tão bom profissional como diz. Tenho faro para detectar os indolentes. O trabalho dele não me agrada, nada que tenha a ver com raça ou religião. Agora, não sou obrigado a aceitar a crença de ninguém e...

– E nem o senhor pode impor a sua como se ela fosse a única verdade! – Paulo interrompeu.

– Está bem, Paulo de Tarso, já chega! Melhor descansar do que ficar falando com um homem teimoso feito uma mula!

– Não é teimosia! O senhor está apenas escapando, como sempre faz!

– Escapando de quê? Por quê?

– Promete mudar e respeitar minha mãe?

– Olhe aqui: tenho muito mais responsabilidades agora, sou um sacerdote e tenho a obrigação de conduzir bem aos fiéis. Tenho uma reputação a zelar. Se digo que não traio sua mãe, é bom que acredite! E não quero ouvir mais nada sobre tal assunto descabido! Boa noite, Paulo de Tarso!

– Boa noite, doutor Jonas!

O pai saiu aborrecido, e Paulo se deitou, a cabeça latejando novamente. Precisava relaxar para a dor não aumentar e não ser obrigado a tomar outro comprimido. Queria dormir e terminar logo com aquele mau dia. Enquanto relaxava, deixou rolar uma lágrima, em silêncio.

Cafarnaum

Abdias podia ter vários defeitos. Sua maior virtude, em compensação, era a paciência. O plano para conquistar a esposa do coletor de impostos avançava cuidadosamente, sem sobressaltos ou pressa. Desde muito cedo entendeu que o sucesso dependeria de estratégia e calma. Não poderia, de modo algum, lançar-se aos pés da dama estrangeira e confessar seu amor. Pensando assim, fez todo o possível para tornar-se amigo de Marcus Varro. Em sua primeira visita a Jerusalém, percebeu que o romano e a esposa se impressionaram ao extremo com os produtos que apresentou. Então, de volta à grande cidade, tratou de se aproximar, usando novamente a apresentação de produtos, desta vez ainda melhores, que escolheu com cuidado antes de sair de Samaria. Depois, encontrou meios de frequentar os lugares por onde andava o casal, fez amizades com amigos deles, aproximou-se de modo sorrateiro e, por fim, a convite de Marcus, passou a visitar, periodicamente, a casa do romano. Marcus era um homem culto, falava brilhantemente sobre qualquer assunto, e Abdias, a pretexto de pouca sabedoria, adulava discretamente ao mais novo amigo, tecendo elogios, mantendo longas conversas com ele até a madrugada, espantando o sono, suportando tudo para ganhar a confiança do casal. E todo o seu esforço surtiu efeito. Marcus o acolheu em seu círculo de amizades com prazer, sem desconfiar dos planos do rapaz. Ele sempre se continha diante de Fábia, tratando a jovem com lisura e polidez, mantendo a distância que se deve manter diante de uma mulher compromissada com o lar.

Em uma tarde monótona e abafada, Abdias mais uma vez ouvia o romano contar orgulhoso, histórias de combates que enfrentara diante do exército antes de ser nomeado para a Judeia. De repente, mudou o assunto e teve uma ideia que fez o samaritano vislumbrar a maneira de iniciar seu ataque.

— Sabe, amigo, acho que eu e Fábia precisamos de um pouco de descanso longe de Jerusalém. O clima insalubre e pesado desta cidade nos desgasta. Fábia parece entediada. Ela não reclama, é claro, mas sou bastante perspicaz para saber que ela não está bem. Tenho uma propriedade em Magdala, excelente local de veraneio, ótimos ares. Conhece?

— Já ouvi falar.

— Creio que seria melhor se passássemos uma temporada lá. Discretamente, Fábia já havia me sugerido a viagem. Ela é ótima esposa, não reclama de nada, fala de seus desejos com delicadeza, então entendi que não suporta mais Jerusalém.

— Eu penso que sempre chega um momento em que precisamos parar e sair da rotina, senão enlouquecemos! A viagem seria o melhor para você e sua esposa.

— Vamos planejar para breve. Para você também seria bom vir conosco.

— Eu?!

— Claro! Não pretende estabelecer sua tecelagem na Galileia? Em Magdala poderá pesquisar por lá um bom lugar.

— É uma boa sugestão, Marcus! Não havia pensado nisso!

— Considere, então, a viagem. Fábia tem grande estima por você. Certamente levará a viúva de Tércio como companhia, para animá-la um pouco após a morte do esposo. São grandes amigas. E eu não poderei me entreter com assuntos de mulheres, por isso sua presença será bem-vinda. Poderá convidar também o Elias, eu o estimo muito.

— Pensarei com carinho, Marcus.

— Ótimo! Aguarde que logo retornarei.

Abdias ficou só na varanda, exultante. Conquistara a confiança de Varro a ponto de ser convidado para uma viagem! "Ah, que belo presente do destino!", pensou. Precisaria armar um plano, sentia ter encontrado uma chance imperdível. Agora, bastava encontrar um modo de fazer Marcus desistir da viagem no último instante e deixar a esposa seguir adiante. Longe do rival, finalmente poderia se expressar mais abertamente a sua amada. Ela certamente não lhe negaria amor.

Já em casa, Abdias, feliz, contava os últimos acontecimentos a Elias, que ouvia em silêncio, farto de advertir o amigo inconsequente. Nada o demovia.

Em dado momento, Abdias irritou-se porque o outro permanecia calado.

— Que me diz, Elias? Estou aqui falando e você não se manifesta!

— O que quer que eu diga?

— Ora, sou ou não um homem de sorte? Vou viajar com o casal! Isto é confiança, meu rapaz!

— Confiança que você vai trair...

— Não me desanime, Elias, não permito.

— Não queria que eu falasse? Quer que eu o felicite por que vai agir como um mau-caráter?

— Não sou um mau-caráter! Vou em busca de minha felicidade! Um homem não pode querer ser feliz?

— Evidente que pode, desde que não prejudique o semelhante.

— Não quero prejudicar Marcus. Não sou culpado se me apaixonei pela esposa dele. Além disso, Fábia não o ama. Se ela se afastar, ele terá chance de encontrar alguém que o ame de verdade.

– Fico espantado, Abdias! De onde você tira tanta certeza sobre o que fala? Como sabe que Fábia não ama o esposo?

– Eu observo, Elias, coisa que você não sabe fazer. Ela está sempre tristonha, parece insatisfeita. Talvez esteja apenas iludida com um marido importante, ou a família a tenha obrigado a se casar sem amor. Percebo como me olha e a maneira como me trata. É aí que tenho uma vantagem.

– Ela é uma senhora educada, elegante. Trata a todos de modo igual.

– Comigo é diferente, eu sei!

– Cuidado, amigo. Quando desejamos demais, ficamos cegos, e tudo parece nos favorecer, só enxergamos o que queremos. Abdias, tente ponderar...

– Ai, chega! Vou continuar meus planos em vez de ficar ouvindo um homem tão pessimista. Sabe, acho que está com inveja de mim...

– Eu?! Você perdeu o juízo mesmo!

– Você não suportaria me ver acompanhado de tão nobre e linda dama e então retornar àquelas moças feiosas e medíocres de Samaria. Inveja é para os fracos, Elias, pense bem. Agora, responda: vai comigo?

– Claro! E perderei a oportunidade de tentar impedi-lo de cometer loucuras?

Irritado, Abdias deixou o amigo só enquanto o outro meneava a cabeça, desconsolado.

∾ Era uma época complicada para a Judeia. Inconformados com a dominação romana, os judeus sempre promoviam rebeliões que eram aplacadas pelo poderio militar dos conquistadores. Jerusalém era como um paiol de pólvora pronto para explodir a qualquer momento. Valendo-se de tais fatos é que Abdias encontrou um meio de fazer com que Varro ficasse na cidade. Dois dias antes da partida para Magdala, ele fez correr um boato de mais uma revolta, não como as outras, tão desarticuladas, pequenas e amadoras. Dizia-se que um grande grupo de homens, que mais parecia um destacamento do exército, planejava tomar a cidade. Usando as pessoas certas e gastando seu dinheiro para suborno, conseguiu espalhar a falsa notícia. Exatamente no momento da partida, tomado de extremo zelo e senso de dever, Marcus pediu a Elias e Abdias que cuidassem de Fábia e Cássia, a viúva do pretor Tércio, e atendeu prontamente ao pedido do procurador Pôncio Pilatos, que o queria por perto e atento. Fábia ainda quis protestar, dizendo que seguiriam para a cidade em outro dia, e Abdias ficou em torcida íntima para que ela não desistisse. Cuidadoso, Marcus preferiu que a esposa seguisse, alegando que ela precisava descansar e ficar longe da rebelião, caso esta, de fato, explodisse.

Feliz, Abdias aspirava, da janela de seu quarto de hóspedes, o perfumado ar de Magdala. Já pensava na ocasião em que se declararia a sua amada, ensaiava frases, deveria vestir-se apropriadamente. Deveria impressionar a jovem dama, nada poderia dar errado. Iria convidá-la a um passeio ou seria melhor falar com ela após o jantar, em meio ao bem tratado jardim da casa? Queria um cenário leve e romântico e não conseguia decidir-se. Pensaria mais tarde.

Ia à procura de Elias quando passou por uma saleta e ouviu as vozes de Fábia e Cássia. Apurou os ouvidos.

– Cássia, mal posso esperar para vê-lo! Estou tão feliz por estar na Galileia!

– Eu também, querida! Então, o que esperamos? Vamos logo para Cafarnaum! Sua criada judia é seu braço direito, poderá cuidar da casa muito bem enquanto estivermos fora.

– Tem razão, Cássia. Não vamos perder tempo. Passaremos alguns dias lá, vamos arranjar nossas coisas.

Como por encanto, a animação do rapaz se desvaneceu, inconformado com o que ouviu. As mulheres planejavam uma visita a um homem, entendeu perfeitamente. Não era possível! Fábia tinha um amante, alguém chegara antes dele! Claro! O que mais poderia ser?

Sentiu os músculos do corpo se enrijecerem pelo furor da revolta. O coração acelerava na mesma proporção em que o ódio crescia. "Maldita romana!", gritava para si mesmo sem emitir ruído, palavras ditas na alma enlouquecida pela raiva. "Finge-se de mulher compromissada e de respeito e mantém um amante devidamente oculto na Galileia! Por isso instigou o marido para que pudesse viajar, mostrando-se cansada e triste! Cobra! Mulheres são todas iguais!".

Na verdade, o ciúme o consumia, sentia-se ultrajado como nunca. Elias o encontrou andando a esmo pela casa, em atitude estranha. Estava transtornado.

– Minha nossa, Abdias, você está estranho! O que houve?

– Não vai acreditar quando eu contar...

Abdias levou o amigo para um terraço afastado da saleta, para poder falar com segurança. Elias ouviu o relato atentamente e, ao final, ponderou:

– Meus pressentimentos eram verdadeiros. Essa história está se complicando cada vez mais.

Pegando o amigo pelos ombros firmemente, angustiado e temeroso, advertiu:

– Vamos voltar para Samaria, amigo, antes que uma tragédia aconteça! Diremos ao seu pai que nada deu certo. Esqueça, de uma vez por todas, a esposa de Varro. Tal fascínio por essa mulher o levará a ruína, eu pressinto. Vamos embora.

Contudo, Abdias se soltou bruscamente. Os olhos faiscavam em meio a um semblante transformado numa caricatura assustadora, como se estivesse possuído por uma entidade ruim.

– Jamais! Agora, não recuo! Vou vingar-me dela! Descubro quem é o homem que ela vai encontrar, e, logo em seguida, Marcus saberá quem é a mulher que ele desposou para rainha de seu lar!

– Olhe, Abdias, você está delirando! Há algo errado acontecendo, Fábia pouco sai de casa, como poderia sustentar uma relação ilícita com alguém que reside tão longe de Jerusalém? Você está possuído por um ciúme que te cega e confunde o entendimento! Ouça-me apenas uma vez, vamos embora!

– Não! Seguirei as duas, vou descobrir quem é o sujeito! Depois, direi tudo a Varro! Ela terá o que merece! Não tente me impedir!

Abdias estava saindo quando ouviu Elias perguntar, preocupado:

– Aonde vai?

– Vou me preparar para ir a Cafarnaum! Vou segui-las, eu disse!

Elias desanimou. Após avaliar a situação intimamente, decidiu:

– Vou com você!

Não demorou, e as senhoras saíram em graciosa charrete conduzida por um serviçal. Logo atrás, a distância, Abdias e Elias seguiam atentos à trilha das romanas, discretos, para não despertar suspeitas entre as senhoras.

No início da tarde, os rapazes, devidamente ocultos, viram as duas chegando a uma casa simples, porém ampla. Caiada de branco, enfeitada com diversas palmeiras que formavam sombras agradáveis, apropriadas para um longo descanso. Um menino viu a chegada das romanas e logo entrou. Então, saíram com o mesmo menino dois anciãos, uma senhora e um senhor, ambos felizes com as visitas recém-chegadas. Não eram romanos, sem dúvida, a julgar pelos traços fisionômicos e as vestes próprias dos galileus. Abdias estranhou, e Elias não deixou de apanhar a surpresa do amigo. Sorriu, ponderando:

– Parece que suas suspeitas são infundadas, amigo. Creio que elas apenas vieram visitar velhos conhecidos...

Abdias o encarou incrédulo, sem dizer palavra. Ficou atento aos movimentos da casa, tinha de haver algo suspeito. Enquanto os anciãos recebiam as visitantes, saiu um jovem forte e bonito, sorridente. Ele também receberia as senhoras, e logo Abdias se agitou:

– Viu? Quem será aquele colosso que acabou de sair? É bastante jovem e bem apanhado, não será aquele?

– Não sei. É melhor não tirarmos conclusões apressadas...

Os dois continuaram observando a movimentação, até que o jovem rapaz se inclinou ao menino e disse alguma coisa a ele. O menino saiu em correria:

– Mamãe! A Fábia chegou! Papai está chamando!

Mais uma vez, Abdias se desconcertou sob os olhos gracejadores do amigo. Da imensa casa saiu uma linda mulher de pele trigueira e longos cabelos negros, cuja beleza em nada deixava a dever a Fábia e Cássia. Elias não dispensou um comentário:

– É... Parece que o colosso já tem a sua deusa... E como é bela!

Abdias não se convenceu:

– Deixe de ser bobo, Elias! Quantas pessoas casadas mantêm relacionamentos ilícitos neste mundo? Qualquer coisa pode estar acontecendo aqui!

– Não creio! É uma família respeitável, sem dúvida! Olhe os cabelos brancos daqueles dois senhores, quem ousaria desrespeitá-los no seio do próprio lar?

– Está bem, Elias! Você é inocente mesmo! Vamos continuar de vigia, ainda não dá para concluir nada!

O outro não teve alternativa senão ficar quieto observando a aflição do jovem apaixonado, tentando encontrar qualquer sinal que confirmasse as suas suspeitas. E ele se afligiu mais ainda quando todos resolveram entrar.

– E agora? Preciso arranjar um pretexto para entrar também, mas nada aceitável me ocorre! Que faço?

– Vamos embora de uma vez, é o melhor a fazer!

– Nem pensar! Preciso de uma ideia! Pense, Abdias, pense...

Elias, cansado, suspirou. Sentou-se no gramado logo adiante da casa para desfrutar de um figo apetitoso que conseguiu perto dali. Desistiu de demover ao amigo teimoso. Que ele ficasse a remoer pensamentos. Depois de regalar-se com a fruta, aproveitou a sombra das árvores e cochilou, apoiando a cabeça em sua sacola de viagem.

Muito tempo depois, despertou sacudido por Abdias. O amigo estava agitado:

– Vamos, Elias, acorde! Parece que eles vão sair! Vamos!

O rapaz se levantou às pressas enquanto o outro se ocultava para recomeçar a espionagem. Enquanto se escondia também, pensou em como Abdias estava obcecado pela esposa de Varro. Lamentou, mas não tinha muito que fazer. Abdias era obstinado ao extremo. Podia apenas segui-lo em suas loucuras e tentar mantê-lo afastado de confusões maiores.

Duas charretes saíram, numa iam Fábia, os dois anciãos e o menino; na outra, Cássia, a morena bela e seu esposo igualmente formoso. Fábia e Cássia estavam vestidas como galileias, em nada lembravam as damas romanas que eram. Aflito, Abdias chacoalhou a cabeça sem encontrar nenhuma conexão com suas teorias absurdas. "Mas, afinal, o que está acontecendo aqui?", disse para si.

Passaram a seguir as duas viaturas a uma distância maior, sem perdê-las de vista. Foi atrás sorrateiramente, até que pararam na praia do Mar da Galileia. Havia muitos barcos de pesca na região, e um burburinho de diversos pescadores bronzeados pelo trabalho de sol a sol agitava a praia encantadora. Uma brisa leve remexia as ondas, produzindo escamas brilhantes nas águas do mar, que, especialmente naquela tarde, estava calmo, o mesmo mar que habitualmente tinha repentes de fúria em certos momentos do dia. Pela primeira vez, Abdias deixou-se dominar pela beleza de um lugar.

Aquele cenário o serenou de repente, não imaginava que Cafarnaum pudesse ser tão bonita. O lugar era especial, não sabia dizer, mas sentia que aquela cidade era singular.

Elias, que vinha logo atrás, estranhou a quietude de Abdias. Ele olhava a tudo em silêncio e com admiração. Era difícil vê-lo assim, encantado. Por isso, preferiu não dizer nada. Quem sabe aquele momento de enlevo não o traria de volta à razão?

Então, seu olhar procurou por Fábia. Ela conversava sorridente, entre os amigos galileus, mostrando grande satisfação nos menores trejeitos. Ele se voltou para Elias:

— O que está acontecendo aqui, Elias? Por que Fábia age como uma galileia e o que faz na praia? Não consigo entender...

Elias desanimou vendo a obsessão do rapaz retornar.

— Nem imagino, Abdias. E você bem que podia desistir desta loucura, insisto uma vez mais.

Foi aí que uma aglomeração se fez em torno de um barco maior de um dos pescadores. Fábia e os amigos apressaram-se para perto da embarcação. Felizes, sorrindo, eles bradavam:

— Rabí! Rabí!

Espantado, Abdias divisou por entre a multidão o profeta de Samaria, o mesmo que o embaraçou com um olhar quando estava no alto do terraço. Em pé, dentro do barco, parecia que ia discursar ou coisa assim. As pessoas corriam para ele aflitas e contentes, como se estivessem em busca de um tesouro disputado pelos maiores conquistadores da terra!

O samaritano ficou inconformado com a cena. Que os galileus ignorantes adorassem o profeta, mas por que duas romanas o reverenciavam daquela maneira, chamando-o de mestre? Era incompreensível!

Elias aproximou-se dele:

— Eu conheço aquele homem, Abdias. Ele esteve em Samaria, pregando esplendidamente. Eu o ouvi, e confesso, jamais conheci outro profeta como ele. É notável! Vamos ouvi-lo, entenderá melhor o que digo.

Abdias não queria ir, porém, foi puxado pelas vestes e não conseguia se conter. Parou apenas quando não era mais possível avançar, porque muita gente se amontoava e impedia a passagem. Ainda assim, conseguiu ver Fábia e Cássia sentadas na areia, bem próximas ao barco, e elas contentavam-se por estar ali, era perceptível em seus semblantes. Num instante, o rapaz enfileirou pensamentos: "Será que Varro sabia que a esposa fazia-se galileia e se encantava com um profeta que, nem de longe, reverenciava aos deuses romanos? O que ele diria de toda aquela história insólita?".

A maravilhosa voz do profeta fez-se ouvir arrancando Abdias de seus pensamentos. Afinal, já que se encontrava ali, não custaria ouvi-lo e avaliar se o que dizia realmente tinha algum valor como se comentava. Ficou quieto e atento.

Ao final da pregação, Elias voltou-se para o amigo:

– Percebeu como é diferente? Acho que não! Você nunca ouviu um profeta, não tem como comparar!

– Quem ouviu um, ouviu todos!

– Qual nada! Jesus é diferente. Fala do Reino dos Céus como se realmente descendesse dele, como se o conhecesse pessoalmente. É magnífico!

– Sabe conquistar e dominar a multidão. É eloquente, admito. Porém, é só mais um falastrão. E perigoso...

– Por quê?

– Ora, Elias. As palavras desse homem vão flagrantemente de encontro aos costumes de fariseus e romanos. Ataca aos dois de uma vez, pode criar uma confusão sem tamanho! Fala de humildade, e os mestres do templo em Jerusalém desconhecem tal conceito, pois adoram ser reverenciados e chamados de Rabi, ostentam luxo e superioridade. Chega a dar náuseas ver aqueles homens andando por aí como se fossem arautos do próprio Inominado e andassem com Ele lado a lado.

Elias sorriu com as palavras do amigo.

– O que foi?

– É estranho ouvir você dizer "Inominado". Você nunca se referiu ao Deus dos nossos antepassados. Não tem crença alguma.

– E nunca terei. Crer em um ser superior e num reino espiritual onde tudo é felicidade e justiça é pura ilusão. Sou um homem de pensamentos concretos e reais, Elias. Tais baboseiras não me interessam.

Ironizando novamente, Elias considerou:

– Se conseguir conquistar Fábia, o que fará com a crença dela, então? Ela parece bem convencida do poder e da missão divina do nazareno. Ouviu cada palavra atentamente, enlevada.

O samaritano olhou na direção da mulher de seus sonhos. Ela conversava com o profeta com um sorriso nos lábios, extasiada com a imagem do homem Divino Amigo.

– Por Fábia, serei capaz de aturar qualquer coisa, amigo. Ela que ouça e siga quantos profetas quiser. A mim não fará diferença.

Neste exato momento, Abdias foi ofuscado. A imagem de Fábia desapareceu no clarão repentino que acometeu suas vistas. A tarde terminava e o sol não poderia incidir daquela forma sobre o mar para causar uma luz tão forte. Esfregou os olhos. Incomodado, não via nada. Então, gradativamente, as imagens foram voltando. Ele olhou adiante e apareceram as águas mansas cobertas pelo dourado solar. Compondo o cenário, os pescadores recomeçavam a lançar suas redes, bem atrás do Messias. Ele possuía olhos profundos e tranquilos e o observava calmamente. Em dado momento, o olhar se misturou a um leve sorriso acolhedor. Abdias ficou sem ação, como na tarde em Samaria. De novo aquele olhar insistente! Atordoado, puxou Elias como se quisesse fugir dali.

– Vamos embora, Elias!

Confuso, não sabia como retomar o caminho de volta. Via-se no meio de uma estranha e densa névoa. Começou a ouvir uma voz feminina bem distante, chamando-o. Girou o corpo e divisou Fábia irrompendo pelo meio da névoa, vagarosamente, como se flutuasse. Tudo ao redor parecia mover-se mais lento do que a velocidade normal.

– Abdias! – ela tocou seu ombro.

Ao leve toque, tudo voltou a ser como era. Abdias passou as mãos pelos cabelos, ainda meio confuso.

– Você está bem, Abdias?

– Sim – sorriu desajeitado. – Acho que o calor me fez mal, mas estou melhorando.

– Pensei que estivesse em Magdala...

– Por sugestão de Varro, aceitei procurar local apropriado para a minha tecelagem... Estou avaliando cada cidade até me decidir...

– Ah, sim. Esqueci deste fato. Mas venha conhecer meus amigos galileus.

Abdias quase recusou, por pensar que Fábia o levaria ao Nazareno, porém aquele já se afastara da praia, não estava mais em parte alguma. Os galileus os receberam sorridentes enquanto a romana os apresentava.

– Estes são Barnabé e Rute – disse apontando para os anciãos. – Estes, Caleb e sua esposa Débora – apresentou o jovem casal. – E este – inclinou-se até o menino – é meu querido Josué, filho de Caleb e Débora.

O samaritano forçou um sorriso querendo mostrar-se amigável. Ela se voltou aos amigos:

– Elias e Abdias são de Samaria.

Abdias não conseguiu esconder o desagrado no semblante. Detestava que alguém lembrasse que era samaritano. Barnabé, o ancião de aspecto bondoso e amigável, logo percebeu a situação.

– Não fique encabulado, meu jovem, aqui estará entre pessoas simples. Não somos como os judeus de Jerusalém, não existem diferenças entre nós.

Elias olhou o horizonte e lembrou ao companheiro carrancudo:

– Vamos embora, Abdias, logo anoitecerá.

– Pretendem voltar a Magdala ainda hoje? – indagou Fábia.

– Não, senhora. Passaremos a noite numa estalagem, vamos procurar uma.

Rute se adiantou.

– Por que não ficam em nossa casa? Ela é ampla e confortável, e os amigos de Fábia e Cássia também são nossos amigos.

– Bem pensado, Rute – disse Barnabé. – Venham conosco, teremos prazer em recebê-los.

Os rapazes se entreolharam.

– O que acha, Elias?

Elias sabia as intenções de Abdias.

– Melhor não incomodarmos. Vamos para a estalagem, será apenas uma noite.

Num instante, Barnabé e seus familiares falavam ao mesmo tempo discordando de Elias. Ele ficou sem jeito e concordou com a estadia. Abdias sorriu satisfeito.

– Iremos a sua honrada casa, Barnabé. Estou agradecido por tanta gentileza.

Quando todos seguiam para as viaturas, Elias, disfarçadamente, fez uma careta a Abdias, que deu pouca atenção. Intimamente, regozijava-se por todas as coisas conspirarem a seu favor.

Fez questão de acomodar-se ao lado de Fábia. Enquanto a charrete se arrastava vagarosamente pelas ruas, procurava firmar uma conversa

– Sei que o assunto não me compete, senhora Fábia, mas acaso o senhor Varro sabe de sua vinda a Cafarnaum?

– Sim. Ele também conhece a família de Barnabé. Sempre que estamos em Magdala nos estendemos até esta cidade e os visitamos.

O jovem logo entendeu que deveria afastar a ideia de um amante. Mais animado, tratou de arranjar assunto para continuar o trajeto.

– Gostaria de entender o que faz uma dama romana, procedente de uma civilização adiantada, ouvir um profeta galileu.

Ela sorriu, benévola.

– Nem tudo em Roma é tão perfeito como você pensa, Abdias. O Nazareno, como o chamam, representa, para mim, a mão de paz e justiça oferecida a todos nós, solicitamente, sem nada cobrar. Penso que a política desgastada e o jogo de interesses em Roma estão arruinando nossas melhores famílias, e, francamente, os valores estão se invertendo.

– Porém a senhora sabe que deve manter cuidado em suas reflexões sobre o império que é seu berço, creio eu.

– Eu sei, amigo. Falo a você porque é um verdadeiro amigo e acredito não precisar de cuidados, neste caso. Entre outras pessoas, jamais ousaria expor meus pensamentos.

– Entendo.

Da outra charrete, Elias não perdia um movimento sequer do companheiro. Meneou a cabeça, desaprovando os gestos estudados e o olhar malicioso. Sabia, em seu íntimo, que aquela história não acabaria bem. A angústia apertou com força o seu peito.

Boas conversas

Nenhuma nuvem no céu. O sábado ensolarado prometia um dia agradável. Às nove horas da manhã, as crianças já brincavam nas ruas, barulhentas e travessas.

Da soleira da casa pequena e tímida, dona Terezinha olhava o campinho de futebol de várzea a cem metros dali, descendo um barranco parcialmente desmatado, de terreno comprometido pela erosão. Inconformada, olhou para o rapaz.

— Pelo amor de Deus, João! Vá jogar bola com seus colegas! Fica aí, esfregando o chão em pleno sábado! Que coisa!

O jovem se ergueu, resfolegando:

— De jeito nenhum! Vou ajudar a senhora a fazer a faxina, ora!

— Você se mata a semana inteira! Tem que se divertir no fim de semana!

— A senhora também trabalha, mãe! Se fizermos a limpeza juntos, terminaremos mais cedo e sobrará tempo para o descanso e a diversão. Posso jogar futebol amanhã.

— Eu trabalho, sim, João, mas você é moço! Deve aproveitar a juventude!

— Estou aproveitando muito bem a minha juventude, mãe, não se preocupe.

Terezinha, em pensamento, abençoou o filho querido. Era um rapaz exemplar. Pegou uma vassoura para reiniciar a limpeza, mas lembrou-se de um detalhe.

– Vai ao centro espírita hoje, João?

– Sem dúvida.

– Eu também vou. De lá, sigo direto para o hospital.

– Quando termina seu curso, mãe?

– Estou no último ano.

– Nossa... Passou depressa...

– Então vamos logo, para a gente não se atrasar!

Terezinha e João, mãe e filho e companheiros inseparáveis, recomeçaram a trabalhar animados, ouvindo músicas e cantarolando os sucessos do momento no rádio. Brincalhão, João ligou o tocador de CD, colocou uma canção suave e apanhou a mãe para dançar. Ela protestou, batendo com a flanela no ombro do rapaz.

– Pare, João! Vamos nos atrasar!

Ele não deu ouvido e, entre risadas, continuou rodopiando a senhora pelo meio da cozinha ainda por limpar. Terezinha começou a rir também.

– Seu moleque!

  Do outro lado da cidade, na área nobre, Paulo andava pelas salas de sua imensa e silenciosa casa, sem muitas opções para se distrair. A mãe folheava uma revista tomando banho de sol na beira da piscina; o pai estava pescando com amigos, só voltaria no domingo; Sara e o esposo tinham ido ao clube. Ele estava só. Ainda magoado pela discussão do dia anterior, com senhor Jonas, vagava pela casa, angustiado, sem ver sentido em nada. Tinha muitos amigos, bastaria um telefonema e não faltaria diversão, mas não encontrava ânimo para isso. Cansado de perambular, preferiu trancafiar-se no quarto.

Sentou-se na cama, procurando um meio de se livrar daquele desgosto pela vida. Queria ser feliz e não sabia como. Desejava uma família unida pelo amor e pela harmonia constantes; gostaria que os pais fossem como os namorados que eram em sua infância; Jonas poderia reconsiderar os próprios atos e abandonar a personalidade castradora que mantinha. Somente assim deixaria de se sentir dentro de um quartel militar na própria casa.

Passou o olhar pelo quarto a esmo, sem motivo. Tudo era tão vazio e tristonho. Como estava só, remexeu embaixo do colchão e se lamentou. Era ridículo que precisasse esconder coisas do pai para evitar brigas, mas não tinha outro jeito. Observou demoradamente a capa do livro. Leu o título em voz alta:

– *O Evangelho segundo o Espiritismo*.

O livro era um presente de João. Paulo sempre fazia perguntas sobre a crença do rapaz, querendo entendê-la. Folheou algumas páginas, leu alguns trechos. E se decidiu. Guardou o livro no mesmo lugar e pegou a chave do carro.

No veículo luxuoso que passava em velocidade moderada pelas ruas, remoía pensamentos e dúvidas. Acessou uma rodovia tranquila, sem o trânsito caótico tão comum durante a semana, e seguiu o caminho até chegar num bairro de periferia, pobre, mas bem arranjado, com calçadas largas e algumas árvores aqui e ali. Parou em frente a uma casinha graciosa com dois portões. Iria à casa dos fundos. Como não tinha campainha, bateu palmas.

Logo apareceu dona Terezinha, que o recebeu com um largo sorriso. Era a segunda vez que Paulo visitava aquela modesta moradia, e ela se encantara com ele.

– Entre, Paulo, venha! Não faça cerimônia!

Ele entrou e foi beijar a senhora na face, respeitando-a como se fosse sua mãe.

– João acabou de sair do banho. Fizemos uma faxina daquelas! Está se preparando para ir ao centro espírita.

Paulo estacou na porta de entrada.

– Sério? Puxa, eu deveria ter ligado antes de vir. Queria trocar umas ideias com ele, e agora ele vai sair...

João apareceu na cozinha com seu sorriso cativante.

– Qual o problema, Paulo? Ainda dá tempo de batermos um papo! Entre!

O rapaz entrou meio acanhado e sentou-se numa cadeira. João pegou um suco na geladeira e encheu dois copos longos. Sentou-se também.

– Fique à vontade, filho, preciso me preparar. Também vou ao centro espírita e de lá sigo para o trabalho, tenho que deixar tudo pronto.

Terezinha foi para o quarto deixando os rapazes a sós. João olhou firmemente para o outro e disparou:

– Nem precisa dizer que não está bem. É visível.

Paulo baixou as vistas.

– Tem razão. Sinto-me tão mal que a sensação é de que meu corpo anda ereto, mas a alma se arrasta.

– Seu pai de novo?

– Sim. Sempre. Ontem foi a ordenação dele e não consegui ficar no culto até o fim. Minha cabeça doía como nunca, e as luzes eram muito fortes. Era insuportável. Ele achou que sai para provocá-lo. Que absurdo! Trata-me como se eu ainda fosse criança! Não tenho mais idade para fazer pirraça!

– E, então, vocês discutiram novamente.

– Fácil deduzir, não?

Depois de um breve silêncio para reflexão, João concluiu:

– Assim não é possível! Vocês dois vivem como inimigos, e são pai e filho! São membros da mesma família, precisam reajustar-se!

– Dê-me a receita que a seguirei à risca, João! Pensa que não quero a paz com meu pai? Apesar de tudo, eu o amo como ele é, mas acho que ele não percebe meu carinho. Eu daria tudo para viver feliz com a minha família! Na verdade, creio que não tem mais jeito. Tenho umas economias, uma herança que recebi de minha avó materna, e, assim, acho que logo poderei deixar minha casa para ter um canto só meu.

Ao ouvir aquelas palavras, João teve de repente uma sensação estranha, como se os sentidos tivessem se expandido. Era médium já algum tempo, trabalhava em favor do próximo e procurava levar em consideração suas intuições, as percepções que sentia.

— Sabe, Paulo. Não desejo me intrometer em seus assuntos, mas... Acho que você não deve sair do lado de seu pai...

Paulo franziu a testa.

— Por quê? Tudo que fazemos é discutir!

— Eu sei, porém... Ele precisa de você. É o que sinto agora.

O outro emudeceu em reflexão. Sem dúvida, tratava-se de um conselho baseado em uma transmissão mediúnica. E, de acordo com suas crenças, mediunidade era algo condenável. Ficou confuso. João era um rapaz sério, responsável, não agiria de maneira leviana nunca, mas não conseguia compreender aquela religião. Não soube em que acreditar naquele momento.

— Sabe por que eu nunca repliquei ao seu pai, no escritório? — continuou João — Porque eu sei que ele tem um problema... Toda vez que ele implicava comigo, eu retornava ao meu lugar e me entregava a orações. Uma boa oração resolve muita coisa. Logo ele se acalmava e me deixava em paz.

— E qual é o problema dele?

— Bem... Não sei se vai me compreender. Ele anda muito mal acompanhado.

— Como assim?

— Seu pai, Paulo, é obsediado. Eu, às vezes, consigo enxergar espíritos e, um dia desses, no escritório, vi um vulto atrás do seu pai.

Paulo prendeu a respiração. Imediatamente lembrou-se da noite anterior, também viu um vulto próximo ao pai.

– E o que significa isso? Essa palavra é nova para mim.

– Obsessão é o termo que usamos para designar a influência de um espírito sobre a vontade de uma pessoa. Ela pode acontecer por vários motivos e de maneiras diferentes, é um assunto bastante extenso. Para compreender, você teria de saber sobre reencarnação e suas implicações, o que, em sua crença, é algo que não existe. Mas, para resumir, a obsessão pode ocorrer também por inimizades em existências anteriores. No caso, foi o que observei no seu pai.

– Tudo bem: consideremos que eu acredite em reencarnação. Explique o que acontece.

– Ainda não tenho certeza, mas parece que seu pai contraiu uma dívida, em outra existência, com a entidade que o acompanha. Seu pai reencarnou, e ele não. Vingativo, o espírito o incomoda.

– E onde eu entro nessa história?

– Acredito que um dos desejos da entidade é te afastar de seu pai. De alguma maneira, você exerce uma boa influência sobre o senhor Jonas. Como a obsessão, para ser curada, depende muito da vontade e da firmeza de propósito do obsediado, talvez você possa despertar tal vontade em seu pai.

– Não vejo como...

– Não sei, Paulo. Pode ser alguma coisa que você diga a ele. Você vive advertindo-o a respeito das intenções insidiosas sobre a Val. Quem sabe, um dia, ele resolve te dar ouvidos? Talvez seja isto que o obsessor não quer que aconteça.

Paulo remexeu-se nervosamente na cadeira. João não sabia dos pormenores da discussão entre ele e Jonas na noite passada. Ele se lembrava bem do que dissera ao pai. João poderia estar certo.

– Uma dúvida, amigo: meu pai é um homem religioso, como pode uma entidade ruim o acompanhar?

– Ah, Paulo! Entre ser religioso e viver de acordo com uma crença existe uma distância de quilômetros!

Naquela resposta tão simples, João acertou em cheio. Se Jonas vivesse mesmo de acordo com o que acreditava, não trairia dona Ester; não seria racista e dominaria o próprio orgulho.

– João... É possível que alguém de outra religião também seja médium?

– A mediunidade independe da nossa religião. É uma condição orgânica. Meu amigo, as pessoas é que escolhem suas religiões; aos espíritos imperfeitos ou puros, pouco importa em que acreditamos. Os imperfeitos podem até usar nossas crenças contra nós mesmos. Os mais astutos pervertem bons pensamentos e ações fingindo-se de amigos.

Paulo estremeceu. A lembrança do vulto que vira durante o culto o atormentava. Por enquanto, não quis contar ao amigo. Estava assustado demais.

Dona Terezinha, pronta para sair, chamou pelo filho e o avisou do horário. Paulo levantou-se para ir embora, meio triste. Especialmente naquele dia, precisava conversar com João. O rapaz, sempre perspicaz, o impediu de sair.

– Ei, amigo, levante a cabeça! Seus problemas serão resolvidos, tenha fé. Desânimo não ajuda. Eu preciso sair agora, mas... Faça o seguinte: venha comigo até o centro espírita.

– Eu? No centro?

– Apenas para tomar um passe.

– O que é isso?

– Calma! Você não vai participar de nenhum ritual estranho! Um passe é uma doação de boas energias que restabelecem o espírito alquebrado, um médium pode doar tais energias por meio do passe. Não tenha receio. Você não sairá de lá convertido ao Espiritismo somente por isso. E também não vai encontrar pessoas que pretendam mudar sua crença. Não é minha intenção te influenciar. Minha preocupação é somente o seu restabelecimento. Assim, em sua casa, estará mais fortalecido para suportar os problemas familiares.

Decidido, Paulo resolveu seguir o amigo e dona Terezinha. Aquilo não deveria ser tão ruim como a maioria das pessoas dizia. Entendeu que a melhor maneira de avaliar o Espiritismo seria conhecendo de perto, sem opiniões parciais e preconceituosas. Se aquilo fazia tão bem a João e sua mãe, que mal poderia haver?

– Espere aqui – disse João que, ao ver o amigo sorrindo, entendeu que estaria disposto a acompanhá-lo. – Vou trocar de roupa e já venho, serei rápido.

E foi rápido mesmo. Num instante estava de volta, vestido de maneira muito simples: trajava uma calça jeans, uma camiseta branca e um tênis comum. Paulo o observou de alto a baixo. João sorriu:

– Esperava um traje especial, todo branco, sem mácula?

O outro ficou constrangido.

– É, Paulo! Você tem muito que aprender! Não é preciso usar nenhuma roupa sacerdotal, ou paramentos, símbolos, nada. É simples assim.

O advogado sorriu passando a mão pelos cabelos.

– Melhor irmos logo, levo vocês no meu carro para não se atrasarem.

O centro espírita era no bairro vizinho. Num instante chegaram. Paulo, na entrada do prédio simples, leu atentamente: "Grupo de Estudos Espíritas Paz e Esperança". Entrou acompanhando dona Terezinha e sentou-se numa das cadeiras reservadas aos visitantes e assistidos por recomendação de João.

– Fique aqui. Minha mãe vai para a sala de aula, e eu preciso me preparar porque sou um dos colaboradores.

– O que acontece nesse meio tempo?

– Nada, não tenha medo. Medite, aproveite os momentos de silêncio para refletir e se tranquilizar. Logo começará a palestra e, em seguida, virão os passes.

– Vai ter uma sessão?

– Não, Paulo! Acalme-se! Sei que está cheio de receios, mas acalme-se. Vou me preparar.

João entrou em outra sala por uma porta lateral, e Paulo ficou inquieto, num lugar onde se sentia totalmente deslocado. Não entendia nada, nem imaginava o que poderia acontecer. Lembrou-se do pai e riu para si. Se doutor Jonas o visse ali...

Começou a acalmar-se quando passou a observar o salão. Era amplo, bem arejado. Cadeiras arranjadas com uma passagem ao meio e, logo à frente, num plano mais alto, algumas cadeiras recostadas numa parede ao fundo, mais ou menos sete, aparelho de som com microfone e uma mesinha pequena. Nenhuma imagem de santos, velas, flores, nada. Na parede, em destaque, apenas um quadro lindíssimo, com motivos florais onde se destacava, em letras douradas, uma frase que lhe impregnou o coração de alegria: "Jesus Cristo é o caminho, a verdade e a vida. Ninguém vai ao Pai, senão por Ele".

Deixou-se arrebatar pela música que soava baixinho, mas audível o bastante para perceber-se a melodia suave que ajudava a harmonizar o ambiente. Era como um oásis de paz despontando no meio do deserto de sua alma. Num instante, sentiu-se confortável, envolvido pelas vibrações benéficas do lugar; não compreendia a procedência dos fluidos salutares, apenas sentia e aproveitava. Outras pessoas chegaram silenciosas, acomodaram-se e conversavam em voz baixa. Ele fechou os olhos e ficou ouvindo o sussurrar das vozes e a música. "Poderia ficar o resto de sua vida aqui", pensou.

Em dado momento, a música foi interrompida, e um homem de aparência bondosa entrou na sala. Ele cumprimentou a todos e apresentou-se como Frederico. Esbanjava simpatia num sorriso franco, e os cabelos grisalhos recomendavam o devido respeito. O microfone foi ligado, e ele iniciou a palestra. Quando informou o tema do estudo, algumas pessoas folhearam o *Evangelho segundo o Espiritismo*, e Paulo lamentou por não ter levado o dele. Mas entregou-se à reflexão quando ouviu o orador falar pausada e calmamente: "Vinde a mim, todos vós que sofreis e estais sobrecarregados, e eu vos aliviarei". Paulo conhecia bem aquele trecho sublime, era o Jugo Leve[4] de que Cristo falava, e as palavras acalentaram seu coração.

Após dez minutos de palestra, já era incapaz de desprender a atenção do orador. Ele falava como se estivesse inspirado, o rosto iluminava-se de emoção, e suas colocações eram cheias de sabedoria e consolo. Não conseguiu impedir que rolasse uma lágrima sentida quando Frederico concluiu desejando paz a todos. João acertara em levá-lo ao Centro. Ouviu o que precisava ouvir para continuar sua jornada ao lado do pai e entendeu que realmente não poderia sair de casa. Se quisesse triunfar, deveria ser forte e confiar em Deus e Jesus Cristo. Percebeu que sua fé andava meio abalada e vacilante. Era urgente rever tal condição.

As cadeiras recostadas no fundo seriam usadas para o passe; o próprio Frederico tratou de alinhar as cadeiras na parte baixa do salão, diante da assistência, e, um a um, os médiuns, preparados previamente, postaram-se atrás do espaldar das cadeiras. Estavam compenetrados, pareciam orar em voz baixa. Os assistidos sentaram-se e iniciou-se o passe. Paulo ficou observando, curioso. Era uma simples imposição das mãos a certa distância da cabeça das pessoas, ficavam assim por um tempo e dispensavam os visitantes, com calma.

Paulo titubeou quando chegou sua vez. Pensou em se negar a ir, mas achou que agia como um menino medroso, pois já vira o bastante para saber que não havia nada de mais ali. Viu quando João fez um sinal à jovem que coordenava a assistência aos visitantes, e ela o direcionou até o amigo. Antes de iniciar, João o alertou, sussurrando:

---

4. Mateus (11:28-30).

PARA SEMPRE CONTIGO

– Relaxe e sinta os benefícios. Não tenha receios. Pense em Jesus.

Fechou os olhos e aproveitou para fazer uma breve oração. Há quanto tempo não orava? Não sabia.

João tocou seu ombro levemente. Havia terminado, e ele deveria dar lugar à outra pessoa. Levantou-se devagar, parecia mais leve e tranquilo. Olhou ao redor e tudo estava em seu lugar, porém com uma aparência diferente. Era como se tivesse passado o dia em estado de letargia e despertasse somente naquele momento. Realmente, tal método de doação de energias era eficiente, o resultado o comprovava.

Retornava ao seu lugar na assistência quando avistou, na fila do passe, Pedro e Valquíria. Eles sorriram discretamente. Paulo jamais imaginara encontrar a colega de trabalho no centro espírita. Ela nunca dera pistas sobre sua crença.

Quando a última pessoa recebeu o passe, João saiu de novo pela porta lateral, e a advogada e o noivo aproximaram-se, curiosos.

– Doutor Paulo de Tarso! – disse Valquíria, em tom de brincadeira – O que faz no último lugar em que pensei que poderia encontrá-lo?

Ele riu.

– Fui convidado por João e achei que não faria mal algum em conhecer.

– Certamente o senhor Jonas não sabe desta visita, presumo.

– De jeito nenhum! E vou pedir por sua discrição!

– Claro! Conte-me: qual foi sua impressão?

– É um lugar onde quase se vê a paz, é muito reconfortante. Eu estava tão mal, e agora me sinto restabelecido. Confesso que não sei nada ainda, mas estou feliz por ter vindo. Tenho muitas dúvidas, claro. Porém, não tenho como dizer, pelo pouco que vi, que essa crença não seja cristã. Estava totalmente errado em pensar que o livro de Kardec sobre o Evangelho era uma heresia, um apanhado de ideias transmitidas por espíritos que pretendiam modificar, na forma e no fundo, o conteúdo sagrado da Bíblia. Foi assim que aprendi.

— É, você estava errado — disse Pedro. — *O Evangelho segundo o Espiritismo* apenas estuda profundamente as máximas morais do Cristo dando a elas luz e razão, procurando entrever o verdadeiro sentido por trás da letra. Não pretende modificar ou acrescentar algo à Boa Nova propagada pelo Mestre, como desejam pensar os opositores dessa doutrina.

— Em outras palavras, os opositores falam do que não sabem e, se sabem, interpretam a sua moda, como parece mais conveniente — refletiu Paulo. — E o que vai acontecer agora?

— Todos serão encaminhados aos entrevistadores, preparados para atendê-los em suas necessidades. Muitos procuram o centro apenas para estudar a Doutrina e orar, mas a grande maioria vem em busca de socorro espiritual e cura de tormentos materiais. Os entrevistadores são assistidos por mentores de luz e o encaminharão a uma assistência espiritual adequada que os auxiliarão a curar-se.

— Assistência espiritual?

— Sim, assistência espiritual. Veja: o espírito é envolvido por um perispírito, e este recebe todas as impressões do nosso corpo físico. Se é importante tratar o corpo, é necessário tratar também o perispírito, para o completo reestabelecimento.

— Não sei se entendi... Acho que sim. Mas, afinal, o que é perispírito?

— É verdade, tais termos são novos para você, desculpe-me. Esta palavra designa o envoltório fluídico no qual nosso espírito se abriga. É uma substância vaporosa que envolve o espírito. Assim como a semente é envolvida pelo perisperma, o espírito propriamente dito é revestido desse envoltório, que, por comparação, é chamado de perispírito. É por causa dele que é possível ao espírito tomar uma forma visível e mesmo palpável, e também aparecer para nós algumas vezes, seja nos sonhos, ou enquanto estamos acordados. É um elo entre o corpo e o espírito. Então, retomando o assunto, quando o corpo está doente, consultamos o médico e tomamos os remédios receitados. Aqui, na casa espírita, recebemos os passes para restaurar o perispírito, o corpo espiritual. A saúde espiritual se reflete no corpo físico. Não faz sentido?

– Agora ficou mais claro!

– Também existe tratamento para obsessões. Há relatos de algumas tão persistentes que acabaram causando um mal patológico no organismo dos envolvidos.

– E, nesse tipo de obsessão, somente os passes resolvem?

– Não. Nós esperamos que o espírito malfazejo se manifeste e tentamos demovê-lo de suas intenções, fazendo-o perceber o mal praticado e que, invariavelmente, se voltará contra ele mesmo. É necessária, também a mudança do comportamento do obsediado, a reforma íntima. É um assunto muito extenso, Paulo, requer estudo sério.

O jovem advogado passou a pensar no pai. Se ele estivesse mesmo obsediado, qual seria a melhor maneira de curá-lo?

Pedro se despediu para ir a sua sala. Ele também participava do curso de Educação Mediúnica, com a intenção de preparar-se para utilizar-se de suas percepções em favor do próximo. Valquíria, já formada em todos os módulos, ficou em companhia de Paulo. E o rapaz, ávido de informações daquela Doutrina que se descortinava para ele, passou a fazer perguntas intermináveis à colega de trabalho, querendo esclarecer as dúvidas.

❧ Passava das oito da noite quando as atividades do Centro terminaram. Paulo ainda não queria retornar à sua triste e lúgubre moradia, certamente estaria às escuras e vazia. Na saída do prédio, conversava com os amigos.

– João, o que vai fazer agora? – ele quis saber.

– Não tenho nada programado para hoje, vou para casa.

– Em pleno sábado? Vai ficar sozinho, sua mãe foi para o plantão!

– Já estou habituado...

– Por que não saímos todos juntos para um passeio? – sugeriu Valquíria.

– Ah, Val, eu gostaria muito, mas estou tão cansado... – João admitiu, suspirando em seguida.

– Então, poderemos ir para a sua casa – disse Pedro. – Compraremos pizzas, sucos e refrigerantes e te faremos companhia.

Todos aprovaram entusiasmados a ideia de Pedro. Fizeram as compras e num instante estavam na pequenina casa de João, conversando alegremente. Em dado momento, Paulo ficou em silêncio, apenas ouvindo os outros três. Valquíria percebeu.

– Está tudo bem, Paulo?

– Sim. É que a nossa conversa, no Centro, foi esclarecedora em alguns pontos. Quanto mais penso, mais questões surgem. Sei que agora é um momento de descontração e não quero insistir em assuntos religiosos, porém não consigo evitar. Sou curioso.

– Qual sua dúvida agora?

– É ainda sobre os obsessores. Se eles são espíritos imperfeitos, carentes de esclarecimento, por que vocês se comunicam com eles?

Valquíria riu e fez uma careta engraçada.

– Bem, este é um assunto para o professor João!

Todos riram. João, encabulado, tratou de se justificar.

– Não sou professor, Val! Você é exagerada!

– Mas você está nessa estrada há muito mais tempo do que eu e Pedro. Então, por favor, ampare nosso amigo em suas dúvidas. Esteja à vontade.

Paulo dirigiu ao amigo um olhar acompanhado de leve sorriso. João fez uma pausa para refletir e iniciou a explicação.

– Amigo, nós não invocamos espíritos imperfeitos. Aguardamos pela manifestação deles para auxiliá-los e tentamos impedir que continuem a molestar. Tentamos mostrar para eles que a justiça divina é infalível e alcança a todos indistintamente e, se eles persistirem no mal, sofrerão as consequências daquilo que causarem.

– Contudo, não é melhor ficarmos longe de entes tão maléficos?

– Então, responda: em nossa sociedade, qual a finalidade de programas de reabilitação de infratores?

Paulo ficou com um ar de quem não via conexão alguma no assunto. Pressentindo seus pensamentos, João emendou:

– Acompanhe o meu raciocínio, e você verá onde quero chegar.

– Bem: os programas de reabilitação visam à melhoria de vida de criminosos e infratores, dando oportunidades para um novo começo, depois de uma vida de erros – respondeu Paulo.

– É isso! Se damos oportunidades de reabilitação a um ladrão ou assassino, por que vamos abandonar os maus espíritos e dar as costas a eles? A grande confusão é gerada por uma crença de que o mundo dos espíritos imperfeitos é habitado por entes eternamente devotados ao mal; muitos pensam que eles jamais mudarão de opinião e passarão sua existência oferecendo oposição a Deus como inimigos obstinados. Os espíritos imperfeitos são pessoas como eu e você, que desencarnaram e vivem num plano espiritual apropriado às suas inclinações. Eles não serão eternamente maus porque a lei da evolução se aplica a todos os seres, visíveis ou não. Ao contrário do que se pensa, a morte do corpo físico não promove o milagre de purificação, e aquilo que fomos aqui nós ainda seremos depois do desencarne. Continuaremos com manias, desejos, opiniões, nada muda. Por isso, não amparar esses irmãos falidos é não ter caridade, também é descaso abandonarmos nossos infratores à sorte do mundo. Além disso, convenhamos: quem nós pensamos que somos para nos afastarmos dos imperfeitos, como se fôssemos puros e imaculados? Também temos nossas imperfeições e viemos ao mundo para vencê-las. É inútil nos afastarmos dos espíritos ruins para preservarmos nossa integridade, se, no dia a dia, podemos cruzar com pessoas tão más quanto os espíritos perversos da pior espécie, daqueles que sabem esconder suas verdadeiras intenções para melhor enganarem. Existem aqueles que até são reverenciados e respeitados por nós, porque, muitas vezes, não sabemos enxergar o seu coração cheio de veneno. Esteja certo, Paulo, convivemos com seres maus todos os dias e em toda parte e sequer tentamos fugir. O que nos preservará do mal será o bem que fizermos, nossa atitude diante daqueles que desejam nos prejudicar.

Paulo ouviu atentamente e admitiu:

– Acho que você tem razão...

Porém, acometido por novas questões, continuou:

– Ainda assim, tenho dúvidas. Não é proibida a comunicação entre vivos e mortos? No Velho Testamento, Moisés deixa claro que tal prática é abominável.[5] Como entender?

– O próprio Kardec concorda com a proibição que Moisés fez em relação à evocação dos mortos, pois Moisés compreendeu que ela não tinha origem nos sentimentos de respeito, afeição e piedade que se deve ter por eles. Percebendo que, muitas vezes, era um recurso para adivinhações e presságios, augúrios, como objeto de negócios pelos charlatães e supersticiosos, e como tais costumes estavam arraigados no povo, tratou de proibir, dizendo que eram reprovados por Deus. Desejava que o povo abandonasse tais costumes adquiridos no Egito, enquanto lá permaneceram como escravos,

---

5. Levítico (19:31) e (20:27) e Deuteronômio (18:9-12).

onde as evocações eram comuns e facilitavam os abusos. Mas hoje se anulam completamente.

O outro ficou surpreso. João continuou, sorrindo.

– É verdade, Paulo. Na Antiguidade, muitos povos conheciam e praticavam a mediunidade de maneira indigna e irresponsável. Os egípcios detinham conhecimentos do mundo espiritual e realizavam rituais estranhos. Os hebreus viam aquilo e aprendiam com eles. Era tão frágil a fé desse povo em um Deus único, que, mesmo retirado da escravidão no Egito, rebelou-se contra Deus e construiu um bezerro de ouro, adorando esta imagem.[6] Se não conseguiam compreender o Deus que diziam adorar, como esperar que vivenciassem o intercâmbio com os mortos de maneira correta? Somente com a vinda de Jesus é que esse quadro se modificaria. Como vê, meu amigo, Moisés estava certo, e é por isso que Allan Kardec concordou com tal proibição.

– No entanto, vocês, espíritas, até hoje pagam por essa proibição, e o Espiritismo é considerado uma seita herética...

– Não. Pagamos pela incompreensão humana; pagamos por aquilo que os homens veem e se recusam a aceitar. O Espiritismo está em seu devido lugar de honra.

– Como assim?

– Moisés proibiu porque sabia das complicações se ele fosse mal praticado; Jesus mostrou como fazer corretamente esse tipo de comunicação.

– Na Bíblia existe tal informação?

– É óbvio. Reveja o trecho que trata da transfiguração de Cristo[7], enquanto ele orava. Aparecem Moisés e Elias e passam a travar uma conversa. Jesus estava vivo; Moisés e Elias, mortos. Se proibir

---

6. Êxodo, 32.

7. Mateus (17:1-8); Marcos (9:2-9) e Lucas (9:28-36).

a comunicação entre vivos e mortos fosse uma lei divina e não humana, o Filho não transgrediria o que o Pai proibia por lei, porque seria um flagrante de desobediência, o que é impossível, porque Jesus jamais ofenderia a Deus fazendo o que Ele não aprovasse. Pai e Filho não poderiam estar em desacordo nas opiniões. E interpretem como quiserem, discutam e objetem como desejarem, há um ponto indiscutível e inegável na transfiguração que nem mesmo a mente mais vil pode rejeitar: Elias e Moisés estavam mortos há séculos! Vejo homens fazendo acrobacia mental e criando postulados para explicarem tal evidência de maneira que negue a comunicação, mas não há saída, os profetas estavam mortos e não há como negar, basta acompanhar a evidente cronologia dos textos bíblicos. Para refutar tal verdade, ouvi religiosos dizendo que não foi uma aparição de mortos o que ocorreu, que mortos se revelam porque Deus se "lembra deles". Quando é preciso se lembrar de alguma coisa é porque foi esquecida, é a lógica. Imagine se Deus se esquecesse de nós, mesmo como desencarnados, por um minuto sequer? Nossa vida, que já é cheia de percalços com a assistência Dele, se tornaria um caos total! É um absurdo imaginar Deus, nosso Criador, a Inteligência Suprema, tendo lapsos de memória!

"Naquele lindo trecho bíblico, vemos Jesus, nosso Mestre, mantendo intercâmbio com desencarnados exatamente como devemos fazer: com dignidade, respeito e responsabilidade. Travou-se naquele instante uma conversação de assuntos elevados, porque os três profetas seguiam um plano divino e encarregavam-se da elucidação e salvação de toda a humanidade. Não se tratou de uma consulta cheia de perguntas banais e fúteis como fazem os consulentes que procuram adivinhos para esclarecer suas dúvidas corriqueiras. Nós, espíritas, procuramos praticar o intercâmbio do modo que Jesus demonstrou."

– É, mas nem todos agem como vocês...

– Infelizmente, assim como há católicos insinceros, evangélicos enganadores e muçulmanos provocadores de violência.

A resposta rápida de João fez Paulo silenciar para refletir.

– O problema está no coração das pessoas e não nas religiões – concluiu João.

Paulo continuou em silêncio por não ter argumentos.

– Deus, meu amigo, nos criou capazes de escolher por nós mesmos os nossos caminhos. Isto se chama livre-arbítrio. É uma bênção quando o usamos corretamente, porém uma armadilha quando fazemos mau uso dele. Seria bom que cada um se lembrasse, constantemente, dos ensinamentos do apóstolo dos gentios. Brilhantemente, ele dizia: "Tudo me é lícito, mas nem tudo me convém"[8]. Abusa-se de tudo, meu amigo, infelizmente.

– Mas, se vocês procuram seguir o Espiritismo assim como o Mestre demonstrou, por que vejo tantos leitores de sorte espalhados por aí? E aqueles presentes que deixam nas ruas e ficam amontoados de insetos e pragas? Como você explica?

– Meu amigo, não queremos condenar nem apontar erros de ninguém. O preconceito não é nossa intenção, porque ele não opera a justiça nem o bem. Também não pretendemos, de forma alguma, insinuar que esta ou aquela crença é melhor do que a outra. Porém, é necessário colocar cada coisa em seu lugar. Existem seitas diversas, assim como existem várias igrejas evangélicas, que, apesar de terem o mesmo foco, diferem muito em seus fundamentos. Há seitas cujos devotos cultuam espíritos que se comprazem com oferendas a eles dedicadas com respeito e devoção. Os praticantes dessas crenças não são espíritas, são espiritualistas. Os espíritas são aqueles que adotam as Obras Básicas codificadas por Allan Kardec, como filosofia de vida, sua norma de conduta. Entretanto, o que você viu difere do

---

8. I Coríntios (10:23).

que acabei de te explicar. Portanto, nunca verá um espírita como eu, a Val e o Pedro, nas ruas, fazendo adivinhações ou como atendentes de quiromancia. Entre nós, espíritas, não há necessidade de praticar cultos, rituais, juramentos ou quaisquer outras celebrações. Adoramos a Deus sobre todas as coisas e ao próximo como a nós mesmos. Não cobramos pela prática mediúnica em favor daqueles que recorrem aos nossos préstimos. Acreditamos no que disse o insigne mentor do médium Francisco Cândido Xavier, o Espírito Emmanuel: "Mediunidade não é profissão do mundo". Não podemos cobrar pela assistência que nos dedicam os bons espíritos. Eles nada nos cobram! Jesus, o Divino Amigo, nos alertou: 'Dai de graça o que de graça recebestes'. Na condição de discípulos do Mestre, seguimos sua abençoada orientação.

— Concordo, João, mas no *Apocalipse* está claro quando Jesus diz que os feiticeiros serão condenados.

— E o que são "feiticeiros" para você, Paulo?

— Qualquer pessoa que pratique atos mágicos!

— Acender uma vela simples é considerado um ato mágico, sabia? Então, quando vemos alguém acender uma vela para seu ente querido, num cemitério, ela está fazendo magia?

— Hum. Não sei... Aí já é difícil julgar.

— Então vejamos um exemplo. Muitas pessoas, independentemente de sua religião, acreditam que os três reis que visitaram o menino Jesus eram magos. Prestaram reverência ao Messias, eles o homenagearam respeitosamente e o presentearam. Você acredita que os reis magos eram maus? De novo, recaímos na intenção dos fatos. As pessoas continuam se preocupando com os atos externos e não examinam as intenções. Vejo homens e mulheres procurando segurança em amuletos e outros fugindo de desenhos e símbolos querendo se preservar do mal. Os objetos são coisas inanimadas sem intenções ou pensamentos, eles nada têm de bom ou mau. Os seres humanos, em pleno século 21, ainda vivem em meio a superstições infundadas, colocando peso nas coisas como impuras e puras. Não se lembram, em momento algum, quando O Mestre dizia, que "não é o que entra pela boca do homem que contamina, mas o que sai dela, porque do que fala a boca está cheio o coração". Ele sempre destacava as intenções e não os fatos. É preciso, sempre, buscar a essência por trás da letra, Paulo. Na Idade Média, quantas mulheres foram condenadas à fogueira, acusadas de bruxaria apenas por que preparavam chás de ervas medicinais? Hoje, chás de erva-cidreira, hortelã e camomila são comercializados livremente por suas propriedades naturais tão benéficas ao organismo humano. Além disso, o que você considerou como ato mágico lá no centro? O que viu?

— Eu ia falar do passe, mas desisti, porque me lembrei dos apóstolos, que também curavam pela imposição de mãos...

— A imposição de mãos num centro espírita é feitiçaria e numa outra religião qualquer é cura milagrosa pelo poder de Deus? As intenções não são as mesmas? Pondere! Avalie se não estamos falando de puro preconceito e ignorância!

O rapaz sorriu, embaraçado.

— Paulo, as pessoas não sabem do poder do pensamento. Uma pessoa má pode, sem recorrer à magia, prejudicar a vida de alguém. Para tanto basta o poder do pensamento negativo, da vibração maldosa. Aquele que é alvo dessa maldade somente será afetado se encontrar-se, igualmente, na mesma vibração odiosa. Caso contrário, o pensamento destrutivo não o atingirá. Assim, o nosso melhor escudo contra as vibrações maléficas é a prática do bem, do amor, da fraternidade e do perdão incondicional. Essa atitude nos livra de receber as vibrações negativas, os malefícios que porventura nos forem endereçadas dessa forma. Os espíritos superiores esclarecem, de maneira a não deixar dúvidas, que esses espíritos imperfeitos são instrumentos para experimentarmos nossa fé e nossa constância em permanecer no caminho do bem. A missão dos bons espíritos é nos colocar sempre no bom caminho, mas, se insistimos no desejo do mal, são os outros que virão em nosso auxílio. Se, por exemplo, somos inclinados ao homicídio, haverá uma nuvem de espíritos que reforçarão esse pensamento. Como podemos perceber, Deus deixa à nossa consciência a escolha da rota que devemos seguir, e o direito de escolher qual influência queremos.

Paulo emudeceu para considerações. Após breve silêncio, precisou de maiores esclarecimentos.

— Afinal, vocês adoram a Deus e Jesus ou aos espíritos e Kardec?

João sorriu de modo benévolo diante da dúvida comum a tantas pessoas.

— Não é de hoje que ouvimos a acusação de que somos idólatras! Não adoramos aos espíritos nem a Kardec, amigo! Os bons espíritos são, para nós, como amigos com quem compartilhamos nossos problemas e alegrias, assim como fazemos aqui, entre os encarnados. Assim como eu e você, que muitas vezes nos vemos falando de nossos dramas e venturas, trocando ideias. Eles não são deuses nem entendemos que sejam assim. Mesmo os bons não se cansam de nos dizer que são nossos companheiros e trilham a mesma estrada em busca de evolução e, se precisamos de alguma coisa, devemos pedir a Deus. Eles nos auxiliam em alguns momentos, com suas influências fluídicas benéficas, quando é necessário, ou nos aconselham e inspiram, mas aqueles mais esclarecidos reconhecem as próprias limitações. Allan Kardec, o codificador das Obras Básicas do Espiritismo, é respeitado por nós como exemplo de bom--senso, conduta imparcial e devotamento à causa que abraçou. No entanto, não o adoramos como muita gente imagina. O espírita ama a Deus sobre todas as coisas e ao próximo como a si mesmo, seguindo os mandamentos de Jesus. O Mestre é um espírito perfeito, de ordem elevada. Deus é a causa primária de todas as coisas, o Criador do universo.

– É... Eis outro conceito errôneo que eu tinha... Ainda acerca das comunicações com os mortos, que outro forte argumento pode amparar a legalidade de tal prática?

– A bondade e a justiça de Deus.

– Explique-se melhor.

– Vamos analisar a questão por meio de um ponto muito conhecido. Atualmente, ficamos aborrecidos com a situação do planeta. Nós, que buscamos o bem, nos tornamos prisioneiros em nossas casas por conta do medo da violência, e achamos injusto que os bons precisem viver escondidos e quase sem sair de casa para não serem atacados pelos marginais que vivem à solta por aí, despreocupados e fazendo de suas vidas o que desejam. Você concorda que é uma situação injusta?

– Sem dúvida! Os criminosos, muitas vezes, vivem livres, e nós quase nos enclausuramos!

– Seguindo tal raciocínio, as pessoas dizem que nos comunicamos somente com espíritos enganadores e maus, pois só os demônios poderiam se aproximar de nós. Nossos parentes desencarnados nunca! Onde estaria, então, a justiça de Deus, se Ele permitisse que os maus andassem livremente pelo planeta e os bons ficassem trancafiados e incomunicáveis, se justamente os bons é que deveriam gozar de liberdade de acordo com merecimento pelas suas obras? Onde estaria a bondade divina se estivéssemos entregues aqui, num mundo repleto de seres vis, sem poder olhar ao redor e encontrar mão amiga e prestativa a se estender para nós? Quantas pessoas boas e merecedoras do nosso respeito e admiração já desencarnaram? Diversas, não é? Qual seria o grande mal em tais pessoas retornarem a nós para nos transmitir a paz e falar de suas experiências no plano espiritual, trazendo confiança e fé? Qual é o grande erro em que essas pessoas venham nos pedir para perseverar no bem e dar a esperança de que encontraremos somente boas surpresas quando for a nossa vez de ingressar no mundo invisível?

– Mas os entes perversos também podem nos enganar dizendo que são bons, não podem?

– Podem, sim. Contudo, encarnados mal-intencionados também dissimulam e mentem com suposta pureza d'alma e, por mais engenhosos que sejam, sempre são apanhados em suas armadilhas, não é? Os mentirosos e enganadores sempre se traem. Por mais astuto que seja um espírito ruim, em algum momento ele irá se contradizer. Sabemos reconhecer quando uma pessoa mente e tenta enganar, por que não saberemos se um espírito estiver agindo mal? O bom-senso é uma das ferramentas poderosas com as quais Deus governa o mundo. Sempre que uma ideia contrária à Sua lei se espalha, vem logo outra que se opõe a ela e ganha tanta influência que a grande maioria tentará fazer com que seja abolida ou a rejeitará. Assim aconteceu com a escravatura. Se na Antiguidade era considerada normal, hoje é crime. Pela força do bom-senso de pessoas que a rejeitaram, ela foi abolida. E pelo mesmo bom-senso geral é que podemos ver se um espírito é sério ou não. Pensar que, somente porque eles vivem num mundo invisível, teriam tais e tais poderes para envolver a todos seria atribuir a eles um poder que certamente não têm e não foi concedido por Deus.

– Mas não é Satanás quem lhes concede poder?

– Olhe, Paulo. Não quero ofendê-lo em suas crença, mas vamos esquecer nossas religiões e tentemos avaliar friamente. Alguém pode doar a outro aquilo que não tem?

– Claro que não!

– O maior atributo de Deus que se conhece não é a Onipotência? E o que significa esta palavra? *Oni* significa único, potência é o mesmo que poder. Ou seja, Deus é o Único Detentor de todo o poder conhecido e desconhecido! Se Ele é a potência absoluta, só

Ele pode doar poder. Se Satanás tem poder para doar, somente Deus pode ter concedido a ele. E por que Deus concederia poder a Satanás para que doasse aos seus comparsas, e, assim, estes últimos viessem nos atormentar? Não gera, forçosamente, uma ideia absurda? Deus doaria poder ao seu maior inimigo? Além disso, supor que Satanás tem algum poder além daquele concedido às demais criaturas seria compará-lo a Deus, o que é abominável! É o mesmo que idolatria! Se ele, o Diabo, como o chamam, tem algum poder, por menor que seja, somos nós com as nossas crenças imperfeitas, que o concedemos. Ouve-se dizer por aí: o Diabo fez isso; a culpa é do Diabo! Assim, reconhecemos que ele tem algum poder. Só Deus cria, transfere poder e transforma as coisas; aceitar que qualquer outro possa fazer o que Ele faz é idolatria! E se a culpa toda é do Diabo, onde estarão as nossas? Por que seremos julgados por coisas que ele faz quando se apossa de nós? Na nossa fraca e falha justiça não julgamos e condenamos aqueles que entendemos como verdadeiros transgressores? Por que Deus, o incomparável Sábio de todo o universo, agiria de outro jeito? Se o Diabo faz tudo, então somos puros, sem pecados, e ainda assim seremos julgados? Na verdade, quando se coloca a culpa num ser sobrenatural quando cometemos atos culpáveis, é uma tentativa de nos livrarmos da nossa culpa, é uma covarde fuga da realidade. Quando um homem assassina outro é porque tinha ódio em seu coração. Quando se engana alguém é por desvio de caráter. Os espíritos maus podem inspirar o mal, mas a resolução de praticá-lo ou não estará sempre em nós e não nos espíritos maus.

Paulo ficou com um ar de quem não tinha o que dizer. Valquíria gracejou:

– Não disse, Paulo, que João é um professor?

O outro concordou balançando a cabeça lentamente. De repente, surgiu outra questão.

– Em outras palavras, João, você alega que o diabo não existe? Foi isso que entendi?

– Não, Paulo, não existe como muitos pretendem: um ser horrendo e deformado. Se houvesse, seria obra de Deus. E Deus seria bom e justo se criasse seres infelizes, eternamente voltados para o mal? O diabo ou satanás, na verdade, somos nós mesmos, espíritos imperfeitos, quando detidos no mal, na perversidade, agindo em oposição ao bem-estar e à felicidade do nosso próximo. A Igreja Dogmática criou a figura de um ser maléfico o qual se opõe à vontade do Criador, conceito que não encontra nenhum respaldo na Doutrina Espírita. Em grego, *daimon, ou demônio,* significa gênio, alma, espírito. A Igreja, no entanto, impregnou essa palavra com a conotação pejorativa que ela hoje apresenta: espírito maldoso, perverso. É preciso saber entender as Escrituras sagradas, enxergar o verdadeiro significado por trás das palavras. Como dizia Paulo de Tarso: "A letra mata, o espírito é que vivifica"[9]. Na Bíblia, Satã é representado por um dragão; na China, o dragão é considerado um animal sagrado. Cada povo tem suas crenças e seus costumes, e cada um representa o mal de acordo com seus costumes. Por outro lado, o ser humano habitualmente ilustra com símbolos, figuras, etc., para melhor se fazer entender. Quando pensamos em justiça, que imagem nos vem à mente? A da mulher vendada com uma balança na mão; quando pensamos em tempo, a imagem é a de um senhor muito avançado na idade segurando uma ampulheta; quando pensamos no mal, vem-nos a imagem de Belzebu, aquela mistura horripilante de homem e bode. Da mesma forma que a justiça e o tempo não são pessoas verdadeiras, o mal também não é. Quando o Mestre mencionava Belzebu em suas palestras, referia-se ao mal, não a um indivíduo. Era a crença dos judeus, basta ver a história dos filisteus, um

---

9. Coríntios II (3:6).

povo antigo da Cananeia cuja história está no Antigo Testamento. O nome Belzebu é a variação do deus pagão Beel-Zebuth, um demônio no qual eles acreditavam.

João fez uma pausa. Suspirou como se estivesse desanimado.

– É uma grande confusão! Se quisermos a salvação e a completa compreensão do Eterno, precisamos deixar de confundir religião com mitologia e lenda. Se tivermos que acreditar que o mal é personificado em um indivíduo, forçosamente teremos que aceitar a existência de monstros como o Kraken, a Medusa ou o Minotauro. E por que não crer no monstro do lago Ness, na Escócia? No Saci-Pererê? No Curupira?

Todos riram.

– Viram? Vocês perceberam o absurdo quando falamos de atualidades e folclore brasileiro e até acharam graça! Porém, quando se fala em Antiguidade, tudo é real! Não vou me admirar se alguém aparecer afirmando que viu o Leviatã, o lendário monstro da mitologia hebraica, somente porque o nome dele aparece no Antigo Testamento!

O advogado esfregou as mãos suadas. Estava perplexo, não imaginava que o rapazinho franzino e meio tímido pudesse ter aqueles conhecimentos. Queria ouvi-lo mais a cada frase que ele terminava.

– Agora, João, retornemos ao que disse anteriormente, sobre a condição dos seres maus. Você disse que eles não estão condenados a serem maus pelo resto de suas existências. Então, a condenação eterna não existe?

– Desculpe-me, Paulo, não tenho como crer na condenação eterna depois de ter estudado os sábios ensinamentos dos espíritos superiores na obra codificada por Kardec. Nós, seres ignorantes, podemos deixar uma pessoa sofrer pelo mal que ela fez a nós, indefinidamente, mas Deus não. Um pai castiga e ralha com o filho que errou, mas, passado o tempo, ele retorna ao filho com carinho. Podemos até deixar uma pessoa sofrer, mas a morte virá e a levará, e o sofrimento físico terminará. Mas se Deus condenasse alguém por toda a eternidade, nem a morte poderia acabar com o sofrimento. Neste caso, onde estaria a misericórdia divina? Imagine o que é a eternidade: dias sem começo nem fim, que tormento horroroso! Pense também na situação monstruosa: uma mãe salva pela boa conduta vendo um filho condenado ao Inferno. Pense num filho justo vendo a mãe arder no fogo. Agora pense na ideia mais revoltante: um ser que é mau desde a sua criação, que jamais deixará de ser mau, que não teve escolha entre o bem e mal e ainda assim, será julgado e condenado para sempre! Se ele foi criado mau e não há, nunca houve e nunca vai existir outro Criador, foi Deus quem o fez mau! Desculpe-me, Paulo, não tenho como pensar de outro modo.

– Então, todos vão se salvar? Qual o sentido, então, de perseverarmos no bem se o criminoso também vai "se dar bem" no fim de tudo?

– Como nos mostram os estudos espíritas sobre a pluralidade das existências,[10] a diferença está no tempo em que cada um alcançará a perfeição. É mais ou menos como acontece com dois alunos da mesma escola. Enquanto um, esforçado e laborioso, passará de série em série aprendendo cada vez mais, o outro, preguiçoso e desinteressado, será obrigado e ver seu colega de classe conquistando melhores posições e respeito enquanto ficará marcando passo, numa vida infrutífera e sofrida. Tudo será difícil e amargo e não terá mais o que fazer, a não ser lamentar e chorar. Tal ideia de salvação de todos é difícil de ser aceita porque o orgulho do ser humano é imenso. Ele diz que perdoa e esquece o mal e não tem sentimento de vingança, contudo, deixa a vingança como responsabilidade de Deus. Digere a ofensa dizendo-se elevado e compreensivo, mas, em seu íntimo, roga a reparação da ofensa a Deus, que se encarregará do ofensor.

---

10. Allan Kardec, *O Livro dos Espíritos*. São Paulo: Petit Editora, Livro II, Capítulo 4.

Se uma pessoa boa e elevada compreende mesmo a ofensa, não precisará de reparação, porque entende que todo ser humano erra, e ela mesma poderá fazer algo pior se não se vigiar. Realmente é Deus quem se encarrega de fazer a justiça, mas pelo dever de manter a justiça e não pela satisfação de nossa vaidade! Se quisermos ver as pessoas que nos fizeram mal chafurdando na lama da perdição, o que é isso além de mera aparência de bondade? É claro que justiça divina alcança a todos, mas estamos bem longe de entender, a fundo, como é operada.

— O que você falou agora sugere a hipótese da reencarnação. O aluno passando de série em série seria alguém que vive outras existências. Estou certo?

— Sim.

— Eu ouvi uma vez que os espíritas não creem na salvação por intermédio da aceitação de Jesus como Salvador, porém tentam salvar a si mesmos, pois acreditam que reencarnam e evoluem. Que me diz dessa afirmação?

— Posso dizer que, de novo, há um problema de má interpretação. Não é o simples fato de reencarnar que nos salva, mas a mudança operada em nós quando procuramos viver de acordo com o Evangelho. Aceitar Jesus como Salvador é viver de acordo com Seus ensinamentos provocando uma transformação moral que nos elevará a condição de redimidos. Um indivíduo poderá reencarnar diversas vezes, mas se for como o aluno preguiçoso do exemplo anterior, continuará estacionário, e suas existências serão passadas em brancas nuvens, sem nenhum proveito. Uma vez que em cada encarnação o ser procure sempre seguir os ensinamentos do Cristo, vivendo e exemplificando, certamente alcançará os planos elevados e não precisará mais reencarnar, porque terá se depurado. Quando as pessoas falam em aceitar Jesus como salvador, parece que tal ato consiste num passe de mágica, como uma varinha de condão em nossas cabeças mudando tudo em nossas vidas. Aceitar Jesus é viver de acordo com o que ele recomendou na Boa-Nova, e dá trabalho! É difícil mudarmos nossas opiniões, vencermos nosso orgulho, dominarmos nossa vaidade.

– Mas, alcançar a salvação também não precisa ser difícil e sofrido!

– Ora, mas não foi o próprio Mestre que chamou a salvação de "A Porta Estreita"?[11] Falar que é difícil alcançar a salvação não significa fazer apologia do sofrimento, como alguns querem fazer crer. A porta da salvação é estreita porque é difícil vencermos nossas deficiências morais. Não temos de viver nos sentindo culpados de tudo e nos recriminando, mas devemos nos esforçar para vencermos nossas más tendências. Apenas acreditamos naquilo que disse Jesus.

Paulo riu, inconformado. Não conseguia rebater o amigo de forma alguma. Ficou admirado com o rapazinho simplório e esforçado que agora merecia ainda mais o seu profundo respeito.

– Sensacional, João! Como estou feliz por ser seu amigo!

– Eu gosto muito de você, Paulo. Não pense que respondi suas questões querendo mudar sua religião.

– Não se preocupe, não pretendo mudar. Com esta conversa tão agradável e esclarecedora, encontrei motivos ainda maiores para não rejeitar sua crença ou nenhuma outra.

– Que ótimo, Paulo! Eu creio que cada um está onde deve estar e que as religiões devem existir para a glória de Deus e não para exaltar as opiniões humanas. Toda vez que pessoas condenam as crenças umas das outras, exalta-se o próprio ser e se esquece de honrar a Deus. Lamentavelmente, Nosso Criador fica relegado ao segundo plano quando um homem busca ter razão sobre o outro e o condena pelas coisas que crê.

---

11. Mateus (7:13) e Lucas (13:24).

Paulo emudeceu para lembrar uma possibilidade. Então falou:

– João, não existem sacerdotes nos centros espíritas, não é?

– É verdade. Nós não ordenamos sacerdotes. Existem apenas os dirigentes, pessoas com um pouco mais de experiência, que coordenam as atividades.

– Você deveria se esforçar para ser um dirigente, então. É muito esclarecido.

– Viu? E ele não quer que o chamemos de professor! – gracejou Pedro.

João ficou encabulado. Para desfazer a situação, avisou:

– A pizza está esfriando! Vamos acabar com ela de uma vez!

– E, enquanto comemos, vocês vão me ajudar! Quero que me digam o que faço para ajudar meu pai! Seremos um grupo de três espíritas e um evangélico lutando por um bem comum!

Os outros concordaram com Paulo e, sorridentes, passaram a conversar descontraidamente.

Ainda em Cafarnaum

O mau humor, marca constante de Abdias, tomava-o por completo naquele gracioso dia. Na noite anterior, não encontrara um momento sequer para estar a sós com Fábia, e agora estava mais difícil. Descoberto o falso boato sobre a rebelião, Pilatos dispensou Marcus Varro, e ele chegara a Cafarnaum bem cedo. Abdias teve de controlar o ciúme ao ver o encontro de Fábia com o esposo. Eles pareciam mesmo felizes, como dizia Elias. Mas estava decidido: conquistaria a romana a qualquer custo!

Irritado ao extremo, o rapaz se limitava a acompanhar os preparativos de Cássia, Fábia e Varro e da família de Barnabé para seguir até um monte próximo às cidades de Corazim e Betsaida. Parecia que o Profeta daria a última palestra antes de seguir para suas longas viagens. Sem interesse algum, apenas com o pretexto de iniciar uma conversa com a sua linda romana, perguntou:

– Este homem não tem moradia fixa?

– Ele mora com a mãe em Nazaré – respondeu Fábia, pacientemente. – Quando vem a Cafarnaum, hospeda-se na casa de um pescador chamado Simão. Está sempre indo de uma cidade a outra, porque é sua missão espalhar a Boa-Nova, por esse motivo está sempre viajando.

"Que satisfação podia haver em seguir um andarilho como aquele?", pensou para si. Não fosse o tal passeio, todos ficariam na casa de Barnabé, e ele poderia procurar meios de falar a sua amada.

Quando todos estavam prontos para sair, não teve outra escolha a não ser partir com eles. De alguma maneira estaria próximo de Fábia, admirando-a discretamente.

Chegando ao sopé do monte precisou se controlar outra vez. Fábia e Marcus caminhavam de mãos dadas como dois jovenzinhos apaixonados. Só então ele percebeu que uma fúria contra o rival crescia em seu íntimo. Elias o despertou dos pensamentos funestos, chamando-o de modo reservado.

– Tente mudar este seu semblante, Abdias, as pessoas já estão estranhando o seu azedume repentino desde que Marcus chegou!

– Danem-se todos! – resmungou rangendo os dentes. – Além de ser obrigado a vir a esse lugar nojento para ouvir o tal profeta de novo, tenho que aturar os namoricos daqueles dois!

– Eles são casados, têm direito! Foi você quem resolveu se intrometer nesta história! Se agora sofre, é pela própria teimosia em não querer ver o óbvio!

– Cale-se, Elias! Estou farto de suas advertências! Faço o que quero! A vida é minha! Você é que não passa de um derrotado que nem consegue lutar pelo que deseja!

O rapaz se afastou contrariado. Se insistisse, o outro começaria uma discussão em voz alta, conhecia-o bem.

Já havia uma multidão quando o Rabi chegou com seu andar manso e cadenciado. Mulheres, crianças, idosos, todos corriam em sua direção, alegres. Como sempre, Ele atendia a todos sem distinção, tranquilamente. E após ter falado com inúmeras pessoas, passou a transmitir Sua mensagem. As pessoas foram se sentando no gramado e ajeitavam-se como podiam, querendo ouvi-Lo. Abdias ficou avaliando, em pormenores, todos os gestos de Varro e da esposa: "Um romano dando ouvidos a um agitador, o que Pilatos pensaria se soubesse de tal fato insólito?".

O Nazareno, em situação igual ao dia anterior, prendeu a atenção do povo com suas palavras doces e sábias. Todos da família de Barnabé, os romanos e Elias estavam igualmente compenetrados. Abdias, sem que percebesse, ouvia o profeta com atenção, sem desviar os olhos. Havia Nele um magnetismo impressionante, era difícil resistir.

Ele falou sobre justiça de maneira admirável, falou de amor aos inimigos e sobre o reino de Deus. Tal reino, como explicou, encontrava-se "dentro de cada um". Abdias ficou pensando se tinha entendido perfeitamente. Pelo que entendeu, o reino do Inominado deveria ser construído dentro de cada indivíduo, pela própria pessoa. Um reino de paz edificado no próprio ser. Era exatamente o que precisava, reencontrar a paz perdida desde que havia conhecido a romana. Precisaria esquecê-la se quisesse sua vida tranquila de volta, porém como? Cada vez que via sua deusa sendo discretamente acarinhada pelo esposo, queimava de ciúme, enchia-se de revolta, e um desejo de destruir o rival o consumia. Por um momento, as palavras do Rabi o fizeram refletir. Contudo, não achava a resposta precisa para começar a construir o seu reino de paz antes de acabar cometendo loucuras. Onde estava o ponto de partida? Como esquecer a mulher que desejava com a força de seu ser e deixá-la viver ao lado do esposo, como sempre tinha sido?

O profeta encerrou a palestra, e as pessoas começavam a seguir seus caminhos. Abdias se levantou e, amargurado, chamou pelo amigo para partirem. Elias percebeu sua tristeza.

– Se a desventura tivesse um rosto, seria o seu, Abdias. Bem sei o que pensa. As palavras do Mestre te alcançaram de alguma maneira, eu sei.

– É, porém Ele mostra os objetivos e não revela os meios de atingi-los.

– Talvez você não tenha entendido corretamente. Por que não O procura? Ele é um homem afável e tranquilo, não se negará a esclarecê-lo.

– Ele fala utilizando símbolos difíceis de entender porque talvez Ele mesmo não tenha as respostas.

Neste mesmo instante, foi tocado no ombro. Virou-se devagar e deparou-se com Jesus. Foi envolvido pelo olhar calmo e profundo, Ele possuía olhos brilhantes como se a origem de toda luz estivesse neles. E o rosto de feições harmoniosas lembrava a doçura dos pais amorosos; lembrava a beleza de Cafarnaum, com suas casinhas bem arranjadas e brancas, enfeitadas pelos jardins salpicados de flores e pelos quintais repletos de palmeiras a fazer sombra. Olhar para Ele era como sentir a brisa adocicada das montanhas verdes, recobertas pelos lírios do campo dos quais acabara de falar; olhar para Ele era como caminhar pela beira de um riacho murmurejante e como tocar a areia quente da praia em dia de sol. Seu rosto lembrava todas as coisas belas que existiam pelo mundo. Sua presença preenchia os arredores como se tivesse o poder de se expandir em espírito pelos lugares mais longínquos sem que precisasse sair de onde estava.

Abdias não conseguiu dizer palavra, ficou quieto olhando aquele homem extraordinário. Mas, estremeceu quando ouviu um convite inusitado.

– Siga-me!

Aquela voz, tão harmoniosa como o canto de um rouxinol e tão poderosa quanto o estrondo de um trovão, fez o samaritano tremer de alto a baixo. Segui-Lo? Talvez fosse a resposta. Para tal, teria de desistir de Fábia. Entendeu que tinha uma escolha a fazer.

Jesus falou e virou-se lentamente, deixando para o samaritano aflito um meio sorriso, como a confortá-lo de suas desditas. Elias, cheio de euforia, o felicitou:

– Abdias! Ele te chamou! Logo você, que nunca deu importância a profetas e à religião de nosso povo! Não pestaneje, amigo, siga-O!

O samaritano ainda estava atordoado. Precisava descansar e pensar. Por que tudo aquilo acontecia a ele? De repente, sentiu medo e nem sabia o motivo. Era uma sensação estranha demais para ser compreendida.

– Vamos embora, Elias. Minha cabeça está rodando, estou muito confuso. Só quero sair daqui.

Seguiu rapidamente para a charrete de Barnabé para esperar os outros. Queria apenas deixar aquele lugar.

∾ Na casa de Barnabé, após a ceia noturna, uma animada conversa enchia de vozes o ambiente leve daquele lar. As mulheres, agrupadas num lado do salão, riam e falavam de seus lares enquanto o grupo de homens discutia sobre a doutrina do Nazareno. Marcus fazia considerações tão valiosas que os outros ouviam atentamente, enquanto Abdias era obrigado a admitir que o rival tinha uma mente brilhante. Era romano e falava dos costumes dos judeus como se tivesse nascido na Judeia. Impressionante como assimilava tão fácil toda a cultura judia. Agastado, viu o quanto seria difícil impressionar sua amada quando o empecilho à conquista era alguém tão especial quanto Marcus Varro. Nesse momento de desânimo, passou a considerar que deveria desistir de tal intento e voltar à vida normal em Samaria. Ou melhor: deveria seguir o Profeta, ainda que não soubesse por que o Rabi o havia convidado a segui-Lo. Que faria ao lado de um místico? Talvez aquele homem o ajudasse a reencontrar o sossego, sanasse seu ódio pelos judeus e pudesse aplacar toda a angústia que surgia ao sentir-se um excluído e amaldiçoado. Porém era tão difícil desistir de Fábia... Aqueles olhos verdes e sonhadores, cheios de ternura, os mesmos olhos que não se cansavam de admirar Marcus. Aqueles olhares não poderiam ser somente do romano. Era insuportável a ideia de não poder possuí-la. Inadmissível.

O samaritano remexeu-se nervosamente numa poltrona na qual se acomodara. Viu Fábia aproximar-se de Marcus e fazer uma carícia em seus cabelos castanhos, afastando-se para a varanda em busca de ar fresco. Imediatamente passou a procurar meios de sair também. Não era a melhor chance para falar a sua amada, o melhor seria se Marcus tivesse ficado em Jerusalém. De qualquer maneira, não suportava mais, precisaria tentar, não poderia desistir sem tentar ao menos uma vez. E sua intuição dizia que haveria uma chance de sucesso e não podia perder a oportunidade.

Esperou pacientemente que a conversa ficasse mais acalorada e, propositalmente, disse qualquer coisa que colocava em choque costumes romanos e judeus. Ateou o fogo e esperou. A conversa se animou para uma discussão mais acirrada, porém sem contendas. Todos queriam falar ao mesmo tempo. Elias o observou de soslaio, mais do que ninguém conhecia o amigo. Sabia o que ele pretendia. Nem pensou em comunicar-se com ele num olhar, não desistiria dos planos. Então, viu que, pouco a pouco, ele se afastava do grupo de homens até alcançar o das mulheres. Fez um gracejo a Cássia, que correspondeu com um sorriso, ficou por algum tempo ao lado da romana e saiu devagar para a varanda. Elias sentiu-se congelar. O rapaz estava mesmo determinado a conquistar a jovem estrangeira. Tudo que pôde fazer foi torcer para que ninguém percebesse a saída sorrateira do amigo.

Na varanda, encontrou a sua deusa em pé, olhando as estrelas. Perdida em pensamentos, não percebeu que ele a observava, embevecido com tanta beleza. Percebeu uma ponta de tristeza na rainha de seu coração. Alegrou-se. Sabia que Fábia não era feliz. Certamente, Marcus não supria completamente os desejos mais secretos da sua alma, faltava algo. Ele regozijava-se intimamente com a confirmação de que sempre estivera certo em suas suspeitas. Se ela não era feliz, caberia a ele mostrar o caminho da felicidade.

Dedicaria a ela toda a sua vida, e ela seria uma mulher plenamente realizada.

Aproximou-se devagar.

– O que, em nome de Júpiter, toma a sua atenção?

Fábia se voltou para ele delicadamente.

– Júpiter? Não imaginava que adorasse deuses romanos...

– E não adoro. Não tenho crença alguma. Não creio em deuses, profetas, Escrituras, nada.

– Um homem sempre acredita em alguma coisa.

– Creio no trabalho e na força que há em cada um para construir a própria felicidade.

Fábia franziu o cenho.

– Você fala de felicidade, mas não me parece um homem feliz, se me perdoa a sinceridade.

Ele sorriu, malicioso.

– E não sou. Ainda. Porém, eu me esforço para me tornar alguém muito feliz...

Fábia voltou a observar as estrelas em total reflexão. Depois, de repente, perguntou:

– O que é a felicidade para você, Abdias?

Ele tinha a resposta pronta. Mas preferiu forçá-la a falar para que pudesse jogar seu laço.

– Diga você, primeiro.

Ela baixou as vistas, parecia emocionada.

– Não sei... Existem pessoas que precisam de tanto para alcançar a felicidade... Outras precisam de coisas tão pequenas e simples e, ainda assim, não conseguem obtê-las...

– É porque as coisas pequenas e simples são difíceis de perceber. Às vezes, estão à nossa frente e não vemos. Muitas vezes, a felicidade está ao nosso alcance e não notamos sua presença.

A romana refletiu por um momento. E concluiu:

– Acho que não é o meu caso...

Abdias perdeu o rumo. Esperava que ela desse alguma pista sobre sua infelicidade conjugal e não aconteceu. Teria de mudar de estratégia.

– Para sermos felizes, precisamos de uma percepção aguçada, discernimento e ousadia. Ficamos acomodados com uma situação e não temos coragem de realizar mudanças. Achamos que estamos felizes e nos prendemos às nossas pequenas alegrias, que, no fundo, não passam de ilusão. Assim, deixamos o melhor de nossas vidas passar despercebido.

Fábia franziu o cenho mais uma vez.

– Discordo, amigo. Uma vida repleta de ventura, ainda que não seja ventura completa, não pode ser ilusão. Se existe uma coisa que não engana nosso coração é o sentimento de satisfação e contentamento.

– O coração engana, Fábia, pode ter certeza.

– Não entendo como...

– O coração se acomoda, aquieta-se, nubla-se com a pequena alegria e coloca toda a sua atenção no que vê no momento. Não olha para o lado, não presta atenção ao redor, e assim ele fica, contente com o que tem. É preciso despertá-lo para que ele veja o horizonte a sua frente, cheio de inúmeras possibilidades.

– A meu ver – considerou Fábia – se o coração passa a se encantar com o que existe ao redor, é porque não havia verdadeira felicidade ao seu alcance. Eu entendo as suas colocações, porém falo daquilo que é mais profundo e sublime, que nada pode abalar, nem mesmo os encantamentos ao redor. A este sentimento profundo nada pode enganar. Agora me responda: o que é felicidade para você?

Abdias sentiu as vistas ficarem úmidas. Farto do jogo de palavras, deixou seu coração falar:

– Felicidade é não deixar de realizar o que queremos, ainda que a derrota nos assole; é conquistar o que desejamos à custa de sacrifícios e lutas; é poder ficar ao lado daquela pessoa especial que tanto nos encanta, ainda que tal pessoa nos seja proibida...

Fábia examinou o samaritano, surpresa. Não pôde deixar de notar seu semblante alterado pela emoção. Sorriu.

– Então, uma paixão proibida te devora, amigo? Quisera eu que meu tormento fosse uma paixão impossível.

Abdias aproximou-se dela, encarou a dama nos olhos, ousado:

– Por que fala de uma paixão impossível? Se nada é impossível neste mundo miserável! Por que teima em não ver o que tenho para você? Por que, em sua tão evidente tristeza, recusa-se a ver o que se revela a sua frente, como uma saída para felicidade e fim dos seus tormentos?

A dama entendeu, afinal. Em sua delicadeza, jamais pensara que pudesse ser o alvo da paixão proibida do amigo dileto de seu esposo. Afastou-se do samaritano instintivamente, indignada.

– Abdias, não creio no que ouço! Marcus o recolheu em nossa casa como amigo querido! Não posso entender o que houve!

– Aconteceu que eu a vi e não mais consegui te esquecer! É um erro? Diga o que quiser, sei apenas que não pude evitar! Desde que a vi, eu a desejo, quero você ao meu lado, sonho contigo, penso em você o tempo todo! Que posso fazer?

Fábia procurou controlar-se.

– Outra, em meu lugar, estaria lisonjeada. Eu, no entanto, sinto-me envergonhada. Diga-me: o que fiz para despertar tal sentimento? Adianto-me e peço perdão se alguma vez agi de maneira que pudesse despertar essa paixão em você, porque, acredite, não foi minha intenção. Eu sou plenamente feliz com meu esposo e não tenho razão para buscar em outro uma nova vida amorosa.

Abdias encarou a senhora com firmeza. Por um momento, refletiu nos trejeitos da mulher romana quando estava em sua presença, durante suas visitas ao palácio de Jerusalém. Lembrou-se das advertências de Elias. Acometido por uma dor indescritível na alma, recusava-se a aceitar o erro e a pensar que a sua eleita era feliz ao lado do esposo, que as suas suspeitas não passavam de interpretações equivocadas.

— Mas você me tratava de modo diferente. Recebia-me de maneira especial... Acompanho seus modos tristes desde que passei a frequentar a sua casa.

— Perdoe-me, uma vez mais eu peço, se, querendo ser hospitaleira e amável, acabei te enchendo a alma de falsas expectativas. Eu jamais procurei me insinuar a você, Abdias. Estou com a mente fervilhando de culpa, tentando encontrar em mim qualquer coisa que tenha feito inconscientemente.

— Mas... Por que, então, a sua tristeza? — o samaritano perguntou quase sem forças.

— Sou muito feliz ao lado de Marcus, amo meu esposo desde menina. Cresci sonhando em conquistá-lo para formar com ele uma família. Quando nos casamos, eu me senti a mais feliz dentre todas as mulheres. Contudo, uma única amargura me consome: sou casada há mais de cinco anos e ainda não consegui realizar o sonho de ser mãe. Marcus também deseja, ardentemente, ser pai. Não sei se tenho problemas. Sinto-me forte e saudável e, ainda assim, não consigo engravidar. Venho passando meus dias pedindo aos Céus pela bênção de acalentar uma criança... É esta minha única amargura.

Abdias afastou-se meio atordoado. Era inacreditável o que ouvia. Como podia ter se enganado tanto? Ela estava mentindo, certamente. Encantara-o e, por medo da represália do esposo, recuara. Era leviana. Fazia jogos por prazer e usava a beleza para atrair e enganar os homens e depois se recusava.

— Então, você diz que me enganei? Que jamais despertei em você qualquer sentimento?

— Não. Você despertou em mim sincera amizade. Porém enganou-se quando pensou que eu me insinuava.

— Será assim? Recusará meu amor e dedicação como se dispensa um trapo sem serventia?

— Não fale assim! Não sou esse tipo de pessoa sem nenhum respeito pelo semelhante e...

— Semelhante? – ele a interrompeu bruscamente. – Não somos semelhantes, senhora Fábia. Eu sou apenas um samaritano, desprezado pelos de sua raça, e você, é uma dama nascida no meio de uma grande e superior civilização. Aliás, uma civilização que conquistou meu país. Sou um homem conquistado, senhora. Não somos iguais. E é por isso que você não admite, em hipótese alguma, uma união com alguém como eu. Seria absurdo, estou certo?

— Eu não penso assim, Abdias...

— Eu sou mesmo um idiota! Como pensei que você aceitaria meu amor? Eu não sou nada para você! De maneira nenhuma você deixaria seu esposo romano, ele sim é seu semelhante! Como fui ingênuo! Mas deixe-me, Fábia! Vá para o seu deus romano! Eu não a incomodarei com o meu sentimento, vou colocar-me em meu lugar e asseguro que farei o possível para tolerar o seu riso debochado toda vez que se lembrar de minha figura engraçada falando de amor diante de você!

Fábia quis falar, porém entendeu que qualquer coisa que dissesse não solucionaria a questão. O rapaz estava ferido em seu orgulho. Retornou devagar para dentro de casa, entristecida.

⌇ A casa de Barnabé, pouco a pouco, ficou em silêncio. Todos se recolheram logo. Mas o samaritano ainda estava na varanda remoendo pensamentos. Elias o observava da entrada da casa. Sabia que o amigo não estava bem. Aproximou-se dele, cuidadoso.

— As luzes das candeias estão se apagando... Já é tarde. Venha descansar.

PARA SEMPRE CONTIGO

O outro não respondeu. Permaneceu imóvel, sentado no banco rústico de madeira. Parecia sem vida.

— Eu já sei o que houve, não precisa dizer nada e não vou te recriminar ou ficar lembrando que o avisei. Nada disso importa, agora. Vou apenas te oferecer meu apoio e amizade.

Finalmente, Abdias deu sinal de vida. Levantou-se e suspirou longamente.

— É. Vamos descansar, Elias, porque amanhã viajaremos bem cedo.

— É o melhor a fazer, amigo. Nossa vida é em Samaria.

— E quem disse que retornaremos a Samaria?

Elias teve medo de perguntar, ao ver o semblante maligno de Abdias.

— Seguiremos para Jerusalém, Elias. Ainda tenho o que fazer lá...

— Seu jeito me preocupa. Não estou gostando do que pressinto. Não vá cometer uma asneira, Abdias.

— Asneira? É asneira querer a mulher que se ama?

— Você tentou e viu que não tem chance! Desista!

— Nunca! Ela pensa que vai ficar zombando de mim ao lado daquele nobre insolente?

— Ela não tem culpa de amar o esposo!

— Esposo! Grande coisa! Odeio Marcus! Odeio tudo o que ele é e representa!

— Ele também não tem culpa de ser o escolhido de Fábia!

— Odeio aquele homem porque tem tudo que eu quero e não posso ter! Odeio porque existe e desfruta do amor de Fábia! Odeio por ficar em meu caminho!

— O que fará, então? Vai matá-lo?

Abdias emudeceu deixando o amigo aflito por uma resposta.

— Eu não te reconheço mais, Abdias. Não sei o que pretende, mas espero que ainda exista um pouco de sensatez em você.

O outro sorriu estranhamente.

– Vou me recolher. Quero sair bem cedo.

Ele entrou, e Elias ficou na varanda, apavorado com os próprios pressentimentos ruins. Fábia também o preocupava. Abdias certamente cometeria algo insano que arruinaria a vida da romana. Um amor tão grande seria capaz de atos deploráveis? Não era amor, certamente, mas orgulho, inveja. Um amor verdadeiro seria capaz de desejar o bem maior ao ser amado, ele suplantaria todo o ódio e desejo de vingança para resumir-se em afeto e admiração. Afeto que Elias, secretamente, dedicava a Fábia. Se Abdias soubesse, certamente o mataria.

E chegam as tormentas

Naquela manhã fria de segunda-feira, Valquíria entrou no prédio tranquilamente. Deparou-se com Ricardo e estalou os lábios de modo discreto. Ele abriu um largo sorriso.

– Bom dia, doutora! Pelo menos, para mim, começou a ficar bom mesmo!

– Bom dia, Ricardo – ela respondeu sem ênfase. Não suportava mais as cantadas ridículas do jovem abusado.

– Como foi seu fim de semana? Divertiu-se muito?

– Nem tanto. Fiquei em casa e aproveitei para descansar.

Neste momento, João entrou. Foi a oportunidade que ela queria para desvencilhar-se do moço persistente.

– Oi, João, bom dia! Era com você que eu queria falar!

Despediu-se educadamente de Ricardo e, apoiando-se no braço de João, seguiu com ele para os elevadores. Ricardo percebeu que ela delicadamente o evitava. Falando bem baixinho, revelou sua irritação:

– Metida! Um dia há de ceder! As mulheres são tão estranhas... O que ela vê no moreninho sem graça para dependurar-se nele assim?

João e Valquíria nem suspeitavam dos pensamentos do jovem. Riam discretamente de outra tentativa fracassada dele.

– Ai, João, quando me livrarei dessa criatura?

– Calma, Val. A culpa é sua por ter nascido tão bonita!

– Que nada! Se vestirmos uma vassoura com saia e colocarmos uma peruca, ele vai cantar também! É o mal dos conquistadores baratos!

– Seja piedosa com o rapaz, Val.

– Ele me irrita. Sente-se irresistível. É bonito, não vou negar. Mas Pedro é o meu sonho, não adianta.

– Deixe-o. Um dia ele vai entender que nem sempre as pessoas têm a mesma opinião que nós a nosso respeito.

Entraram no elevador, sorridentes. Já no escritório, passaram a se organizar para mais um dia de trabalho. Paulo chegou animado e com ótima aparência. Eles notaram.

– Nossa, Paulo! – disse Val – Nossas conversas fizeram bem a você!

– É mesmo! Parece outro homem! – confirmou João.

– Ah, vocês são amigos maravilhosos!

Jonas chegou até a sala e cumprimentou a todos, com o semblante carrancudo de sempre. Mal olhou para João. O rapaz não se incomodou e perguntou ao amigo:

– E então? Como estão "as coisas" com ele?

– Ele chegou da pescaria muito tarde ontem. Ainda não nos falamos. Mas vou tentar uma reconciliação. Alguém tem que dar o primeiro passo. Agora, vamos trabalhar que é o que importa. Almoçamos todos juntos hoje? É por minha conta!

Valquíria e João aceitaram o convite com prazer.

Enquanto isso, no quinto andar, Ricardo, já acomodado em sua mesa, na empresa de arquitetura da família, perdia-se em pensamentos. Em dado momento, pegou o celular e ligou. Demoravam a atender. Insistiu até que foi atendido.

– Alessandra, estava dormindo?

– Estava, maninho. Qual o problema? Vai ficar pegando no meu pé também, como nossos pais?

– Eu, hein! Faça o que quiser de sua vida!

– O que quer, afinal?

– Eu estou com umas ideias legais... Acho que podemos nos divertir muito...

– É? Então fala.

– Você se lembra daquele rapaz alto, o noivo da doutora, que trabalha aqui perto?

– Claro! Não te disse que ele estuda na mesma faculdade que eu?

– É verdade. Ainda está interessada nele?

– Estou, mas só tem olhos para a Valquíria! E do Paulo eu já desisti. Nem atende meus telefonemas...

– Esquece o Paulo, ele é careta.

Ricardo ajeitou-se na cadeira, animado.

– Alessandra, estou louco pela Val; e você, pelo Pedro. Que tal se a gente armar alguma confusão entre os dois, para o caminho ficar livre para nós?

Houve um breve silêncio do outro lado da linha. Ricardo esperou. Dificilmente a irmã recusaria.

– Ótimo! Como agiremos, então? – ela demonstrava entusiasmo na voz.

– Você não vai à faculdade hoje, estou certo? Segunda-feira é o seu dia predileto de matar aula.

– Exato.

– Quando eu chegar, conversaremos. Precisamos armar um bom plano.

– Vou esperar ansiosamente. Tchau.

– Tchau, maninha.

Ricardo desligou o celular e ficou sorrindo para si mesmo. Já tinha o esboço de uma armadilha contra Pedro, precisava apenas fazer uns arranjos. Nada podia dar errado. Antevia, em sua mente, a cena que causaria a separação de Valquíria e Pedro. Então, a doutora estaria livre. Sozinha e magoada com o noivo, dificilmente o rejeitaria.

    Jonas consultou o relógio do computador. Passava das sete horas da noite, e Paulo ainda não voltara. Queria ir embora, passara o dia de mau humor e ainda estava amargurado por causa da discussão com o filho, mas precisava esperá-lo retornar do fórum. Então, seu telefone tocou:

– Pai?

– Eu...

– Vou direto para casa, me espere lá e falaremos sobre o processo. Não tem sentido eu ir para o escritório nesse horário. Vá para casa e lá conversaremos.

– Está bem...

Falavam apenas o necessário. A situação era aflitiva.

Desligou o computador e ajeitou a mesa. Guardou uns papéis e saiu rápido, como se quisesse fugir. João e Valquíria ainda estavam no escritório. "Que ficassem", deu de ombros. Não tinha paciência para mais nada naquele dia. Contudo, antes de sair, ouviu a conversa dos dois.

– Val, vá para casa e descanse. Amanhã você termina.

– Não, João. Preciso terminar a análise deste processo hoje, ou o cliente vai ter um surto. Preciso ser rápida.

– Está bem. Vou indo, para não chegar atrasado à faculdade. Tchau, amiga, e não saia muito tarde.

– Não se preocupe. Tchau.

Eles não perceberam que Jonas tinha ouvido. Em silêncio, ele voltou ao gabinete e esperou João sair. Valquíria estava completamente só. Por algum tempo, Jonas ficou na sala escura, com a porta entreaberta, depois se sentiu ridículo. Afinal, o que fazia escondido ali? O que pretendia? Estalou lábios e resolveu ir embora de uma vez. Saiu sem fazer ruído.

No subsolo, seguiu vagarosamente até o carro. Como estava triste naquele dia! Precisou sair de casa no fim de semana para ter um pouco de descontração. Era difícil suportar o ambiente doméstico, mesmo com as constantes orações que fazia intimamente. A esposa andava cada vez mais acabrunhada e silenciosa. Certamente percebera que ele estava distante. O que podia fazer? Ester perdera bem cedo o vigor da juventude, era submissa, comportava-se como uma criada, sempre a esperar por uma ordem. Ela não era mais a mulher interessante e ativa que conhecera antes de se casar. Tornara-se uma sombra que o acompanhava sem um murmúrio. Era lamentável.

O tempo passava, e Jonas não saía do estacionamento quase vazio. Precisava pensar na vida, queria uma solução. Era um pastor recém-ordenado, porém tinha o direito à felicidade como qualquer outro homem. Certamente, poderia recomeçar a vida ao lado de uma bela mulher que amasse verdadeiramente. Quando se faz de tudo para salvar um casamento e não se consegue, o melhor é acabar de uma vez e começar do início, considerando as experiências e lições para não existirem mais erros. Não era errado querer ser feliz.

Tomou coragem. Saiu do carro decidido, e retornou ao escritório.

Enquanto isso, no meio do trânsito, Paulo lembrou-se que esquecera no escritório de advocacia uma pasta com documentos importantes. Queria ir direto para casa, porém seria impossível avaliar os processos com o pai sem eles. Não teve outro remédio senão ir buscá-los.

〜 Jonas chegou ao escritório silenciosamente. Nem assim Valquíria deixou de se espantar com o retorno do patrão. Ficou de sobreaviso, porque ele mostrava um jeito diferente, e ela já sabia o que desejava quando agia daquela forma. No mesmo instante, esqueceu o trabalho e começou a ajeitar as coisas para ir embora.

– Espere, Valquíria. Fique. Preciso falar com você. Acho que não teremos outra chance de conversar assim, em paz, sem interferências.

"Teremos?", ela pensou. Estranhou aquela palavra. Ela nunca teve vontade de falar a sós com o patrão.

– Perdão, senhor Jonas, preciso mesmo ir, já é tarde...

– Não fuja. Não quero te fazer mal. Ao contrário, quero para você o maior bem que puder imaginar. Ouça um minuto, por favor.

A doutora ficou parada, rígida. Olhava para baixo, queria uma maneira de escapar logo dali. Espremia a bolsa e o casaco com o braço esquerdo, o direito livre para uma possível defesa. Pressentia que aquilo não terminaria bem.

– Valquíria – continuou Jonas entendendo que ela estaria disposta a ouvi-lo – sabe que tenho imensa admiração por você. É a mulher mais bela que eu já conheci. É forte e determinada também, e sua personalidade marcante me encanta. Você é uma mulher especial. É impossível olhar para você e não se apaixonar. Eu não quero ofendê-la nem magoá-la, mas não tenho como reprimir meu amor. Meu casamento está acabado, eu e Ester não temos nada em comum. Apenas suportamos um ao outro sob o mesmo teto. Uma vida de aparências não faz ninguém feliz. Então, por que não recomeçar? Ajude-me a reencontrar a felicidade ao seu lado. Sei que posso te fazer feliz também. Dê-me uma chance, Valquíria, e saberá que homem maravilhoso eu posso ser, porque o sentimento que carrego comigo é imenso!

A moça tremia de alto a baixo. Tentou se controlar para não demonstrar o nervosismo.

– Senhor Jonas, de novo esclareço: sou noiva e muito feliz. Não tenho interesse de mudar meus planos quanto ao Pedro, nem pelo senhor, nem por qualquer outro homem. Eu já fiz a minha escolha. Respeite-a, por favor.

Jonas enrubesceu, enciumado.

– Pedro não é homem para você! Você merece mais do que ele pode te ofertar, não é mulher para ser de qualquer um que apareça!

– E o que faz o senhor pensar que está acima dele? Seu afamado escritório de advocacia? Seu dinheiro? Seu nome? Seu sacerdócio? Sua inteligência? Estranho que as pessoas se julguem superior às outras por coisas tão passageiras! O senhor sabe o que eu realmente penso do senhor? O senhor se enxerga como um deus e acha que todos te enxergam assim? Se as pessoas tivessem pelo menos uma gota de decência e humildade, tratariam com respeito qualquer ser humano. Pessoas como o senhor podem até ser bem menores do que aqueles que vocês julgam tão pequenos!

Jonas arregalou os olhos. Pareciam tão óbvias as diferenças entre ele e Pedro, e Valquíria pouco considerava. Ficou mudo, atônito.

– Pedro é pobre, sim, senhor Jonas, porém é honrado, sustenta-se com trabalho honesto. Ganha o pão de cada dia com o suor do rosto e é trabalhador incansável. Ainda nem tem o próprio carro, não sobra muito do salário ao final do mês, mas ele se deita durante a noite com a consciência tranquila e em paz, porque, além de tudo, é um bom homem, que respeita o semelhante sem discriminar. É esse homem que eu amo e com quem pretendo me casar, ter filhos e viver pelo resto de minha vida.

Valquíria tomou o caminho da saída, mas Jonas a segurou pelo braço.

– Não seja tola, Valquíria! Eu posso te dar tudo o que desejar! Uma vida de conforto te espera ao meu lado! E não faltará amor e carinho!

– É verdade. A sua riqueza pode me proporcionar exatamente tudo. Só não pode comprar meu amor. Deixe-me, por favor, senhor

Jonas. Acho que não temos mais nada a falar. Acredito que fui bem clara de uma vez por todas.

Jonas olhou para Valquíria de modo estranho. Uma onda de calor o tomou inteiro e sentiu que não poderia se controlar. A mulher desejada ali, tão perto, exalando uma deliciosa fragrância adocicada, tão exposta a sua força masculina, incapaz de se defender ou escapar.

– Você será minha, Valquíria! Nem que seja a última coisa que eu faça neste mundo!

A moça ficou paralisada pelo terror. A garganta seca a impediu de falar. Conseguiu apenas, em desespero, pedir em pensamento que uma força superior a socorresse.

Naquele exato momento, Paulo entrou no elevador tranquilamente, sem suspeitar do que acontecia no escritório. Longe dali, na plataforma do metrô, João experimentou incômoda sensação. Um aperto repentino no peito fez com que se angustiasse, como se pressentisse o mal. Poderia jurar que ouvira alguém o aconselhar a voltar para o escritório. Sem demora, preferiu dar ouvidos à advertência a sustentar dúvidas; afinal, Valquíria estava lá sozinha.

No escritório, a advogada travava luta desesperada para se desvencilhar do homem enlouquecido. Ele tentava beijar a moça, espremia seu corpo entre os braços, perdera totalmente o senso de decência, atacando a jovem daquela forma, como se não passasse de um maníaco. Havia se transformado num monstro movido pelo instinto. Valquíria perdia as forças. Do alto de seus cinquenta e quatro anos, Jonas ainda exibia excelente forma física e vigor invejáveis. Ela apenas gritava por socorro, com a voz já sumindo, abafada pela imensa força corporal do patrão abominável.

Paulo ouviu os gritos. Entrou apressado, tentando imaginar o que acontecia ali. Deparou-se com a cena e custava a acreditar. Por um momento ficou paralisado, arfando, boquiaberto, a cabeça girando, incrédulo. A cena era irracional. Jonas soltou a moça, que caiu enfraquecida sobre a mesa de trabalho, apoiando-se com os braços e sentindo as pernas frouxas.

– Ajude-me, por favor! – falou entre lágrimas fartas.

Paulo atentou para o pai. O cabelo desgrenhado, as roupas desalinhadas, o semblante demoníaco e uma saliva espessa a escorrer do canto da boca. Assemelhava-se a um ícone maligno.

– Por Deus, pai! A que ponto você chegou! – o jovem apertava a cabeça com as mãos.

Jonas não disse palavra. Resfolegava ainda. Sem rumo, olhava de um lado para outro, como se procurasse uma passagem milagrosa para fugir. Por fim, baixou a cabeça, percebendo a extensão da loucura cometida. Não tinha motivo para se desculpar. Pedir perdão, naquele momento, seria absurdo, ilógico. Vagarosamente se recompôs, envergonhado. Paulo sentiu uma fúria crescer assustadoramente. Pensou em sua mãe, aquela mulher tristonha que vagava pela mansão todos os dias e devotava a vida ao seu pai. Ela não merecia aquele homem asqueroso. Sem mesmo perceber, avançou para Jonas e o empurrou contra a parede com toda a força que dispunha e ouviu-se um estrondo. João entrou e logo entendeu toda a cena, correndo para separar os dois homens.

– Parem! Vocês são pai e filho! Parem com esta guerra absurda!

Num solavanco, João conseguiu afastar os dois. Aproximou-se do amigo, tentando acalmar a situação.

– Calma, Paulo! Vamos ajudar a Val, ela precisa de nós agora!

O rapaz recobrou o fôlego. Amparou a amiga, enquanto João buscava água para ela. Jonas, ainda mudo, foi saindo devagar e cabisbaixo.

Valquíria tremia tanto que não conseguia segurar o copo, Paulo a ajudava, cuidadoso. A sala estava uma bagunça por causa da luta, e João foi ajeitando tudo, quieto. Era seu hábito fazer orações. Intimamente, rogava a calma e tranquilidade a todos.

Enfim, a moça acalmou-se. Algumas lágrimas ainda insistiam em rolar. Paulo nem conseguia encará-la.

– Valquíria... Perdão... Eu jamais imaginei que meu pai pudesse...

– Não peça perdão, Paulo. Não pode se responsabilizar pelo que não fez. Você é um bom rapaz, não se preocupe comigo. Ficarei bem. Eu também tive culpa nisso. Pensei que ele já tivesse ido embora e não tomei o cuidado de me certificar. Estava tão preocupada com o trabalho que... Ora, agora não importa...

– Está bem. João, você vai para faculdade?

– Vou sim, não posso faltar hoje.

– Então, deixo você lá e levo a Val para casa. Ela não está em condições de sair sozinha.

– Obrigado, amigo. Mas só vou estudar sossegado se você me prometer que vai manter a cabeça no lugar quando voltar para casa!

– Claro, fique tranquilo – disse, sorrindo tristemente.

Após apagarem as luzes do ambiente, saíram os três. Na escuridão, ouviu-se um risinho abafado. João se voltou.

– O que foi, João? – Paulo quis saber.

– Nada... Pensei ter esquecido alguma coisa... Podemos ir.

ᗡ No apartamento onde vivia com os pais e o irmão, Valquíria descansava em seu quarto. O silêncio e a meia luz do ambiente a acalmavam. O chá que a mãe carinhosa serviu também ajudou a tranquilizá-la. Mas as cenas do ataque sofrido não saíam de sua memória. Que pesadelo! Afinal, o que fizera para Jonas se apaixonar? Nunca dera oportunidade de ousar. A cabeça fervilhava em dúvidas, sentia-se culpada, a vergonha a consumia. Sua família estava inconformada, e o irmão mais velho teve ímpetos de descobrir o endereço do advogado, queria surrá-lo e colocá-lo no devido lugar. Ela precisou usar toda a diplomacia para impedi-lo. Precisou tomar uma decisão: ia afastar-se do trabalho por dois ou três dias e só retornaria para pedir demissão. Não tinha mais cabimento continuar no escritório, não conseguiria mais ficar ali.

Bateram à porta de seu quarto. Era sua mãe, avisando que Pedro chegara. Assim que Paulo a deixou em casa, ligou para o noivo e contou tudo por telefone. Ela se levantou as pressas e foi para a sala.

Pedro, que esperava por ela perto da porta de entrada, envolveu a amada num olhar cheio de ternura e a chamou para um abraço. Ela se atirou em seus braços em lágrimas, aninhou-se como uma criança fugindo do perigo iminente. Depois do breve silêncio, Pedro falou em seu ouvido.

— Já chega, meu amor! Você precisa sair daquele lugar!

— Pedirei demissão. Paulo já sabe. Ele me trouxe até aqui.

— Vou me esforçar e te ajudarei a abrir seu escritório. Tenho economias, vamos manter nossos planos. Conseguiremos nos casar em breve, acredite.

— E seu curso? Precisa pagar a faculdade! Tudo vai ficar muito difícil...

— Eu consegui a meia bolsa. Meu patrão é um homem formidável, reconheceu meu esforço e aumentou meu salário, disse que está investindo em mim porque tenho capacidade. Deu-me responsabilidades maiores. Vamos manter nossos planos, e tudo vai acabar bem. Tenha paciência, minha querida. Todo grande e verdadeiro amor é combatido e provado. Se continuarmos unidos e atentos, venceremos todas as adversidades.

— Abrace-me, apenas... Sinto-me segura ao seu lado...

Ficaram quietos e enlaçados, desfrutando do sentimento puro que compartilhavam.

᷈ Paulo ouviu vozes da entrada de sua casa. Eram quase oito horas. Ficou perambulando pelas ruas para acalmar-se antes de retornar, para não armar uma discussão com o pai quando este chegasse. Avançou para a sala de estar e viu seus tios, José e Elisabete. O pai caminhava pela sala e conversava animadamente, com um copo de bebida na mão. Ele não costumava beber, nem conservava bebida alcoólica em casa, era estranho. Sua mãe limitava-se a ouvi-lo, como sempre; Sara, sua irmã, e Renato, seu cunhado, riam das histórias do pai. Paulo ficou admirado. Jonas agia como se nada houvesse acontecido, reagiu à chegada do filho naturalmente, sem esboçar o menor receio, ainda animado em suas conversas. Realmente havia algo errado com o pai, como dissera João, teve que admitir.

Paulo cumprimentou os tios, e a mãe avisou:

— Eles vão jantar conosco hoje. Vá se aprontar, filho, para jantarmos todos juntos.

— Vou tomar um remédio, mãe. Minha cabeça dói de novo.

Ester mostrou um ar de preocupação.

— Precisa ir ao médico e fazer uns exames, Paulo. Tais dores são constantes...

— Prometo marcar uma consulta em breve. Agora, se me perdoam, vou descansar um pouco.

Ele se despediu, seguindo para o quarto. A cabeça ameaçava doer sim, mas não tinha ânimo para ficar conversando. Depois do longo banho de água morna, quase fria, tomou um comprimido e deitou-se. Ainda era difícil aceitar a confusão do escritório. E preparou-se fazendo orações, conforme João tinha sugerido. Depois que os tios fossem embora, Jonas certamente visitaria seu quarto.

Muito tempo depois, ouviu o carro dos tios arrancar. Sentou-se na cama e esperou. Jonas logo bateu em sua porta.

— Pode entrar, pai.

Jonas entrou devagar. Olhou para o filho de um jeito desafiador. Paulo se admirou novamente. Ele não estava em condições de fazer desafio algum e ainda mantinha o ar altivo.

– Não quis jantar para não ter que me encarar, ou a cabeça doía mesmo?

– As duas coisas...

Jonas sorriu com sarcasmo. Aproximou-se da cama e parou, olhando o filho do alto.

– Eu sei o que você odeia em mim: a minha coragem. Coisa que você não sabe o que é.

Paulo ficou quieto, tentando adivinhar onde o pai queria chegar.

– Eu luto pelo que quero; você, não. Fica aí, remoendo uma paixão por uma mulher e não tem coragem de tentar conquistá-la. Pensa que eu não percebi que também sonha com Valquíria?

O rapaz continuou em silêncio, sem aceitar a provocação do pai.

– Você é jovem, é um rapaz bem apanhado e não tem coragem de amar...

– Não é falta de coragem, senhor Jonas. É respeito. Não tenho a intenção de arruinar a vida de quem amo para me favorecer. Também sabe quais são minhas maiores preocupações, quando te vejo bancar o aventureiro: eu me preocupo com a minha mãe. Jamais vou me conformar com o que o senhor faz a ela.

– Ora, deixe de escrúpulos ridículos. Esta é a natureza masculina, não temos como fugir. Você também, um dia, vai se casar, e nada te garante que deixará de se encantar por outras mulheres.

– Pode ser, mas se eu deixar de amar minha esposa, terei a decência de me separar dela primeiro para depois procurar por outra, sem enganá-la. Isso é ultrajante!

Jonas riu alto. Então, encarou o filho:

– Quero a advogada e não desistirei! Não importa o que você faça, pouco me importo com o que pensa de mim. Os assuntos entre mim e sua mãe serão resolvidos, você nada tem a ver com as resoluções de um casal. Tome conta de sua vida, e eu cuidarei da minha.

Jonas falou e saiu rápido como o vento, demonstrando que detinha a última palavra. Paulo ficou se lamentando, entendendo que aquilo significava o fim de sua família. Seguiu o conselho de João e não desejou criar uma discussão. Deitou-se e tomou um relaxante muscular, com a intenção de amenizar a tensão causada por aquele dia infeliz.

∾ A noite passou como um raio. Paulo mal se deitou, e o relógio o despertou, barulhento. Levantou-se e, arrastando-se pelo quarto, passou a se preparar para ir ao trabalho. Era como se tivesse levado uma surra, estava esgotado, embora tivesse dormido feito uma pedra.

Desceu vagarosamente para tomar um café rápido, não tinha apetite para um desjejum completo. Se pudesse, ficaria em casa.

Antes de ir à copa, ouviu soluços na sala de estar. Chegou mais perto e viu Sara chorando. Alarmado, correu para a sala, e a mãe também tinha o rosto banhado de lágrimas. O cunhado andava de um lado ao outro, sério. Sem saber o que pensar, sentou-se ao lado de Ester, preocupado. Mas um fato chamou sua atenção. Ao lado do sofá onde a mãe estava sentada, viu uma imensa sacola de viagem. Engoliu seco.

– Mãezinha, por que chora?

Ela não respondeu. A campainha tocou, e a empregada foi atender. Sua tia, Elisabete, entrou, visivelmente transtornada. Encarou a irmã e indagou:

– Pronta?

Ester fez um sim com a cabeça.

Paulo se ergueu, aflito.

– Esperem! O que está acontecendo?

– Filho querido – Ester pegou sua mão carinhosamente – me perdoe, mas não posso mais suportar. Foram anos de humilhação.

O rapaz cedeu ao pranto, discreto. Entendeu, afinal, que era uma despedida.

– Eu ouvi a conversa que teve com o seu pai, ontem à noite. Sei que não me disse nada para me poupar. Eu cobrei explicações, e ele me confessou. Ele não é feliz ao meu lado. Portanto, nada me resta a não ser sair do caminho. Eu tenho dignidade, Paulo, sempre honrei o meu lar, e me dediquei a ele de corpo e alma, não posso continuar assim.

O choro dos filhos, inconsoláveis, ecoava pela sala ampla. Renato, cortês, apanhou a sacola da sogra, que se dirigiu para a saída. Iria para casa da irmã, abandonando um lar que, segundo pensava, já não lhe pertencia. Paulo e Sara ainda a acompanharam até o carro da tia. Observaram o veículo afastar-se até sair pelo imenso portão de ferro. Os irmãos abraçaram-se chorando copiosamente. Nem sabiam o que dizer um ao outro.

A ave de rapina se revela

Marcus Varro chegou a casa no final da tarde, tristonho. A esposa, como sempre fazia, o recebeu na entrada, saudando o marido carinhosamente com abraços e beijos. Ele não parecia tão disposto, e Fábia percebeu.

— Parece preocupado, meu amor...

— E estou. Pilatos me chamou para uma estranha conversa.

Fábia ouviu com atenção.

— O procurador passou a me investigar. Disse saber que eu andava com agitadores e ficou cismado.

— Agitadores?

— Sim. Ele soube que ouvimos Jesus de Nazaré quando estivemos em Cafarnaum, durante a estadia em Magdala. Eu falei a ele que ouvira o profeta apenas em caráter de observação. Ele sabe que tais assuntos me fascinam. Confesso que não entendi a atitude do procurador...

Imediatamente, Fábia ligou o relato a Abdias. Por vingança, poderia ter difamado seu esposo. Lembrou-se das advertências que ele fizera em Cafarnaum. Contudo, não tinha como falar de suas suspeitas a Varro, ele não sabia da investida do amigo revelando o amor que nutria por ela. Preferiu não contar. Varro considerava a amizade de Abdias indispensável, e ela não queria estragar tudo. Julgou que aquele arroubo de paixão cedo terminaria, e o samaritano daria boas risadas daquela história. Além disso, eram somente suspeitas. Abdias não tinha acesso à casa de Pilatos nem desfrutava de sua amizade. Se ele tivesse algo a ver com a difamação de Marcus, seria indiretamente, por intermédio de terceiros. E, pelo que Fábia sabia, Abdias não era alguém tão influente.

– Sossegue, meu querido. Pilatos tem muitas responsabilidades, é natural que desconfie da própria sombra. Ele representa os olhos de Roma aqui na Judeia e não pode deixar que nada escape. Depressa esquecerá tal assunto.

Ele se reconfortou no abraço da esposa e sorriu.

– Sou um homem de sorte! Ninguém tem esposa tão maravilhosa como eu!

Fábia deixou o esposo partir e ficou sozinha, preocupada. Precisava esclarecer aquela situação o mais rápido possível.

No dia imediato, assim que Marcus saiu para as obrigações, seguiu para a casa alugada de Abdias. Foi acompanhada da inseparável Cássia, que não aprovava a visita da amiga. Ela nunca simpatizara com Abdias, suportava aquele homem por amizade ao casal romano; depois do que havia revelado à amiga, passou a sentir repugnância por ele.

– Sabe, Fábia, acho que você não deveria ir à casa dele.

– Acredita que ele possa me fazer mal?

– Depois de tudo o que me contou, podemos esperar qualquer coisa! Ele se desdobrou em reverências ao seu marido, mostrou amizade sincera e ganhou a confiança de vocês para fazer o que fez! Ele não é confiável, amiga. Tome cuidado.

– Preciso saber se ele foi falar a Pilatos sobre o profeta que ouvimos na Galileia.

– Você está sendo ingênua! Acha que ele confessaria?

– Não sei... Preciso encará-lo. Quando as pessoas mentem, os olhos falam a verdade.

– Será? Astuto como ele é, creio que você não conseguirá ver a verdade.

– E a nossa boa e velha intuição feminina?

Cássia ficou com um ar de desalento.

– A minha anda enfraquecida. Só descobri as aventuras de Tércio depois que ele morreu.

Fábia preferiu não tecer comentário em respeito à tristeza da viúva. E continuou com a ideia de ir à casa de Abdias.

Chegando à residência provisória dos samaritanos, foi atendida por Elias, que recebeu as senhoras alegremente. Tratou de fazê-las entrar, tentando ser cordial. Elas se acomodaram na sala de entrada enquanto o jovem foi buscar pelo amigo em seu aposento.

Abdias, visivelmente surpreso, surgiu na sala com um largo sorriso que Fábia não correspondeu. Mostrou-se educada, mas não amável. Sem demora informou porque estava ali e que não era uma visita de cortesia. Abdias ficou sério, desapontado, e Cássia debochou dele intimamente. Abdias percebeu o riso discreto da viúva e engoliu a raiva.

– Abdias, quero te fazer umas perguntas a sós, mas prefiro que Elias e Cássia não saiam da casa. Sou casada e não fica bem estar completamente sozinha com um homem solteiro.

– Claro, senhora Fábia – ele queria mostrar modos polidos, porém só conseguia soar afetado. – Eles podem aguardar ali, no terraço. Não é muito longe da sala.

Devagar, Cássia e Elias se retiraram.

Fábia, séria, começou a falar.

– Bem, Abdias, estou preocupada. Meu marido chegou ontem e falando sobre desconfianças do procurador Pôncio Pilatos a respeito dele. Parece que alguém foi falar ao governador que eu e meu marido estivemos ouvindo o Nazareno e, portanto, seguíamos agitadores. Quero pensar que não foi você, como represália pela minha posição diante de suas revelações. Entretanto, preciso perguntar de qualquer forma. Você não está pensando em vingar-se de mim arruinando Marcus, não é, Abdias?

Fábia foi tão direta que o samaritano quase perdeu o fôlego. Apanhou as rédeas dos próprios nervos como se domasse um cavalo selvagem. Suspirou fundo e baixou as vistas.

– Não creio que a senhora possa insinuar tais coisas a meu respeito... Sou um homem simples de um país dominado, não passo de um criado seu, contudo sou honrado. Confesso que errei ao revelar meus sentimentos e desrespeitei a nobre figura de seu esposo, alguém que me recebeu tão bem na própria casa. Mas, senhora Fábia, não tenho tal índole para promover mexericos contra ninguém.

Fábia o encarou firmemente. Buscava qualquer sinal que o entregasse. Ele continuou, com aspecto abatido.

– Não vou negar o que sinto pela senhora, mas se algum dia, por ventura, tivesse o prazer de sua presença ao meu lado, gostaria que fosse de maneira digna, conquistando seu coração pouco a pouco, sem arrancá-la de quem quer que seja, como se eu fosse um bárbaro, um salteador.

A romana permaneceu séria, quieta e atenta.

– Além disso, quem sou eu para falar diretamente ao procurador? Ele nem sabe quem sou! Para ele, sou mais um indivíduo de um lugar que ele despreza!

– Compreendo, Abdias, mas lembrei do que você disse em Cafarnaum. Que eu deveria ter cuidado com minhas reflexões sobre o império. Você é um homem simples, mas sabe exatamente o que pode arruinar um romano.

– Sei sim, senhora. Ainda assim, não tenho motivos para querer sua ruína ou a ruína do seu esposo. Depois daquele dia, em Cafarnaum, compreendi que devo retomar minha vida. Se eu prejudicar a senhora e Marcus, o que irei ganhar? Nada! Lucrarei somente o seu ódio, o que agravaria a minha situação. Não é o seu ódio que desejo...

A distinta senhora baixou as vistas, em desagrado.

– Perdoe-me a sinceridade, senhora – emendou Abdias.

– Sem problemas. Espero que tenha sido sincero. Agora, é melhor eu ir...

O samaritano foi chamar por Cássia. Ela veio acompanhada dos dois rapazes. Fábia procurou não se estender e despediu-se rapidamente. Saiu com a amiga sem dar um sorriso sequer ao samaritano.

Quando elas retornavam na charrete, Cássia procurou saciar a curiosidade:

– Afinal, o que ele disse?

– O que eu já esperava: não tem intenção de prejudicar a mim nem ao meu esposo.

– Qual foi sua conclusão?

Fábia abanou-se com a ventarola de penas. Suspirou:

– Ele está mentindo.

Cássia desanimou. Observou a amiga, muito preocupada.

– Prepare-se. Terá muitos problemas.

– Eu sei. Hoje mesmo terei de contar toda a verdade a Varro. Tentei conservar a amizade dele com o samaritano, mas vejo que Abdias não é confiável. Ele representou o tempo todo, fazendo-se de ofendido. Se quiser conservar minha felicidade, preciso agir. Cássia, fique sabendo que estamos diante de um homem perigoso. Sem exagero. Eu vi um fogo devorador nos olhos dele. Tais chamas podem consumir aquilo que surgir na frente. Ele não vai parar, eu sinto.

As faces de Cássia empalideceram. Ela temeu pela amiga e seu esposo, que estimava como se fossem pessoas da família. Apertou as mãos e sentiu que estavam frias. Em silêncio, rogou que aquela história tivesse um desfecho favorável.

Quando as senhoras saíram, Elias ficou cheio de cismas. Percebeu que o amigo sorria sarcasticamente.

– A senhora Fábia estava séria. Parecia dura com uma rocha! O que você fez, Abdias?

PARA SEMPRE CONTIGO

– Eu? – o outro riu. – Agora é você quem alimenta desconfianças?

– Ah, então ela veio porque desconfiava de algo?

Abdias desconversou.

– Não me perturbe, Elias. Tenho muito em que pensar. Preciso sair.

– Aonde vai?

– Escute, eu sou adulto, você não veio comigo para tomar conta de mim!

Ele falou e saiu rápido, não queria mais conversa. Elias ficou no meio da sala tentando adivinhar as intenções do rapaz.

Abdias andou por ruas estreitas e sujas até parar diante de um casebre muito maltratado. Bateu à porta e a atendeu um senhor de meia idade de aspecto bondoso. Abdias entrou e atirou para ele uma bolsa pequena, cheia de dinheiro. O senhor sorriu contente chacoalhando a sacola, avaliando o peso.

– De onde veio esse tem mais!

O homenzinho demonstrou enorme satisfação na face marcada por algumas rugas. Que ninguém se enganasse com ele. Por trás daquele ar de vovô carinhoso escondia-se o desprezível Ácteon, um grego muito conhecido em Jerusalém. Ele vivia de pequenos atos desonestos e de alguns contrabandos, mas, de tão esperto e hábil, nada se conseguia provar a seu respeito.

– É, Abdias? O que posso fazer para ganhar mais dinheiro?

– Não seja apressado! Antes preciso saber se posso confiar plenamente em você.

– Ora, Abdias! É claro que pode!

– Quem o indicou garante que, por dinheiro, você pode vender a sua alma. Em pessoas assim é difícil confiar.

– Não fiz o que me pediu? Conheço muitos soldados romanos. Fiz que a visita de Varro e esposa a Cafarnaum, para ouvir o Rabi, chegasse aos ouvidos do procurador. E você me pagou conforme o prometido.

– Sim, eu sei. Porém, tenho mais serviços para você, e estes também serão extremamente sigilosos. Preciso de sua máxima fidelidade.

– Eu serei fiel, Abdias! Desde que sempre cumpra sua parte... Faço o trabalho que precisar, mas seja correto e pontual nos pagamentos!

Abdias riu.

– Quanto ao dinheiro, não se preocupe. Pagarei conforme os resultados do seu trabalho.

– Então? Que quer que eu faça?

– Sabe escrever?

– Sim!

– Dê um jeito e faça chegar ao conhecimento de Varro uma carta que o faça duvidar da fidelidade da esposa. Na carta, conte que hoje mesmo ela visitou um homem solteiro, sem a companhia de mais ninguém, e ficou lá por muito tempo. A carta deve ser anônima, claro. Depois, você precisa visitar Cássia, a amiga de Fábia, e fazer algo muito bem feito, de modo que ninguém desconfie.

– O que, Abdias?

O samaritano fez do semblante uma caricatura do mal. Baixou a voz e relatou o plano a Ácteon. O senhor arregalou os olhos, temeu, mas aceitou quando Abdias fez a sua oferta. Quando tudo estava acertado, Abdias foi embora, e Ácteon deu início ao "trabalho".

Já havia anoitecido há muito tempo, e Marcus não retornava. Fábia caminhava a esmo pela casa, esperando o esposo atrasado. Tinha pressa de falar a ele sobre o samaritano.

Ela ouviu um ruído na porta de entrada e se dirigiu para lá, apressada. Viu o esposo avançar para dentro de casa, lentamente.

Parecia chateado. Ela o recebeu como sempre fazia, abraçando-o calorosamente, porém ele não foi receptivo. Permaneceu rijo, indiferente ao carinho. Fábia se afastou, estranhando.

– O que houve?

Ele esticou a mão e entregou uma carta.

– Explique-me o que isto significa.

Surpresa, ela apanhou o manuscrito e leu com cuidado. Logo empalideceu. Incrédula, devolveu a carta ao esposo. Entendeu que Abdias, aproveitando o fato dela ter ido visitá-lo, tramara aquele ardil.

– Você não acreditaria nessa loucura! No entanto, pelo seu jeito estranho, acho que acreditou, sim!

– Quero ouvi-la, primeiro. Explique.

– Eu fui mesmo à casa de Abdias, porém Cássia me acompanhava! Elias também estava lá! Eu não fiquei sozinha com ele!

– Posso saber o que foi fazer na casa do samaritano?

– Eu esperava por você para conversar. Precisa saber uns assuntos que escondi para preservar sua amizade com ele. Porém, entendi que não posso ocultar mais nada. Vamos nos sentar em ambiente mais íntimo e conto tudo.

Numa saleta arejada, Marcus, largado em uma poltrona confortável, mantinha o olhar perdido pelo ambiente. Em silêncio, pensava e custava a crer no relato da esposa. De repente, levantou-se cheio de ódio.

– Cego que fui! Como é que não desconfiei de nada?! Trouxe uma serpente para dentro de minha casa para conviver com a minha esposa e amigos verdadeiros! Que homem abominável! Dissimulado! Presunçoso! Vil! Então ele almeja tomar a minha maior preciosidade?

Em silêncio, Fábia observava a figura alterada do esposo. Se pudesse, teria ocultado a investida de Abdias para não vê-lo magoado. Amava-o extremosamente, sempre que podia esforçava-se para mantê-lo tranquilo e feliz. Marcus era a sua razão de viver.

A romana só quebrou seu silêncio para aconselhar o esposo:

– Tenho como provar minha fidelidade, se ainda restam dúvidas. Procure por Cássia e Elias e saberá que falo a verdade. Abdias é perigoso, Marcus, está tentando nos destruir por vingança.

Sem pestanejar, ele se preparou para sair. A passos largos, saiu em busca de Cássia, enquanto a romana permaneceu na saleta, sem ação, magoada pela desconfiança do esposo.

Em outra parte da cidade, Abdias exultava pelo sucesso de mais uma obra. Habilidosamente, convenceu Elias a retornar para a Galileia em busca de instalações para a tecelagem, dizendo que não poderia ir. Ele sabia que Marcus procuraria pelo amigo para obter informações sobre a visita de Fábia e, assim, tratou de afastar o bom rapaz, que solicitamente seguiu viagem, sem suspeitar nada. Sozinho em casa, sorria para si.

– Agora, é só aguardar o romano orgulhoso! Ele verá a que o reduzirei!

Logo ouvia batidas nervosas em sua porta. Ele atendeu tranquilamente.

– Marcus! A que devo a honra de sua visita?

– Não tente ser educado, não é uma visita. Onde está Elias?

– Ele foi a Galileia a meu pedido. Tenho assuntos a tratar aqui e não podia ir. Preciso abrir minha tecelagem, lembra-se?

– Quando ele viajou?

– Há dois dias.

– O quê?!

Abdias fingiu preocupação.

– O que está havendo, Marcus? Algum problema?

Marcus arfava, nervoso como nunca. Mirou Abdias de alto a baixo, dominando-se para não esmurrá-lo.

– Fábia esteve aqui... Cássia a acompanhava?

Representando habilmente, Abdias fez-se confuso, como se tivesse sido pego de surpresa. Deu alguns passos pela sala e afirmou:

— Não... Ela veio sozinha...

Marcus Varro desanimou. O tremor que o acometia pelo corpo todo era visível. Ele baixou a cabeça, desapontado. Abdias percebeu que era hora de atacar.

— Eu entendo, amigo... Se é que ainda me considera seu amigo... Entendo o que faz aqui... Mas, compreenda Marcus, eu e Fábia... não pudemos evitar.

O romano o encarou raivoso, os olhos flamejavam de ira.

— O que está dizendo, seu abutre?

— Aconteceu em Cafarnaum... Eu e Fábia percebemos que... Não sei bem o que houve... Eu não queria magoá-lo, Marcus, porém amo Fábia! Desde que retornamos de Magdala, nós nos encontramos às ocultas. Você ia saber, nem eu nem ela planejávamos esconder por tanto tempo! Você não merece tal afronta!

Abdias não conseguiu completar a farsa. De repente, sentiu um forte soco explodir em sua face.

— Maldito! Confiei em você! Recebi sua figura desprezível em minha casa para você desgraçá-la!

Marcus esbravejava transtornado, enlouquecido. No chão, Abdias recebia chutes pelo corpo, nas costelas, nas costas. Tentava se proteger em vão. Terminada a surra, quando Marcus sentiu-se saciado, o outro permaneceu caído, cobrindo o rosto. Viu o romano sair como um furacão. Só então se levantou. Foi buscar um pedaço de tecido úmido para estancar o sangue que escorria do lábio ferido. Sentou-se, gemendo baixinho. Contudo, em seguida gargalhou espalhafatosamente. Tudo acontecera como havia previsto. Nem se importou com a surra.

❧ A madrugada já ia alta e nada de Marcus retornar. Fábia caminhava pela casa, aflitíssima, lutando contra maus presságios. Sentia em seu coração que algo havia dado errado. Então, ouviu uma batida no andar de baixo. Desceu, rápida como uma lebre assustada, e viu a figura desalinhada do esposo. Ele estava sujo como se tivesse caído, os cabelos desarrumados. Ela chegou mais perto e sentiu um cheiro forte de bebida.

Temerosa, perguntou:

– O que houve, meu amor?

– Me chama de "seu amor"? Ainda sou seu amor, Fábia?

Sua fala mostrava-se pastosa e descoordenada. Estava embriagado.

– Pensei que seu amor fosse o samaritano imundo! – ele riu, debochado.

Fábia avaliou a situação. Algo havia mesmo dado errado, porém, com Marcus embriagado, não poderia continuar a conversa.

– Meu bem, você não está em condições de conversar. Vamos tentar esclarecer os fatos, sejam eles quais forem, pela manhã, está bem?

– Não temos nada a esclarecer, mulher! O seu "amigo" já me confessou tudo! Ele me disse o que aconteceu em Cafarnaum; falou de seus encontros secretos; falou tudo mesmo! Vocês até planejavam me colocar a par da situação em breve, porque eu não merecia o ultraje! Negue, Fábia! Tem coragem de negar?

– Tenho, sim! Nego e negarei sempre! Não vê que ele está conseguindo o que queria? Está nos afastando! Por que não falou com Elias? Ele viu tudo!

– Elias, minha senhora, viajou há dois dias!

– É mentira! Eu o vi ao lado de Abdias!

– Eu estive na casa daquele abutre, e Elias não estava lá!

Fábia começou a tremer descontroladamente. O que ela temia se consumava. O samaritano impiedoso prosseguira com os planos de vingança.

– Marcus, não é possível! Se Elias viajou, não foi há tanto tempo assim! Eu o vi!

– Chega! Não sou nenhum imbecil!

– E Cássia? Foi falar com ela?

Marcos suspirou enfadado. Mirou a esposa com firmeza.

– Cássia, minha querida, não suportou a solidão da viuvez. Os criados a encontraram acompanhada de um cálice de vinho misturado com cicuta. Ela está morta!

A dama romana não conteve um grito apavorante. Aos prantos, perdeu a capacidade de ordenar pensamentos. Marcus apontou o dedo em riste.

– Prepare suas coisas que um navio te levará de volta a Roma. Devolvo-te à sua família para a sua vergonha. Ao meu lado não viverá mais. E até que sua viagem esteja acertada, não me dirija a palavra!

Marcus a deixou só no meio da sala silenciosa. Lentamente, ela foi perdendo as forças. Caminhou até uma coluna e escorou-se nela. As pernas fraquejaram, e ela escorregou até o solo. Chorando, em desespero, lembrou-se apenas de um rosto repleto de bondade destacando-se entre os homens rudes de Cafarnaum.

– Jesus! Ajude-me! – clamou angustiada.

Tempo de provações

Assim que Paulo de Tarso chegou e tirou os óculos de sol, João percebeu seus olhos vermelhos e inchados. Entendeu tudo. Jonas havia chegado com péssimo humor, brigando com todos; e agora, a chegada silenciosa de Paulo. As coisas entre eles estavam muito ruins. Mas não quis comentar. Sabia que Valquíria não trabalharia e deveria se empenhar para organizar todos os processos deixados por ela. Paulo deixou os pertences no gabinete e passou a auxiliar o jovem esforçado.

Em dado momento, Jonas saiu de sua sala batendo a porta. Não informou aonde iria. Paulo e João se entreolharam.

– João, vou precisar muito de você. Nossos clientes não têm culpa do que está se passando aqui, devemos trabalhar normalmente, como se nada houvesse acontecido. À tarde, irei ao fórum, e, se o meu pai não voltar logo, o escritório ficará em suas mãos.

– Conte comigo, farei o que estiver ao meu alcance.

Paulo fez uma pausa pela lembrança dolorosa que teve. Depois comentou:

– Valquíria vai se demitir...

– É, eu sei. Ela me telefonou bem cedo.

Após um longo suspiro, Paulo completou:

– Minha mãe foi embora, amigo.

João nem soube o que dizer. Queria consolar o amigo, mas tudo o que conseguiu foi resumir sua indignação em duas palavras:

— Meu Deus!

— Ela ouviu a conversa que eu e meu pai tivemos. Quando me levantei, estava com as malas prontas. Ficará na casa de minha tia Elisabete.

— Que situação, Paulo! Precisa orar muito para suportar este momento tão complicado. Mantenha a fé, meu amigo, e conte comigo e com a minha mãe no que precisar.

— Eu sei que você não vai me abandonar, João. Sabe, suporto esses problemas porque tenho um amigo tão bom como você, do contrário já teria desistido.

— E como foi ontem, com seu pai?

— Cheguei à conclusão de que você está certo. Ele realmente tem algo errado. Meus tios foram jantar em casa, e ele agia normalmente, como se o pesadelo que ocorreu fosse ilusão, sei lá. Contava piadas e bebia descontroladamente.

— Sei que é difícil, porém ele vai precisar de você, Paulo.

— E minha mãe? O que será dela? Deve estar se sentindo a criatura mais infeliz de toda a Terra!

— Tenha paciência e vamos tentar solucionar uma coisa de cada vez. Se continuar se mortificando, onde encontrará forças para amparar sua família?

— Minha irmã e o meu cunhado estão bastante abalados. Sara abortou novamente, ela não consegue gerar uma criança. Estarei sozinho com todos esses problemas em minha casa. O que farei?

— Não chame as responsabilidades somente para você. Assim, realmente não suportará. Confie em Deus e em Jesus Cristo. Pouco a pouco, as coisas tomarão o seu devido lugar. Por outro lado, se Deus te deu tal fardo, é porque é capaz de suportá-lo. Apenas mantenha a calma para entender as inspirações dos bons espíritos. Muitas vezes, os emissários do Senhor nos trazem respostas, mas teimamos em não vê-las porque ficamos aflitos e dispersos.

– Vou tentar me lembrar de suas palavras.

Nesse momento, Ricardo entrou. Cumprimentou os rapazes alegremente, mas sentiu a situação difícil.

– Hum, o clima aqui não está bom.

Paulo foi discreto.

– Não é nada demais, Ricardo.

– Devem ser problemas de família, com certeza. Às vezes, família enche a paciência! Imaginem que minha mãe voltou a me infernizar com uma conversa de que o sonho dela era que eu me tornasse padre! Pode? Discutimos, claro! Eu não quero ser padre. Nunca! Minha mãe tem cada uma.

Paulo e João nada comentaram. Ricardo olhou ao redor e disparou:

– Ei, onde está a Valquíria?

– Ela se demitiu – Paulo disse de uma vez. Não adiantaria esconder.

– Sério? Que surpresa! Logo hoje, que eu precisava falar com ela.

– Bem, ela virá aqui sexta-feira para acertar a demissão. Se não for urgente, espere até lá.

– Não é urgente. Bem, então, espero até sexta. Mais tarde nos veremos. Tchau.

Quando Ricardo saiu, os dois jovens respiraram aliviados.

Em sua sala, no quinto andar, Ricardo ligou para Alessandra.

– O que é, Ricardo?

– Teremos que adiar nossos planos. Valquíria saiu do escritório de advocacia.

– Jura?

– Juro. Não esquenta a cabeça. Sexta-feira ela vem acertar as contas e faremos tudo conforme o combinado, certo?

– Certo. Preciso sair, tchau.

– Tchau. Um beijo.

Paulo foi ao fórum, e João ficou sozinho, trabalhando como um louco. Não foi almoçar, aproveitou todo o tempo disponível para arranjar as tarefas do escritório. Parou somente quando o telefone tocou. Era Valquíria.

– Oi, João, desculpe te incomodar, deve estar uma loucura aí, não é?

– Não se incomode. Dou um jeito.

– Eu liguei porque estou angustiada. Você não imagina o que seu patrão fez.

– Fale logo, que agonia!

– Ele veio até minha casa.

– Ah, você está brincando!

– Juro, João. Eu não quis atendê-lo, e ele deu um verdadeiro escândalo na portaria do prédio. Estou morrendo de vergonha dos vizinhos! Ainda bem que meu pai e meu irmão estão no trabalho! Eu disse que chamaria a polícia, e ele nem deu atenção. Para que ele parasse, tive que descer.

– O que ele queria, afinal?

– Disse que não aceitava a minha demissão e que impediria meu casamento com o Pedro! Estou com medo do que ele possa fazer, amigo! O que faço?

– Pedro já sabe?

– Sim, e está nervoso demais! Não voltarei a trabalhar aí de forma alguma, não tem cabimento!

– É verdade. Tenha calma, amiga, vou a sua casa logo que sair do trabalho, e conversaremos. Meu Deus, quanta confusão! Acalme-se, dê um passeio e não ligue para os vizinhos. Enquanto eles avaliam a vida dos outros, esquecem as mazelas dentro da própria casa. Espere-me à noite, está bem?

– Venha mesmo! Estarei esperando...

Ao desligar o telefone, João sentiu um calafrio. Olhou ao redor, estranhando. Voltou a trabalhar procurando prestar atenção nas tarefas. Porém, ouviu o mesmo risinho debochado e baixo da noite anterior. Ele se levantou e foi olhar em outras salas. Não havia nada. Foi aí que Jonas entrou. João quase não o reconheceu. Ele estava pálido como cera; o rosto encovado e os olhos esbugalhados pareciam sombrios.

– Venha cá, rapaz! – ele chamou por João bruscamente.

A sensibilidade apurada de João adiantou o assunto. Ele foi caminhando devagar ao gabinete do patrão. Parou diante dele, esperando.

Jonas esparramou-se na poltrona.

– Nem precisa se sentar, serei breve.

– Eu não ia me sentar.

– Ótimo que saiba o seu lugar! Bem, vá ao departamento pessoal, está demitido. Não precisará cumprir aviso prévio, será indenizado. Pegue todas as suas coisas e vá.

– Está bem, doutor Jonas. Peço apenas que diga ao Paulo...

– Não vou dar recado nenhum ao Paulo, ele não precisa de você! Suma!

João retirou-se em silêncio. Ele sabia que suas horas estariam contadas com a saída de Valquíria. Só não esperava que fosse tão cedo. Pegou todos os pertences procurando ser bem rápido. Se Paulo chegasse naquele momento, haveria mais uma discussão entre pai e filho. O amigo jamais concordaria com a sua demissão.

Na calçada, diante do prédio, o jovem olhou de um lado ao outro. Aonde iria? Começou a preocupar-se com as suas obrigações. Tinha o aluguel para pagar, a faculdade, os gastos usuais com água, luz, gás, alimentos. A mãe, com o salário de enfermeira, não aguentaria as despesas sozinha. Contudo, entendeu que deveria abrigar-se na mesma fé que aconselhara a Paulo. No dia seguinte, procuraria por outro emprego ou estágio. Paulo não negaria uma carta de referência.

Seguiu para o metrô. Visitaria Valquíria conforme o prometido. Depois, iria para casa dar a má notícia à mãe. E ainda procuraria o senhor Frederico no centro espírita, para falar sobre o riso estranho que ouvira duas vezes.

∾ Eram mais de oito horas da noite quando Paulo conseguiu ir para casa. Com a demissão de João, todas as tarefas ficaram com ele. Quando chegou à rua de sua moradia, viu, estacionado, o carro do Pastor Alfredo. Sentiu algo que não pôde explicar. Entrou em sua casa depois do portão automático se abrir. Ao sair do carro, o celular tocou.

– Oi, João! Sua carta de apresentação está pronta. Deixo no escritório amanhã.

– Vou fazer melhor. O Frederico, do centro espírita, quer falar com você. Aproveito a carona para passar na sua casa e pegar a carta, tudo bem?

– Certo, mas o que o Frederico quer comigo?

– Eu precisei contar a ele os últimos acontecimentos sobre seu pai. Ele quer ajudar, Paulo, simpatizou com você.

– Que ótimo! Tenho mais um amigo para me ajudar!

– Então, espere que já passo aí.

– Combinado.

Desligando o celular, Paulo adentrou a casa, devagar. Só não queria novos problemas, mas seu coração dizia que o dia ainda teria surpresas. Na sala de estar, o pai estava sentado numa poltrona confortável, com uma péssima aparência. Quieto, limitava-se a ouvir o pastor Alfredo, profundamente abatido. Paulo cumprimentou o religioso timidamente.

– Bom que chegou, Paulo! Assim você me ajuda a convencer seu pai.

— Convencê-lo?

— É...

Jonas interrompeu o amigo:

— As notícias ruins correm depressa, filho!

O rapaz observou os dois homens sem nada entender. Reparou no estado do pai, que parecia inconformado, tinha os olhos marejados e apertava os lábios como se sofresse grande aflição.

— Paulo – continuou o pastor – estou tentando dizer ao seu pai que a melhor coisa a fazer é se afastar por um tempo para descansar e pôr as ideias em ordem. Em minha opinião, ele vem sofrendo uma crise de estresse e precisa se recompor. Os diretores da congregação querem que ele se afaste.

— Acabei de ser ordenado, Alfredo! Era o maior sonho de minha vida, e você quer que eu aceite isto com naturalidade? – Jonas estava alterado.

— Espere, eu quero entender – interrompeu Paulo. – Meu pai está sendo afastado por quê?

— Ah, meu filho, as notícias da separação entre seus pais chegaram à congregação bem depressa. As causas da separação também. Os diretores julgaram que era melhor ele se afastar por um tempo, disseram que não fica bem para a igreja tal acontecimento.

— Tal escândalo, você quer dizer, Alfredo! – Jonas bradou indignado.

— Não foi isso que eu disse, Jonas.

— Qual é o problema? – quis saber Paulo. – Conheço tantos pastores e bispos que se separaram! Que hipocrisia é esta? Quer dizer que um padre, pastor, ou qualquer ministro religioso precisa ser perfeito, sem fraquezas?

— Não é isso, filho. O problema é como a história chegou ao conhecimento da igreja. Sua mãe se confessou à irmã, dona Elisabete. Sua tia, indignada, ligou ao bispo e contou tudo... Disse que

PARA SEMPRE CONTIGO

seu pai se apaixonou por uma moça do escritório que já é noiva, e o resto você sabe. Os diretores temem ser pressionados pelas famílias que participam da igreja e pedem o afastamento temporário de Jonas. Eu bem que tentei mudar os pensamentos deles dizendo que o abandonávamos na hora em que mais precisava de nós, mas não deu resultado.

– Aquela cobra quis se vingar de mim! – desabafou Jonas.

Paulo tentou ser conciliador.

– Está vendo, pai? O afastamento é temporário, o senhor não deixará de ser pastor. Será melhor mesmo que descanse e se recomponha. Procure fazer uma viagem, deixe o escritório comigo, cuido de tudo.

Jonas tinha os olhos em chamas.

– Afastamento temporário uma ova! O que os diretores pensam que são? Deuses? Seres imaculados? Anjos do Senhor? Querem que eu saia? Pois bem! Sairei de cabeça erguida porque não sou covarde e não nego minhas fraquezas!

Jonas se ergueu da poltrona, os olhos se moviam desordenadamente em suas órbitas, com estranho fulgor. Ele estava transfigurado.

– Saio da congregação e abro minha própria Igreja! Eu devia ter feito isso há muito tempo! Tenho uma nova religião, uma revelação divina! Não serão esses pastores que me impedirão de cumprir minha missão! Leve essa mensagem a eles, Alfredo. Estou acima de todos, não me verão até o dia que abandonarem seu templo e se converterem na minha presença. Permitirei que se ajoelhem e me peçam perdão pela sua ignorância. Sou um homem forte, guiado pelo protetor da Terra que fala diretamente comigo e me passou suas instruções. Ele me avisou que isto iria acontecer! Eu sou mais forte do que eles! Na minha religião não perdoaremos aqueles que traem o nosso Deus! Serão fulminados no fim dos tempos! Curvem-se diante Dele, fracos e hipócritas, sua hora não tardará! É o que eu tenho a lhes dizer. Então, com licença, tenho que me organizar para realizar meu empreendimento da verdadeira fé, não essa falsa crença que não aceito... Fui enganado, mas finalmente abri meus olhos! Boa noite!

Paulo e Alfredo se entreolharam atônitos. Jonas estava perceptivelmente fora de controle, agia como um desequilibrado. Retirou-se da sala e deixou as honras da casa ao filho. O rapaz, embaraçado pelo jeito intempestivo do pai, pediu perdão ao pastor. Sem mais o que fazer ali, Alfredo despediu-se e saiu acompanhado do jovem. Quando o pastor preparava-se para entrar no carro, Frederico estacionou. João saiu sorridente, era incrível como conseguia manter o otimismo mesmo depois da demissão, com tantas dificuldades diante de um orçamento reduzido. Paulo o observou atentamente. Admirava o amigo.

– Oi, Paulo! – disse João. – Vim buscar minha carta de referência.

– João, tem certeza de que não quer que eu tente convencer meu pai a readmiti-lo?

– Tenho, Paulo. Minha presença no escritório só agravaria a situação do senhor Jonas. As coisas vão se ajeitar, sossegue.

Alfredo se interessou por João.

– Você é o rapaz espírita do escritório?

João sorriu, querendo entender o interesse do homem que nem conhecia. Paulo esclareceu:

– Este é o pastor Alfredo, da mesma congregação que frequento.

– O senhor Jonas devia falar muito de mim...

– É verdade. Então, ele te demitiu mesmo?

– Não faz mal. Logo encontro outro emprego, tenho fé.

– Posso saber por que você diz que sua presença poderia agravar a situação de Jonas?

João e Frederico se entreolharam. Eles foram até a casa de Paulo para falar sobre a obsessão de Jonas e agora tinham um pastor evangélico diante deles. Para surpresa de todos, Alfredo, perspicaz, avisou:

– Se é algum assunto espírita, não se acanhem diante de mim. Eu já li vários livros sobre a doutrina, confesso que muito do que estudei realmente faz sentido. Não tenho preconceitos, embora eu precise fazer os estudos secretamente. As pessoas ainda não entendem, infelizmente.

Os outros se sentiram aliviados. Paulo aproximou-se de Alfredo.

– Que bom poder falar a você abertamente, Alfredo! João já tinha me alertado sobre a suposta obsessão que meu pai vem sofrendo.

– Obsessão?

– Sim. João é muito sensível e percebeu, ainda sem muita certeza quando conversamos, que meu pai tem uma pendência de outra encarnação, e um inimigo invisível o incomoda.

– E eu disse que a minha presença pode perturbá-lo ainda mais porque o ente me quer longe do senhor Jonas – esclareceu João. – Ele sabe que eu o descobri e teme que eu ponha seus planos a perder. Frederico ajudou-me a entender. O senhor Jonas precisa estar distante de tudo que possa irritá-lo. A raiva e o descontrole emocional podem facilitar a influência do espírito infeliz.

Alfredo emudeceu para meditar. Então se manifestou:

– O que podemos fazer para ajudar nosso irmão Jonas, senhor Frederico?

– Orações, incessantes orações e bons pensamentos direcionados a ele. Não será possível levá-lo a um centro espírita para receber assistência espiritual. Então, precisaremos de paciência, dedicação e a constante vigilância de Paulo. Vamos orar pedindo que o obsessor se manifeste para fazê-lo cessar a sua vingança. Será uma tarefa árdua. Coisa que não se conseguirá da noite para o dia.

Alfredo estendeu a mão para Frederico.

– Vamos unir nossas forças, irmão Frederico!

Frederico sorriu e apertou a mão do pastor.

– Graças a Deus contamos com a sua ajuda, irmão Alfredo.

– Paulo, mantenha-me informado. Se eu puder ajudar em algo mais, avise.

– Obrigado, pastor Alfredo.

O respeitável pastor se afastou lentamente. Ele estava aborrecido por Jonas. Eram amigos há muito tempo.

– Cada dia uma surpresa! Que mundo! – disse Frederico, admirado e contente.

Paulo concordou. Jamais pensou que alguém de sua congregação pensasse como ele, sem preconceitos. Frederico se despediu, e Paulo se encarregou de levar João para casa. Foi buscar a carta prometida ao amigo. Mas ofereceu-se para levar o assistente com segundas intenções.

Ele entregou a carta a João e disparou:

– João, vamos ao escritório?

O outro titubeou.

– São quase nove horas! O que quer no escritório?

– Eu sinto umas coisas estranhas quando estou lá...

– Não creio que seja boa ideia...

– Por quê?

– Ontem, quando saímos, ouvi um riso esquisito, e hoje também, antes do seu pai me demitir. E não havia ninguém! Não podemos encarar os acontecimentos como aventuras, isto é coisa séria.

– Mas estou encarando com seriedade! Quero apenas ver se conseguimos alguma pista, algum sinal que nos ajude a auxiliar meu pai.

– E por que no escritório?

– Não sei. Já disse. Sinto-me estranho quando estou lá. Vamos, João, por favor.

O rapaz ajeitou os óculos, contrariado.

– Continuo achando que não é boa ideia, mas vamos.

– Vou pegar as chaves.

Num instante, Paulo retornou, e ele e João dirigiram-se para o escritório.

Após percorrer algumas ruas, os dois estavam diante do prédio. Na portaria, Paulo avisou ao vigia da noite que pegaria documentos que esquecera, e ele não impediu sua entrada. No elevador, o coração batia descompassado, mas João mantinha-se tranquilo.

Entraram com cuidado, olhando para todos os lados. Acenderam as luzes. Tudo estava normal.

– Então? O que deseja procurar?

– Não sei, João. Você que é o especialista no assunto deveria saber.

– Eu?

Paulo observou uma luz fraca debaixo da porta do gabinete de seu pai. Estranhou.

– Esqueci uma luz acesa quando fui embora.

Seguiu para o gabinete e, inexplicavelmente, sentiu medo de entrar. Estacou diante da porta fechada.

– O que foi?

– Não sei. Senti medo. Parece que vou ver o que não quero...

João se adiantou. Torceu a maçaneta lentamente até que a porta se abriu. Empurrou-a com cuidado. Paulo esticou a cabeça, temeroso, e apavorou-se.

– Nossa! Tem alguém sentado na cadeira do meu pai!

– Eu sei! Fique quieto!

Paulo ficou gelado e não teve coragem de continuar. João foi entrando vagarosamente, com o coração aos pulos, porém avançava. A luz acesa era de uma luminária em cima da mesa de Jonas. Era fraca. Já dentro da sala, João viu um homem enorme se levantar atrás da mesa. Era fortíssimo e estava seminu, vestido somente com uma calça surrada, com o tórax à mostra. Tinha os cabelos enrolados e crespos e assemelhava-se a um guerreiro africano, pronto para a batalha. Nos pulsos, era possível ver correntes penduradas. Era um escravo.

– *O que veio fazer aqui?*

João tremia. Jamais vira um espírito de maneira tão clara.

– *Você é burro mesmo! O velho te odeia, e você fica querendo ajudar! Ele não gosta de gente como nós!*

Paulo ouvia também, e mal se controlava de medo. Ninguém acreditaria se contasse aquilo.

– *Perdeu a língua?*

– Eu... Eu... Bem, era você que estava rindo?

– *Claro! Tudo aconteceu como eu queria! E vai melhorar, espere para ver!*

– Por que não deixa o senhor Jonas em paz?

– *Paz? E ele me deu o direito de ter paz? Por que agora vou deixar que ele fique sossegado? Ele arruinou minha vida!*

João sentiu uma leve tonteira. Escorou-se no batente da porta. Uma multidão de cenas se desenrolou em *flashes* em sua mente. Viu uma fazenda enorme; um cafezal a perder de vista. Uma escrava jovem sendo surrada impiedosamente; uma criança negra morta. Um padre, um jovem fidalgo a chorar e um escravo gritando desesperado, correndo pelas matas.

Esfregou os olhos, e Paulo o amparou.

– Chega, João! Vamos embora! Foi má ideia vir aqui, admito!

João foi saindo de costas, arrastado por Paulo. O escravo ainda advertiu:

– *Vou acabar com o Jonas, e ninguém vai me impedir! E se eu não conseguir, ele mesmo se acaba! Tem veneno de sobra para se matar!*

Paulo puxou João de uma vez e fechou a porta. Apagou as outras luzes e saíram correndo. Certamente, jamais esqueceriam aquela experiência.

Ricardo quase não trabalhou naquela sexta-feira. Precisava ficar atento à chegada de Valquíria e avisar Alessandra. A doutora não marcara o horário em que iria ao escritório tratar da demissão. Um funcionário ficou de avisá-lo, porém não conseguia se acalmar. Seu plano era simples, teria sucesso apenas se fosse convincente.

De repente, seu celular tocou. Ele atendeu, ansioso.

– Fale, Diogo!

– Ela chegou.

– Certo. Segure-a o quanto puder, ela não pode sair antes das cinco horas!

– Farei o possível.

Ricardo desligou o celular e logo emendou outra ligação. Avisou a irmã, que estava próxima dali. De imediato, Alessandra pegou o outro aparelho celular. Pesquisou na agenda e, feliz, encontrou o número de Pedro. Ela o conseguira há algum tempo, sob o pretexto de pedir ajuda ao rapaz sobre uma matéria da faculdade, mas na verdade queria conquistá-lo, e ele não deu atenção. Com o coração aos pulos pela aventura, tomou o cuidado de programar o aparelho para que não identificasse seu número. Ligou e aguardou.

– Alô?

– É o Pedro? – perguntou modificando a voz.

– Quem quer falar?

– É uma amiga, não desligue! Quero alertá-lo para que não banque o idiota!

Pedro sentiu vontade de desligar, porém preferiu seguir com a conversa estranha.

– Se é tão amiga assim, a ponto de querer me ajudar, pode dizer o seu nome.

– Você vai saber quando for a hora certa. Vou falar rápido: sua noiva reclamava do assédio de um rapaz que trabalha no mesmo prédio do escritório de advocacia, não é?

Pedro ficou atento. Era mesmo alguém que o conhecia para saber aqueles detalhes sobre Valquíria.

– Continue!

– Sua noivinha não anda tão irritada com as cantadas do rapaz!

– Por quê?

– Vá ao barzinho que vocês costumam frequentar às sextas- -feiras e verá!

A ligação foi finalizada bruscamente, e Pedro, atônito, continuou com o aparelho no ouvido, a respiração oprimida. Consultou o relógio de pulso, faltavam vinte minutos para cinco horas da tarde. Não adiantava ligar para a casa da noiva porque ela já o avisara que estaria no escritório. E o celular dela estaria em caixa-postal, porque deixava o aparelho desligado quando queria tratar de algum assunto importante. Não gostava de ser interrompida. Mesmo assim, tentou ligar. Caixa-postal. O rapaz ficou aflito. Não poderia sair antes de terminar o expediente e passou a tremer descontroladamente. Ligou para o escritório. A telefonista, depois de deixá-lo esperando por sete minutos, retornou a ligação e disse em tom maquinal:

– A doutora Valquíria não poderá atendê-lo agora.

– Ela foi tratar da demissão, demora tanto assim?

– Não sei, senhor.

– Diga que é o noivo dela, o Pedro!

– Um momento.

A ligação ficou muda de novo. Cinco minutos depois, ouviu-se a voz da telefonista.

– Ela não poderá atender mesmo, senhor!

– Está bem!

Pedro desligou, nervoso. Aguardaria alguns minutos e ligaria novamente. A cabeça estava a mil. Não queria julgar mal a noiva, mas não conseguia conter a imaginação sobre as possibilidades.

Talvez ela tivesse desligado o telefone exatamente porque não queria ser encontrada; talvez tenha pedido a alguém do escritório para dizer que não poderia atender, porque, simplesmente, não seria encontrada lá. Balançou a cabeça. Agia como um menino inseguro. De qualquer maneira, tentaria falar com ela outra vez.

No escritório de arquitetura, Ricardo recebeu nova ligação de Diogo.

— Olhe, amigo, não tenho mais como segurá-la. Já vai sair. Impedi que o noivo falasse com ela, como você pediu.

— Estou subindo.

Ricardo foi ao vigésimo andar, tinha uma desculpa pronta para aparecer lá. Chegou e deparou-se com a advogada saindo.

— Oi, Val. Que surpresa!

— Como vai, Ricardo?

— O Paulo já chegou?

— Não sei, não trabalho mais aqui.

— É verdade. Paulo contou que você se demitiu.

— Bem, Ricardo. Preciso ir. Até logo.

Ela abriu a bolsa e apanhou o celular. Ia ligar o aparelho quando Ricardo a surpreendeu com um abraço violento.

— Espere. Quero me despedir direito.

O abraço repentino fez a moça derrubar o telefone. Ricardo fingiu estar sem jeito.

— Nossa! Como sou desajeitado! Desculpe-me, Valquíria!

Pegou o aparelho do chão e tentou ligar.

— Não faz mal, Ricardo. Dê meu celular que preciso ir embora.

— Não, espere. Se o danifiquei, faço questão de reparar o erro.

Ele remexia no aparelho, e Valquíria, com desagrado, esperava pacientemente. O telefone não ligou.

— Deve ser a bateria. Vou abri-lo, espere só mais um pouco.

Ricardo improvisava. Desmontou o celular tirando a bateria e o chip.

– Sabe mesmo o que está fazendo, Ricardo?

– Sei. Tenho intimidade com as coisas tecnológicas.

Remontou o aparelho e ligou. Funcionava, mas não tinha sinal de rede da operadora. Valquíria desanimou:

– Deve ter danificado o chip...

Enquanto a moça manuseava o aparelho, Ricardo sorria discretamente. Ele danificara o chip. Ficou sério.

– Como pude ser tão descuidado?! Não se incomode, Val. Vou te dar outro aparelho. Faço questão.

– Deve ser o chip, o aparelho ligou e funciona...

– De qualquer modo, com uma queda como esta, poderá apresentar problemas futuros. Compro um telefone novo e está acabado! Não aceito sua recusa! Fui eu quem o quebrei!

– Está bem. Se quer assim...

– Agora, será que pode me dar somente uns dez minutos?

A doutora estava se irritando. Controlou-se e ficou quieta esperando que ele falasse.

– Sabe, Val. Preciso de ajuda jurídica num assunto familiar. Eu vim procurar por Paulo, mas, ainda assim, precisaria falar com você, porque Paulo é especialista em assuntos trabalhistas, e você é da vara familiar. Eu sei que deve estar pensando que é outra cantada, porém desarme-se. Não adianta, você é noiva e já demonstrou ser uma moça séria. Meu interesse é puramente profissional.

– Pensei que já tivesse um advogado...

– Que nada! Nunca precisei. Mas preciso agora, e nada melhor que falar com pessoas que eu conheço nas quais confio. Pagarei bem. Amigos, amigos; negócios, à parte. E sei que você vai abrir o próprio escritório. Sem dúvida, precisará de ajuda financeira.

Valquíria refletiu. O rapaz estava mesmo diferente. Não tinha aquele ar de conquistador incansável, cheio de olhares e trejeitos indisfarçáveis. E ele tinha razão, precisaria de uma ajuda financeira.

– Ligue para mim. Paulo tem meu telefone. Conversaremos.

– Estou saindo do trabalho. Não podemos ir ao barzinho de sempre e tomar um suco? Assim, você manda o estresse embora. Imagino que não seja fácil desligar-se de um trabalho depois de anos. Aproveito e falo do meu problema.

– Está bem, Ricardo. Teremos que ser rápidos, ok?

– Claro!

Ricardo saiu atrás da advogada, exultando. Agora era esperar pelo desfecho.

Pedro ligou de novo para o escritório de advocacia e soube que Valquíria tinha saído. Eram cinco horas da tarde e saiu afobado. Iria ao bar. Relutava, porém era incapaz de domar as suspeitas contra a noiva. Ligava a todo o momento para o celular dela, que emitia a mesma mensagem de caixa-postal. Para a sua tortura, o trânsito estava horrível. Tentou acalmar-se. Se andasse, chegaria mais depressa.

Alessandra estava plantada na entrada do barzinho, esperando. Consultou o relógio e eram cinco e cinquenta. Quando viu o rosto transtornado de Pedro, deu o sinal ao irmão. Valquíria estava sentada na banqueta do balcão, de costas para a entrada, e não pôde ver o gesto. Ricardo, a pretexto de mostrar fotografias em seu celular, chegou mais perto, quase se debruçando sobre ela, e ficou com ar de enamorado olhando para a moça. Sentia o perfume elegante e delicioso que a doutora usava e precisou se conter para não surpreendê-la com um beijo, porque o batom vermelho que ela usava também era convidativo. Neste momento, Pedro entrou no bar e logo avistou os dois. Sentiu-se desmoronar. Era um sonho ruim, não era possível. A mulher que adorava o traía. Aproximou-se dos dois cambaleando, as pernas fraquejavam.

– Valquíria...

Ela se voltou, alegre em vê-lo.

— Meu amor! Eu ia para sua casa te esperar!

Pedro ficou mudo, e a doutora preocupou-se com o noivo. Ele estava pálido.

— O que você tem, Pedro?

— Vou embora. Não quero atrapalhar vocês...

— Não atrapalha, Pedro! O que houve?

— Já disse que vou embora!

Pedro nunca fora rude com ela. Ela se ergueu e seguiu o noivo, esquecendo-se de Ricardo, que ficou no balcão, tranquilo.

— Pedro, você nunca agiu assim comigo!

Ele se virou, mal ocultando a amargura.

— Deixe-me, Valquíria! Fique aí com seu "namoradinho"!

— Não seja infantil! Nunca te escondi que Ricardo me assediava, se estou aqui, com ele, é por outros motivos. Se me ouvir, vai entender.

— Não quero ouvir nada!

A doutora deixou o rapaz partir. Era uma crise de ciúmes. Quando ele colocasse os nervos no lugar, estaria apto a ouvi-la. Voltou, apanhou a bolsa e saiu, recusando a carona de Ricardo. O jovem ficou no balcão bebericando, plenamente satisfeito. Logo obteria com Paulo o telefone da casa de Valquíria e saberia o resultado de sua armação.

Pedro, ao sair, não percebeu que Alessandra o seguia. Ele caminhava meio atordoado quando ela o interceptou.

— Pedro, parece meio aéreo. O que aconteceu?

Ele estava confuso. Passou a mão pelos cabelos, olhou ao redor como se não soubesse aonde ir. O plano havia sido cumprido, mas Alessandra achou que um reforço ajudaria. Aproximou-se do rapaz amargurado e o acarinhou.

— Você passou por mim na entrada do barzinho e nem me viu. Não parece bem.

Valquíria saiu e encontrou o noivo sendo acariciado pela jovem. Por um momento ficou sem saber como agir. Depois, magoada, seguiu em sentido oposto e entrou no primeiro táxi que viu. Alessandra, com um sorriso estampado no rosto, observou a advogada partir.

Tragédia

Abdias estava satisfeito com os resultados do trabalho de Ácteon. O homenzinho era terrível! Conhecia uma serva da casa de Cássia e a convencera a colocar veneno no vinho da patroa deixando o frasco de cicuta ao lado dela, de modo que parecesse suicídio. Ele subornara soldados romanos para que a carta chegasse às mãos de Varro. Fez tudo certo. Agora deveria pagar regiamente pelos serviços prestados. Foi a Samaria e convenceu o pai a dar mais dinheiro usando ainda o pretexto da tecelagem. Disse a Ezequias que a fábrica já estava funcionando, e logo daria lucro, precisava de dinheiro para investimento. O pai ralhou, porém concedeu alta soma.

Além do pagamento combinado, Abdias deu valor maior ao grego, porque se reconhecia como o mandante de um crime e devia pagar pelo silêncio do homenzinho. Só depois de confirmada a morte de Cássia percebeu a dimensão do que fizera. Ácteon poderia usar aquele crime para extorqui-lo quando quisesse. Por isso, espontaneamente deu uma soma maior, para que ele ficasse sossegado por um tempo. Além disso, Ácteon tinha feito outro trabalho: como conhecia muita gente, tratou de se relacionar com os servos da casa de Varro, colher informações sobre o casal e transmiti-las a Abdias. O samaritano sabia que Fábia e Marcus não dormiam mais no mesmo quarto e mal se falavam; ele sabia que o esposo ultrajado preparava a viagem da mulher infiel e, pelo esforço do grego, conseguira igualmente um meio de entrar na casa de Varro. Um servo facilitaria sua entrada a preço de ouro. Como Fábia não saía, precisou dar um jeito de vê-la. Não deixaria de forma alguma que retornasse a Roma depois de tanto esforço. Fez o que fez para conquistá-la e não para perdê-la de vez.

Em certa manhã, logo depois da saída de Varro, Abdias se viu diante do palacete da amada. Os dois cães enormes de Marcus estavam presos, como o servo prometera a Ácteon. Abdias esgueirou-se pelos corredores da casa até chegar à sala principal. Sabia que Fábia ficava somente em seu quarto, de tão triste, conforme dissera o servo, e ela sequer andava pela casa. Entrou no quarto da dama silenciosamente. Ela estava sentada numa banqueta, olhando pela janela, parecia sem vida. O samaritano aproximou-se, pisando leve para não sobressaltá-la. Ainda assim, quando ela o viu, saltou e derrubou a banqueta. Estava indignada.

– Saia! Saia! Como entrou aqui? Saia, eu ordeno!

Abdias não se abalou.

– Pode gritar, minha querida, ninguém vai te ouvir.

– O que você quer? Já não me arruinou o bastante?

– Não te arruinei, não era minha intenção. Procurei apenas te mostrar a verdade.

– Verdade? Ora, como não pensei nisso? Matou minha melhor amiga, afastou-me da pessoa mais importante de minha vida para mostrar-me qual verdade? O que pensa essa sua mente doentia?

– Se Varro a amasse de verdade, acreditaria em você. Sequer mandou investigar se a carta era legítima. Acreditou logo no primeiro boato que surgiu e a abandonou! Este homem te merece, Fábia?

A senhora cedeu ao pranto. A voz saiu embargada.

– Sim. Ele me merece porque eu o amo. O verdadeiro amor esquece as ofensas, compreende as fraquezas, procura destacar o bem onde existe o mal e despreza a maldade. Eu não posso assegurar que acreditaria no meu marido caso a história se invertesse e eu tivesse recebido a carta difamatória. Nós somos frágeis. Duvidamos, desconfiamos, pensamos errado, nos enganamos. Todos os dias. Constantemente. Não há ninguém que possa se dizer plenamente seguro. Se alguém se diz assim, está mentindo para si mesmo.

— Não creio no que ouço! Ele te despreza, vai te mandar de volta a Roma como se você fosse uma rameira! E ainda assim o defende e despreza o meu amor?

— Se Marcus entrasse agora por aquela porta e me pedisse para esquecer tudo e voltar a viver com ele como antes, eu aceitaria, sem pestanejar! Você não me ama, Abdias, não sabe o que é amor! É movido apenas por um sentimento exagerado de vaidade e pelo prazer de competir e ganhar! Agrada-lhe ver um romano vencido diante de um judeu! Você não me ama. Tenta provar a si mesmo que é capaz de alguma coisa, desta forma é possível avaliar o desdém mal disfarçado que alimenta por sua triste pessoa. Marcus é sua referência, abomina-o porque ele é o que você quer ser e não pode. Sem perceber, coloca-o num grau de superioridade inatingível, que você jamais sonharia em alcançar! Sem que você saiba, dá a ele importância querendo tirar-lhe tudo o que tem. Só assim conseguiria encarar-se sem enxergar tanta mediocridade!

Abdias deixou uma lágrima escorrer. Nunca fora tão humilhado em toda a sua vida. E entendeu que Fábia não lhe daria uma oportunidade nunca, um minuto que fosse de atenção. Preferiu não dizer nada e saiu cabisbaixo.

Na via pública, caminhou de volta para casa, sem se dar conta do movimento das ruas. Gastara o que não podia, endividara-se e tornara-se um malfeitor por nada. Entrou em casa, e Elias já havia retornado da Galileia. Ele nem ouviu a notícia que o amigo trazia sobre as instalações que encontrara em Nazaré. Fechou-se em seu aposento sem dizer nada.

Cansado de ver Abdias andar pela casa feito um fantasma por vários dias, Elias saiu para ver se descobria alguma pista que revelasse o que o amigo fizera ou sofrera em sua ausência. Não precisou andar muito para ouvir algo muito estranho. Dois servos de Varro conversavam despreocupadamente pelas ruas.

– Daqui a cinco dias, a senhora Fábia retornará a Roma. O tribuno não perdoa a esposa de forma alguma.

Elias cismou. Marcus e Fábia amavam-se, era notável a harmonia daquela união. Pelo que entendeu, iriam se separar. Suspeitou que houvesse o dedo de Abdias na história. O melhor seria falar com o romano.

Ficou mais surpreso ainda quando foi à Fortaleza Antônia e Marcus não quis recebê-lo. Um soldado veio dizer, rispidamente, que o tribuno não queria vê-lo, nem a ele, nem a Abdias. Aí o rapaz se convenceu de que realmente havia algo errado. Insistiu com o guarda dizendo que precisava falar ao tribuno com urgência. E o assunto era Fábia. Ele aguardou até que o guarda veio e deu ordem de entrar.

Em seu gabinete, Marcus o recebeu friamente. O rapaz tremeu. Pela primeira vez, sentiu-se diante do temido poder romano, tal era a sua austeridade. Ele não se levantou, limitava-se a examinar o samaritano de alto a baixo, com olhos de lobo. Elias se adiantou, meticuloso.

– Senhor Varro! Confesso que estou assustado com a sua recepção! Não era assim quando eu chegava a sua casa! Não entendo sua mudança!

– Vai me dizer que não sabia de nada?

Elias ficou apreensivo. Mas falou, corajoso.

– Eu estava na Galileia, senhor Varro. Se aconteceu algo em minha ausência, ainda não sei e não tenho necessidade de mentir.

– Então, vou avivar sua memória! Fábia e Abdias em Cafarnaum, que me diz? E aqui mesmo, em Jerusalém? Será que se lembra, agora?

Elias convenceu-se de que Abdias era o culpado da separação. Baixou a cabeça, preocupado.

– Lembrou-se, pelo jeito!

– Senhor Varro – Elias falou mansamente – não sei exatamente o que aconteceu, ou o que ouviu ou presenciou. Se Abdias errou, ainda assim, minha índole não me permite entregar um amigo que conheço desde criança. Apenas peço ao senhor que consulte a senhora Cássia para saber o que houve em Cafarnaum e procure ouvir sua mulher. Eu soube que o senhor e a senhora Fábia estão se separando e acredito que meu amigo insensato é o causador de transtornos entre ambos. Eu tentarei convencê-lo a procurá-lo e ter a decência de esclarecê-lo quanto a realidade dos fatos.

– Cássia está morta!

O rapaz enregelou-se. Afinal, o que Abdias fizera?

Marcus levantou-se ameaçador. Foi examinar Elias de bem perto.

– O que sabe, afinal? Por que devo ouvir minha esposa?

– Sei o que o senhor já ouviu. Não trairei meu amigo. A última vez que vi senhora Fábia e senhora Cássia, suspeitei que Abdias estivesse agindo errado.

– E quando as viu pela última vez?

– No dia em que viajei a Galileia.

– Espere aí! – Marcus empalideceu – O que disse?

– Eu as vi quando foram visitar Abdias e viajei à tarde para a Galileia!

Marcus andou pelo gabinete, inconformado. A farsa estava desfeita. Abdias mentira. Ele sorriu para Elias e não ousou perguntar nada. O rapaz era leal. Sentiu admiração por ele. Não deveria trair o amigo, ainda que o amigo estivesse errado. Lealdade era uma das virtudes que Marcus mais prezava.

Elias finalmente pôde relaxar. Marcus deu nele um abraço de agradecimento e se desculpou pela forma como o recebera. O rapaz se retirou aliviado, ainda sem entender o que dissera para que o romano mudasse tanto.

Com a retirada de Elias, Marcus passou a refletir. Abdias certamente tinha culpa na morte de Cássia. Neste momento, suspeitava que não fora suicídio. O samaritano revelava-se disposto a tudo para realizar os próprios desejos, e, nesse contexto, um assassinato não seria nada demais. Chamou por um guarda de sua confiança e mandou que ele investigasse o crime. Depois, dirigiu-se a sua casa.

Encontrou Fábia em seu quarto, sozinha e triste. Ajoelhou-se diante dela.

— Perdoe-me, minha vida!

Ela se espantou e sorriu docemente.

— Elias retornou da Galileia e procurou-me. Sem perceber, desfez a farsa do samaritano traiçoeiro!

Fábia sorriu, desta vez com satisfação. Foi como se houvesse renascido por encanto.

— Eu sei que não mereço seu perdão! Deveria ter confiado em você antes, porém, minha maior fraqueza, meu ciúme, cegava-me! Não suportava a ideia de perdê-la e vingava-me como um tolo! Contudo, imploro seu perdão! Eu seria incapaz de viver sem você, Fábia! Eis aqui o orgulho de um romano implorando aos seus pés!

A doce dama o reergueu suavemente. Abraçou o esposo como antes e o beijou.

— Eu te perdoo, meu marido. Se você agir assim de novo mais cem vezes, eu o perdoarei em todas as cem vezes! Somente porque te amo desesperadamente!

Eles se enlaçaram e trocaram carícias apaixonadas, como namorados.

∾ Abdias chegou da rua agastado. Ouviu que Fábia não viajaria. Elias o observava há dias, em cada detalhe. Apanhava seus menores trejeitos.

– Qual o motivo de sua aflição, Abdias? Posso saber?

– Você parece irônico. O que deseja agindo desta forma?

– Eu já sei qual notícia o abalou. A sua amada não voltará a Roma.

– É um boato.

– Não é boato. Ela e Varro se reconciliaram, eu sei...

Abdias enervou-se. Elias o encarou bem de perto.

– O que aconteceu na minha ausência, diga de uma vez! Chego aqui e Cássia está morta! Fábia e Varro quase se separavam, e você, inexplicavelmente, andava acabrunhado pela casa. Cheguei à conclusão de que você me afastou de Jerusalém de propósito. O que você fez, Abdias? Fale!

– O que fiz para tê-lo em meus calcanhares a investigar tudo o que faço?!

– Você não consegue ver que eu procuro mantê-lo longe de problemas?

– Sou bastante capaz de me cuidar sozinho.

– Não é, e não enxerga porque não quer! Diga-me o que fez! Diga-me por que Varro e Fábia se reconciliaram após minha visita.

Abdias empalideceu.

– O quê? Você visitou Varro?

– Sim! Não podia? Ele é meu amigo também!

Abdias sentiu vontade de surrar Elias. Conteve-se.

– Às vezes, Elias, você não parece ser meu amigo...

– Eu pareceria seu amigo se compactuasse com suas loucuras? Seria seu amigo se deixasse se chafurdar num lamaçal? Será que, em algum mísero momento, você considerou que estava incomodando a esposa de um tribuno romano, um homem poderoso, que poderia fulminá-lo num estalar de dedos?

O rapaz emudeceu, amedrontado. Era verdade. Marcus poderia acabar com sua vida a qualquer momento. Ele era poderoso. Viril. Respeitado, notável por sua inteligência. E Fábia o amava loucamente. Àquelas verdades tão evidentes, Abdias reagia com extrema agonia. O coração se espremia no peito. Era nesses momentos que não se dominava. Não podia conviver com a sombra do romano em sua vida. Retirou-se para o seu aposento sem dizer palavra. Elias não deixou de perceber seu modo estranho.

ᴕ Era tarde quando Marcus estranhou seus cães ladrando insistentemente para, em dado momento, calarem-se de uma vez. Acabara de se deitar e ergueu-se de novo. Ele investigaria o quintal.

– Tome cuidado! – pediu a esposa.

– Não se aflija, já volto.

Saiu com um archote na mão. Deu umas voltas pelo lugar. Chegou próximo ao portão de entrada e deparou-se com os animais caídos no solo, imóveis. Eles sangravam, foram flechados e depois apunhalados com vários golpes. Ele nem teve tempo de lamentar a morte dos cães. Sentiu um peso desabar em suas costas e lâminas se enterrarem em sua carne. Foram três golpes profundos. O romano caiu, mal podendo respirar, e ouviu passos se afastarem apressados. Gritou, num esforço sobre-humano, o nome da esposa adorada, um grito abafado pela intensa dor que ela não pôde ouvir.

Naquele instante, Fábia sentiu o coração apertar-se. Prevendo o pior, chamou por um servo e saiu em busca do marido pela escuridão. Encontrou este caído e esvaindo-se em sangue. Seus gritos desesperados vararam a noite tenebrosa.

A nova igreja

Há mais de trinta dias João andava pela cidade a procura de emprego. Nem mesmo a carta de referência do renomado escritório de advocacia assinada por Paulo de Tarso Souza e Silva lhe facilitava uma colocação.

– Nada de novo, filho? – dona Terezinha perguntava.

– Nada, mãe. Amanhã vou a outra entrevista e vai dar certo. Espere e verá.

Terezinha o acarinhava e apoiava com palavras de ânimo, mas se afastava e chorava em segredo. Era inadmissível que o filho sofresse sendo um rapaz tão bom.

Numa tarde em que retornava de uma entrevista, a mãe o esperava no portão. Percebeu a aflição da senhora.

– Vieram cobrar o aluguel...

Ele permaneceu tranquilo.

– Ainda tenho um pouco do fundo de garantia. Vamos dividir?

– Não dá. Tive que comprar o gás. Dou a minha parte e ainda fica faltando.

– Sem problemas. Eu completo. Tenha calma, mãe. Vamos conseguir. Sempre conseguimos porque estamos juntos.

– E a faculdade? Não está assistindo às aulas...

Em dívida com a instituição, ele se sentia constrangido em assistir as aulas. Preferira ausentar-se até quitar os pagamentos.

– Uma coisa de cada vez, mãe. Recebo o seguro desemprego e acerto a faculdade.

– E a entrevista?

Ele suspirou desanimado.

– Não deu certo, mãezinha.

Ela abraçou o filho e entraram juntos. Agradeceu a Deus por não ter plantão naquele dia. Queria ficar com o seu menino adorado. Queria acalentá-lo, ele era esforçado, trabalhador e nunca reclamava de nada.

– Vá tomar um banho e tirar esse cansaço enquanto faço o jantar. Vou fazer uma comida especial só para você. Você ainda vai ser muito feliz, João, escute o que te digo.

Ele sorriu e seguiu para o quarto. Terezinha, com o coração esmagado dentro do peito, deixou uma lágrima cair.

Preparava-se para entrar no banho quando o celular tocou.

– João? Como foi na entrevista com o Everaldo?

– Não deu, Paulo. Ele disse que a vaga já estava preenchida e me atendeu somente porque você indicou. Espere, João. Vou ligar para ele e retorno.

– Que absurdo! Falei com ele hoje de manhã e estava louco procurando por um assistente!

– As coisas não são tão fáceis...

Paulo ligou mesmo para Everaldo, porém não retornou a João. Não teve coragem. Aconteceu o que ele suspeitava. Everaldo era um indivíduo fácil de manejar. Bastou espremê-lo para ele confessar. Jonas havia entrado em contato com ele antes da entrevista.

Jonas surgiu na sala, alegre.

– Vamos sair cedo, Paulo. Quero que visite um lugar comigo.

O rapaz seguia os conselhos de Frederico e João. Esforçava-se em não discutir com o pai e sempre que precisava alertá-lo sobre atitudes estranhas, fazia-o com cuidado, escolhendo as palavras. Nem pensou em se negar e saiu com o pai.

Paulo seguiu Jonas em seu carro. Olhou ao redor e percebeu que conhecia aquele bairro. Ali ficava o centro que João frequentava. Nada disse quando chegou ao local indicado.

Ele prestou atenção ao lugar. Viu um terreno amplo, uma obra em franca expansão.

– Veja, Paulo! Minha igreja logo ficará pronta!

– Será um templo enorme!

– É preciso, meu filho! Minha nova religião é uma revelação que irá atrair milhares de fiéis, de todas as partes! Os desviados virão até mim e serão muitos! Preciso abrigar a todos! Fui instruído para construir um templo monumental! Não posso negar minha missão! Deus quer castigar todos aqueles que não seguem Sua vontade! Em breve, esse conhecimento irá se espalhar por toda a Terra.

Paulo observou o fanatismo do pai. Completamente dominado por uma ideia fixa, autodenominava-se profeta de uma nova religião. Deixara de lado os ensinamentos da Bíblia, negara as leis de Deus e abraçara uma causa absolutamente contrária à piedade do Cristo. Propositalmente causaria o mal a outras pessoas.

– Pai, não quero perturbá-lo, mas desejo pedir uma coisa.

– Ora, fale filho.

– Se o senhor é um missionário, precisa levar a paz às pessoas e não tornar a vida delas mais difícil.

– É para isso que estou criando a minha igreja, Paulo!

– Ótimo! Então, comece deixando de perseguir o João. Eu dei uma carta de referência a ele e nem assim ele consegue um emprego. Everaldo o recusou hoje. Sei que o senhor conhece todos os advogados da cidade...

Jonas mudou de expressão. Bastava ouvir o nome de João para se transfigurar.

– Everaldo teve os motivos dele...

PARA SEMPRE CONTIGO

– Pai – Paulo procurava ser cuidadoso e calmo – eu falei com o Everaldo, e o senhor sabe como ele é. Ele confessou que não admitiu João porque o senhor pediu.

O pastor mirava a obra em silêncio. Depois de longo silêncio, voltou-se ao filho.

– Você não entende, Paulo. É preciso fazer justiça.

– Isso não é justiça. É perseguição.

– João é o mal, meu filho. Segue a doutrina do demônio. Temos de aniquilar tal heresia da face da Terra para que o reino de Deus se estabeleça.

– Deixe o julgamento a Deus e a salvação a Jesus Cristo. O Mestre ainda detém a missão de salvar o mundo, foi para isso que Ele veio. A missão Dele não terminou na cruz, Ele continua trabalhando pela nossa salvação, nenhum outro ser pode se encarregar de tão alta responsabilidade. Somente Ele está preparado para suportar o fardo da redenção de todos nós. Todos os dias, vemos falsos Cristos se levantarem em vários países, para não nos enganarmos com eles basta que nos lembremos de que Jesus ainda trabalha, sem cessar, para nos redimir, e não transferiu essa tarefa a ninguém.

– Porém, existem homens especiais que Ele encarrega de ajudá-Lo na tarefa!

– E quem seriam tais homens? Não acha perigoso que cada um que se veja como emissário divino? Quando alguém tem uma missão especial, nem mesmo ele sabe. Agirá por força do estímulo, nem saberá de onde veio.

– Nem mesmo você, que é meu filho, crê na minha missão, não é?

– Sim, eu creio. Mas não da maneira que o senhor crê. Eu creio que o senhor tem a tarefa de ajudar as pessoas a reencontrar a fé e de transmitir a paz. Todos andam tão infelizes e desgostosos, e o

161

senhor, com sua boa vontade, pode ajudá-los difundindo uma mensagem de esperança. Entretanto, julgar e condenar, definitivamente, não é tarefa para nenhum homem, meu pai.

Jonas voltou a observar a obra. Paulo reforçou o que dizia, enquanto o pai permanecia em silêncio:

– Façamos como Gamaliel, em Atos dos Apóstolos. Lembra-se da sabedoria do doutor fariseu? Ele disse, referindo-se aos apóstolos perseguidos: "Dai a mão a estes homens e deixai-os, porque, se este conselho ou esta obra é de homens, se desfará. Mas se é de Deus não podereis desfazê-la; para que não aconteça serdes também achados combatendo contra Deus"[12]. Se não temos o dom de julgar com a mesma precisão divina, certamente, se estivermos errados ao julgar os espíritas, se eles estiverem, como nós, trabalhando pela obra divina, poderemos estar combatendo contra Deus.

O pastor baixou os olhos enquanto Paulo relembrava os conselhos de João, sobre orar e pedir a inspiração do Alto para dizer as palavras certas sem causar contenda. Conseguira falar um trecho bíblico inteiro, sem nunca ter se preocupado em decorar capítulos e versículos. Jonas parecia triste.

– Paulo, vou deixar o escritório sob sua responsabilidade. Hoje foi meu último dia de trabalho. Dedicarei minha vida somente à minha igreja. Então, você tomará todas as resoluções no escritório de advocacia e não me pronunciarei sobre aquilo que resolver.

O rapaz ficou admirado com a decisão do pai.

– Morarei aqui. Sua mãe poderá retornar à mansão.

– Pai! O senhor não pode sair de lá! É sua casa!

– Tudo ficará melhor assim...

O jovem advogado ficou aflito, assim seria difícil manter a vigilância sobre o pai.

– Venha – disse Jonas – vou te mostrar toda a obra.

---

12. Atos, 6:38-39.

Para sempre contigo

Paulo o acompanhou, preocupado. Mas disfarçava bem o seu estado e conversava normalmente.

❧ Eram quase sete horas da noite quando Paulo chegou à casa de João. O rapaz já o esperava no portão. Ele sorriu quando viu o amigo que admirava.

— Sempre com este jeito calmo, João! Como te invejo!

— Fortaleça a sua fé! Assim, rapidamente alcançará a paz.

— As coisas estão muito difíceis para você e sua mãe?

— Estamos levando. Aos poucos, vamos nos ajeitar, você verá.

— Tenho uma notícia má e uma notícia boa. A má é que não conseguiu emprego com Everaldo porque meu pai pediu ao amigo que não o empregasse.

— Ufa! Agora, diga logo a boa!

— Meu pai não vai mais trabalhar no escritório de advocacia e o deixou em minhas mãos. Então, vou readmiti-lo!

João abriu um largo sorriso.

— Deus seja louvado! Vale a pena esperar em Deus, está vendo? Mas por que o doutor deixou a advocacia?

— Eis a minha preocupação, amigo. Ele disse que vai se dedicar somente à religião. Fui com ele ver as obras da igreja e afirmou que vai morar num espaço reservado que está construindo ao lado do templo.

— Puxa! O irmão infeliz está afastando seu pai de todos! É assim que ele quer!

— Também deduzi isto. O que faremos, amigo?

— Tente convencê-lo a não sair de casa, faça o que estiver ao seu alcance. Não pode se afastar do senhor Jonas!

— Ou terei de morar com ele! Chegarei a esse extremo se for preciso. Sabe, João, meu pai está fanatizado, não se trata de crença. Por isso, acredito que será difícil curá-lo da obsessão.

– Difícil, mas não impossível, Paulo. Não vamos desistir.

Os dois rapazes se calaram diante do novo problema. De repente, Paulo lembrou-se de Valquíria.

– Tem notícia da Val, João?

– Nossa amiga está mal. Ela e Pedro romperam.

– Não pareceu suspeito o motivo da separação? Ricardo e Alessandra estarem lá no exato momento em que Pedro chegou?

– Acha que eles armaram?

– Pode ser. Fico investigando o Ricardo, e ele desconversa.

– Se você estiver certo, teremos de ajudar nossos amigos. Eles se amam, não é justo que se separem pelo capricho de outros.

– Bem, verei o que consigo descobrir com Ricardo. Quanto a você, te espero no escritório com seus documentos na segunda-feira. E prepare-se. Tem muito trabalho acumulado e preciso muito de sua eficiência lá.

Paulo se foi, e João entrou correndo para dar a boa notícia à mãe.

∾ Do outro lado da cidade, Ricardo andava irritadíssimo pelo quarto. Acabara de ligar para Valquíria convidando-a para sair, e ela novamente recusara. Farto de tantas negativas, colocou a melhor roupa, tomou uma bebida e resolveu sair com amigos. No carro, enquanto se dirigia ao encontro de sua turma, falava em voz alta:

– Quem ela pensa que é? Ninguém nunca me deu tantos foras assim! Chega. Ela pensa que ficarei implorando pela atenção dela? De jeito nenhum! Tem muita mulher bonita por aí, e ela não é a cereja do bolo, não. Mostrarei a ela! Que volte ao pé rapado, o peão de obra que jamais conseguirá ser um engenheiro civil porque não terá capacidade para se formar. É um pobre coitado!

Na danceteria, encontrou os amigos e passou a se divertir como nunca. Exagerava sempre e bebia demais, misturava tudo, aquilo era diversão para ele. Às duas horas da manhã, sentiu o celular vibrar dentro do bolso. Afastou-se até uma área sem música tão alta e reconheceu o número da mãe.

– Oi, mãe! Ligando a esta hora? Nunca fez isso.

– Ricardo, venha para casa.

Ele percebeu que a senhora chorava.

– Espere aí, mãe! Por que chora?

– Aconteceu uma tragédia, meu filho!

– O quê? Fale logo!

– A sua irmã saía do *shopping* com a amiga... Um carro avançou pela calçada e a atropelou, Ricardo. Alessandra está morta...

Ricardo custou a crer. Sentiu-se rodopiar pelo mal-estar que o acometeu. Amparou-se na parede, e algumas pessoas perceberam e foram socorrê-lo. Um rapaz, sorrindo, segurou-o ironizando.

– Abusou hein, Ricardo?

– Minha irmã está morta!

O jovem ficou sem ação ao ver o amigo se entregar ao pranto convulso. Quis chorar também, pois conhecia Alessandra, porém segurou ainda mais firme o amigo.

– Vamos, não está em condição de dirigir. Levo você a sua casa e depois vejo como faço para retornar.

Ricardo nem respondeu. Sentia-se destruído.

❧ Não era daquela maneira que Ricardo planejara passar a tarde de sábado. Combinara com a irmã um passeio ao *shopping*, e agora ela estava ali, sendo velada. A tarde fria era especialmente nostálgica. Propícia a lembranças agradáveis, daquelas que ficam para sempre. Ele relembrou a primeira montaria de Alessandra, aos nove anos; o baile de debutantes; a formatura do segundo grau. E, principalmente, lembrou-se da última vez que a vira, na sexta-feira, antes de sair.

– Vou ao cinema, tchau e um beijo! Te amo, maninho!

Assim ela disse, e saiu de casa, linda como sempre e cheia de alegria. Alessandra era dona de um contentamento constante, mantinha o sorriso no rosto em qualquer circunstância. Era preguiçosa, não gostava de estudar, porém conservava incontáveis amigos. E partia do mundo daquela maneira tão incompreensível, aos vinte e dois anos. Ricardo custava a se conformar e se contorcia em remorsos por ter convencido a jovem a ajudá-lo numa trama detestável contra Valquíria e Pedro. Pensando assim, viu Paulo chegar. Esperou que o advogado cumprimentasse seus pais. Não se levantou, sentia-se vazio e sem forças de parar em pé. Paulo se sentou ao lado dele, silencioso.

– Dá para acreditar numa coisa destas, Paulo?

O jovem não respondeu. Nunca fora bom com palavras em momentos como aquele.

– A vida é tão fingida, não é? – continuou Ricardo. – Ela nos engana a todo o momento. Mostra que está firme e consistente e escapa repentinamente, nos deixando com cara de idiota! E naqueles em que está quase se extinguindo, retorna quando não há nenhuma esperança. A vida é mestra em nos pregar peças!

Paulo apertou a mão do rapaz amargurado, querendo confortá-lo. Ele continuou:

– A vida também é credora, Paulo. Ela nos deixa à vontade, depois vem, cobra nossas ações, e nos premia com a morte!

– A morte não é um castigo, Ricardo. É uma ação natural que vem sobre todos, bons ou maus.

– É... Mas ela deixa um peso enorme no coração...

Lágrimas escorreram pelo rosto do rapaz. Paulo sentiu a garganta apertar-se, mas não conseguia chorar.

– Sinto remorsos. Eu, como mais velho, deveria conduzir minha irmã ao caminho correto. Agora, vejo que minha arrogância, minha vaidade e meu orgulho não fizeram mal somente a mim. Como custamos a entender esses assuntos! Somos tão distraídos e relapsos, e a dor vem e ensina. Preciso te revelar um fato, Paulo. Vamos sair daqui. Esse cheiro horrível de velas e flores está me sufocando.

Os dois jovens retiraram-se para o pátio diante do salão fúnebre. Ali, não havia muitas pessoas, e Ricardo pôde falar.

– Tenho que te contar, ou não terei paz! Você estava certo em suspeitar que eu fosse o causador da separação entre Pedro e Valquíria!

Paulo não ficou surpreso. Permaneceu quieto, ouvindo.

– Eu e Alessandra armamos o plano. Minha irmã estava interessada em Pedro. Achei que nós dois seríamos beneficiados se eles se separassem. Como fui tolo! Valquíria ficou só, e eu não consegui nada com ela! Entendo agora que o amor é muito mais do que afinidades e união de corpos. Valquíria e Pedro se completam e não se pode perturbar essa harmonia. Conto tudo a você também para que a alma de Alessandra fique em paz. Veja como a vida nos coloca diante de situações que nos fazem entender o quanto estamos enganados a nosso respeito. Eu me sentia o tal, o centro das atenções e dono do mundo, e agora te revelo esse fato porque não terei coragem de encarar Valquíria depois do que fiz. Olhe que grande homem eu sou! Nem sou capaz de pedir perdão e de reconhecer meus erros diante de quem prejudiquei.

– Não se recrimine, Ricardo. Todos nós temos defeitos. O importante é aprendermos quando a vida se dispõe a ensinar.

– Você vai contar tudo ao Pedro? Faça isto por mim e pela Alessandra!

– Claro. Talvez ele e Valquíria estejam apenas esperando uma oportunidade e não saibam por onde começar. Fique tranquilo, assim que puder vou procurar por Pedro.

João chegou meio tímido, olhando ao redor, procurando algum rosto conhecido. Ricardo acenou para ele. Ele avançou até os rapazes e, após os costumeiros cumprimentos, voltou-se a Ricardo.

– Eu sei que você não simpatiza comigo, mas precisava trazer minha solidariedade. De qualquer modo, se não quiser que eu fique, basta dizer e vou embora.

Ricardo lembrou-se da indisposição que houvera entre ambos no barzinho. O homem que havia atropelado Alessandra na calçada estava embriagado. João realmente estivera certo naquele dia. Se continuasse com o hábito de beber antes de dirigir, certamente poderia aumentar as estatísticas de mortos no trânsito. Admitiu que somente agora entendia o que significava perder um familiar por um ato irresponsável de alguém.

Ricardo chamou o rapaz para um abraço. Reconheceu que perdera grande tempo em não aceitar como amigo um ser humano tão especial como João.

❧ Após o sepultamento, João, ao lado de Paulo, mostrava o caminho da casa de Pedro. O advogado queria cumprir logo a promessa que fizera a Ricardo. Diante da casa do outro, no entanto, hesitava dentro do carro.

– Por que não sai, Paulo? O que foi?

– Ah, João! É meu lado egoísta falando alto comigo!

– E o que ele está dizendo?

– Será que não estou desperdiçando uma oportunidade de conquistar Valquíria?

– Então, digamos que consiga conquistá-la. Será que conviverá bem com o fato de que sabia como ajudar o romance dela com Pedro e não o fez? Será feliz se tiver uma eterna dúvida em sua cabeça, do tipo: será que ela está comigo porque realmente me ama ou porque não teve jeito de reatar com o ex-noivo?

Paulo suspirou entristecido.

– A vida é injusta, João!

– Creio que não, amigo. Tudo na vida se encaminha naturalmente. Quando nós interferimos nesse curso natural, aí é que as coisas se perdem. Principalmente quando o assunto é amor, precisamos tomar cuidado e avaliar bem. No momento em que duas pessoas se encontram e se entendem pelo amor sincero e verdadeiro, parece que há uma força universal que harmoniza os envolvidos. Querer separá-las seria o mesmo que lutar contra um poder colossal. Enquanto o poder avança num sentido, você tenta barrá-lo em sentido contrário, e como resultado acabará sendo arrastado. Aí não haverá harmonia, muito menos felicidade e, consequentemente, será um infeliz.

– Em outras palavras, você afirma que é errado lutar por quem se ama?

– Não, não é o que quero dizer. Pretendo dizer que é necessário saber como lutar, e o melhor: é necessário saber se vale a pena lutar. Veja o caso de Valquíria e Pedro. Eu os conheço há tempos, você os conhece há pouco mais de sete meses. Eu acompanhei o relacionamento dos dois. Eles eram cúmplices, faziam tudo juntos, e a harmonia entre os dois saltava às vistas. Não é preciso muito esforço para ver que um nasceu para o outro. Seu pai apareceu como o intruso na história. Tudo bem, ninguém é culpado de se apaixonar, mas o estranho é a pessoa ignorar uma união e se atirar para cima do casal, como o senhor Jonas fez, querendo simplesmente se intrometer e desestabilizar o que está bem. Assim, é errado. As pessoas têm o direito de escolher com quem desejam ficar, não se pode forçar nada. Nem Deus se intromete em assuntos de amor.

– Nem Deus?

– Não. Nem Ele. Vamos tomar, por exemplo, você, Pedro e Valquíria. Digamos que você peça ajuda a Ele para conquistar a

Val. Se Ele te ajudar e Val se separar de Pedro, como ficará o Pedro? Há justiça aí? E se Ele começar a ajudar todos que querem ficar com este ou aquele? Não haverá justiça. Ele sempre favorecerá alguém em prejuízo de outrem.

– E quando é possível que alguém faça uma pessoa feliz mais do que outra?

– E quem pode garantir que será capaz de fazer alguém feliz mais do que outro?

– Pela extensão do amor que se sente...

– E você pode julgar a extensão dos sentimentos das pessoas? Sabe dizer, comprovadamente, que ama mais a Valquíria do que o Pedro?

– É, não se pode julgar se alguém ama mais ou menos...

– Bom exemplo é minha mãe. Ela namorava meu pai, ainda jovenzinha, quando cedeu ao assédio de um descendente de poloneses do bairro em que morava. Era o que ele alegava para conquistá-la: farei você mais feliz. Ela abandonou meu pai para se casar com o Vladimir, e os dois primeiros anos do casamento, segundo consta, foram maravilhosos. Depois, ele começou a beber e sair com outras mulheres. E ainda a espancava. Ela se separou dele e casou com o meu pai. Perceba que a conexão com meu pai não se desfez mesmo com o casamento dela com outro homem. Ela foi infeliz com Vladimir. Promessas não garantem a felicidade.

Paulo estalou lábios, desanimado. Refletiu e indagou:

– Como saberemos que não vale a pena lutar?

– Quando observarmos um casal e constatarmos que tudo nele se encaixa perfeitamente, ainda que tenha momentos ruins. Quando, após várias tentativas de separá-lo, o casal continua coeso e firme, indiferente aos ataques de terceiros.

– Mas Val e Pedro estão separados! Não há coesão e firmeza!

– Coesão e firmeza têm a ver com o coração, não com corpo. Eles estão separados, mas estão sofrendo a separação. Ricardo e

Alessandra não tiveram sucesso, mesmo depois de separá-los, porque ambos continuam unidos pela alma, pelo amor. O amor verdadeiro é o elo poderoso que os une.

– O que faço, então, João?

– O grande problema da humanidade é não saber lidar com a rejeição. Para que ela não prejudique nossas vidas, a primeira coisa a entender é que todos têm o mesmo direito de escolha. Quantas vezes você não recusou uma mulher porque ela não te encantava? Você fez uso do seu direito de escolha. Assim, sempre vai existir alguém que não nos deseja, pelo mesmo direito, e isso deve ser encarado normalmente. Outro ponto fundamental é saber que as pessoas têm anseios diferentes. Você pode achar que é melhor para Valquíria por qualquer motivo, mas será que ela pensa como você? Será que o que você tem a oferecer é o que ela quer? Somente nós sabemos o que nos será bom ou mau. Nosso íntimo é um terreno que só Deus pisa. Outro detalhe muito importante é saber o que queremos realmente. Será que desejamos alguém por amor a esse alguém ou a nós mesmos? Quando a pessoa que desejarmos estiver só e descompromissada, será fácil deduzir, mas se ela for compromissada será que não desejamos apenas competir? Quantas pessoas são infelizes porque desejavam ardentemente conquistar seu amor e, depois, perderam totalmente a alegria de viver, porque viram, mais tarde, que não era quem desejavam? As pessoas precisam resolver seus complexos antes de desejar viver um amor em sua plenitude, ou serão invariavelmente infelizes. Se Valquíria tiver de ser sua, Paulo, algo acontecerá, e ninguém poderá impedir. Se ela realmente continuar com Pedro, você deverá seguir seu caminho e deixá-la em paz. Não será a sua decisão de não dizer a Pedro sobre o plano de Ricardo e Alessandra que vai separá-los. Não seja insensato querendo empurrar uma força universal em sentido contrário; será arrastado, certamente.

Paulo decidiu-se e saiu do carro na direção da casa de Pedro, num bairro pobre. Tocou a campainha e aguardou. Logo, o rapaz surgiu pela porta de entrada. Ele o recebeu com enorme alegria. E Paulo, intimamente, emendou um pensamento às considerações de João: "Amor, antes de tudo, enaltece a lealdade. Como posso ser desleal a um amigo como Pedro?"

– Entre, Paulo! Venha conhecer minha família!

– Será possível conversarmos em particular dentro de sua casa?

– Não! Montaram um jogo de cartas aqui e está uma barulheira só! É o João que está ali no seu carro? Por que ele não saiu?

– Ele sabe que preciso falar com você a sós...

Pedro ficou sério. Entendeu que o assunto que Paulo trazia era importante.

– Bem... Teremos que conversar aqui. Tem problema?

– Claro que não!

Sem delongas, o advogado relatou o que ouvira de Ricardo. Pedro chegou a ficar lívido de raiva, mas logo se recompôs.

– João está ligando para Valquíria agora e contando tudo a ela. Fizemos a nossa parte. Agora, o resto é com você e a Val...

Paulo se retirava, quando Pedro o interpelou:

– Paulo, por que resolveu me contar?

– Primeiro: prometi a Ricardo que contaria. Segundo: sou seu amigo.

Paulo entrou em seu carro e deu a partida. Pedro ficou no portão, pensando. Já havia percebido que Paulo tinha olhares especiais para Valquíria e preferiu não comentar com ninguém.

– Você é um verdadeiro amigo! – afirmou.

❧ Lentamente, o inverno cedia ao encantamento das flores e à alegria da primavera. No escritório de advocacia, o trabalho continuava intenso, João retomara a posição de assistente e auxiliava tanto que Paulo aumentou seu salário e suas responsabilidades. Chamava-o de "advogado sem diploma", e agora era ele quem ia e vinha do fórum quase todos os dias.

Numa tarde abafada, o advogado, agora responsável por tudo, procurou seu assistente, meio preocupado. Precisaria sair mais cedo.

– João, pode cuidar do escritório? Preciso ir...

– Parece sem vontade alguma. Melhor: parece que está se dirigindo à forca!

– Isso tem nome: apreensão. Sinto que o meu pai ainda vai me surpreender desagradavelmente hoje.

– Conseguiu convencê-lo a voltar para casa?

– Não, e ele não quer que eu more no templo.

– Realmente, é preocupante...

– Bem, estou indo. Telefono mais tarde.

No saguão do prédio, Paulo se deparou com o pai de Ricardo. O senhor José Carlos parecia não conseguir se recuperar do baque sofrido pela morte da filha. Aparentava envelhecimento e, em apenas três meses, perdera bastante peso.

– Como vai, senhor José Carlos?

– Ah, a gente tem que continuar, não é, Paulo? Mas está difícil.

– O que mais posso fazer pelo senhor?

– Filho, a dor do coração ninguém pode tirar. É preciso esperar o tempo cicatrizar as feridas, não tem outro jeito.

Paulo quis falar que Jesus era a consolação perfeita, porém desistiu, porque o senhor José Carlos nunca se interessara por nenhuma religião.

– Eu vou sair um pouco destes ares – continuou José Carlos. – Deixarei o escritório aos cuidados de meu sobrinho e viajarei com a Joana por uns tempos. Acho que iremos a Europa, ela gosta tanto de Madri e Paris. Quem sabe?

Paulo estranhou que ele deixasse seus negócios aos cuidados do sobrinho. E Ricardo? Reparou que ele havia sumido do trabalho.

– E Ricardo? Ficará aqui sozinho?

– Não! Você ainda não sabe? Com a morte de Alessandra, Ricardo mudou de comportamento. Não sei o que deu nele, mas o fato é que resolveu realizar o grande sonho da mãe: vai se tornar um padre.

– Meu Deus! Que mudança!

– Não admiro sua surpresa, eu também fiquei pasmo! Deixou tudo. Vendeu o carro, abriu mão do direito de herança e não trabalhará mais aqui! Estou desolado, não tenho herdeiros, não serei avô. Preciso viajar para espairecer e entender o rumo que minha vida tomou...

Penalizado, Paulo tocou o ombro do senhor desgostoso, sem nada dizer.

– Bem, Paulo, dê lembranças ao seu pai. Preciso voltar ao trabalho. É a única coisa que me resta.

José Carlos, cabisbaixo, seguiu para o corredor dos elevadores. Paulo, ainda admirado, pensava na decisão de Ricardo. Ele poderia imaginar o amigo de várias maneiras, menos como padre. Sorriu e saiu.

No trânsito, a caminho de casa, Paulo viu Valquíria andando de mãos dadas com Pedro. Eles passeavam alegremente. Reataram o romance. Ele soube por João que a doutora estava prestes a realizar o sonho de abrir o próprio escritório. Embora ainda se entristecesse com a perda de sua amada, sentia-se aliviado. João tinha razão. Ele jamais conseguiria viver com o peso na consciência se ocultasse do amigo a trama de Ricardo.

O celular tocou e o retirou das reflexões. Olhou o visor do aparelho e viu que era o número de Sara. O coração saltou com um pressentimento. Colocou o telefone no modo viva-voz, trêmulo.

— Sara?

— Paulo, a mamãe não está bem!

— O quê? Como assim?

— Ela teve um desmaio, e eu e tia Elisabete a trouxemos ao hospital. Anote o endereço e venha para cá.

Num instante, mudou de trajeto, desesperado. Sabia, de alguma maneira, que aquele dia seria penoso.

Chegando ao hospital, a irmã o colocou a par do problema da mãe. Era uma depressão associada à síndrome de pânico. Ester precisaria de uma terapia adequada e teria que se instalar por longo tempo numa clínica de repouso, por recomendação médica.

Após ouvir as informações de Sara, o advogado entrou, cuidadosamente, no quarto da mãe. Ela dormia. Aproximou-se devagar para não fazer barulho. Ficou angustiado ao ver o semblante de Ester, que, mesmo em sono profundo, mostrava as marcas da tristeza. Até que suportara por muito tempo os reveses da separação. Ele queria que a mãe voltasse a ser feliz. Contudo, sabia que a felicidade dela estava em Jonas, porém, ele estava decidido a não retornar para a esposa, e o divórcio já havia se consumado. Paulo tocou os cabelos grisalhos da mãe; ela aparentava mais do que seus cinquenta anos. O rapaz não conteve as lágrimas. Pensou em avisar o pai, mas desistiu. Ele não iria ao hospital.

Do outro lado da cidade, o pressentimento de Paulo se confirmava. Jonas não visitaria Ester porque estava diante da portaria do prédio onde morava Valquíria, ameaçando armar nova confusão se ela não atendesse. O porteiro, irritado, interfonou para a jovem.

— Olhe, dona Valquíria, é melhor atender esse sujeito, porque ele ameaça fazer um escândalo de novo, e eu estou a ponto de perder a cabeça com ele!

Valquíria respirou fundo. Entendeu que o problema com Jonas ainda lhe daria muito desgaste. Ele não desistia. Ligava em seu celular a todo o momento, e ela foi obrigada a trocar o número. Onde quer que fosse deparava-se como o doutor espreitando-a como um gatuno. Para evitar maior confusão, resolveu atendê-lo.

Na portaria, Jonas recebeu a doutora com entusiasmo, e ela pouco se comoveu. Dirigiu a ele um olhar gelado, e logo disparou:

— Espero que o senhor seja breve...

— Vamos conversar no meu carro.

— Não, ficaremos aqui. Além disso, Pedro está chegando e não quero confusão.

— É isso o que eu quero! Quero falar com ele cara a cara!

— Por quê? Que eu saiba, ele não te deve nada!

— Quero fazê-lo entender que ele não é o homem certo para você!

— Não quero discutir esse assunto novamente. Fale logo o que deseja, preciso me aprontar, tenho um compromisso com meu noivo.

Jonas mordiscou o lábio inferior, irritado. Porém dominou-se.

— Quero que venha à inauguração da minha igreja. Sua presença é muito importante para mim.

— Não posso. Já tenho compromisso. Depois, respeito sua religião, mas já tenho a minha.

— Você segue a seita daquele feiticeiro! Aquilo é coisa de Satanás! Eu quero que você seja salva!

— Eu estou salva, doutor, e João não é nenhum feiticeiro! Ele é a melhor pessoa que conheço e um grande amigo.

— Um lobo em pele de cordeiro!

— Assim como o senhor, que fala tanto em salvação e quase me desgraçou em seu escritório?

Jonas baixou as vistas, desconcertado.

— Todo homem tem suas fraquezas...

— Se todo homem é assim, então pare de julgá-los!

— Foi aquele feiticeiro que a convenceu a ir ao centro dele, não foi?

— Senhor Jonas, eu não sou nenhuma menina inexperiente e tola. Sou capaz de fazer minhas escolhas sem a influência de terceiros. Era só o que tinha a dizer? Ótimo, preciso me aprontar, passe bem.

Jonas tentou segurar seu braço, porém desta vez ela estava preparada e se esquivou. O senhor apaixonado se fez suplicante.

— Valquíria, por favor, venha comigo. Posso te mostrar o caminho da salvação e fazer você feliz como mulher! Dê-me uma chance!

— Não posso te conceder uma chance, doutor, se sou plenamente feliz com quem amo. Por que é tão difícil entender? Parece que o senhor quer me obrigar a amá-lo, e amor não se pega a força, mas se conquista! Deixe-me ser feliz com meu noivo e pare de me espreitar como vem fazendo, isso é extremamente desagradável!

— Eu a amo demais para desistir, Valquíria!

Ele avançava para tentar abraçá-la quando Pedro chegou, com ares de poucos amigos. A jovem buscou proteção ao lado do noivo, que tomou sua frente e encarou o advogado, sério.

— Algum problema, doutor Jonas?

— Tenha calma, Pedro – pediu Valquíria, temendo uma contenda entre eles.

— O único problema aqui é você, meu rapaz! Ainda não sabe se colocar em seu lugar!

Pedro sorriu, impassível.

— Para um homem religioso, o senhor é bem arrogante, não? Não creio que tenha sido este o modelo de conduta que o Cristo deixou para ser seguido pelos seus ministros.

— E como candidato a esposo de uma mulher maravilhosa como a Valquíria, você é bem menos interessante do que aparenta.

— Contudo, senhor, acho que ela já fez a escolha, a despeito de sua opinião. Eu ficaria muito feliz se o senhor se desse ao respeito e procurasse deixar minha noiva em paz. Por amizade e carinho ao meu amigo Paulo, eu não gostaria de precisar tomar providências drásticas para resolver essa questão.

— E o que fará? Vai me surrar?

— De modo algum. Eu sou um homem de paz e entendo que, conforme o avanço da humanidade, é época de abandonarmos a selvageria dos tempos primitivos. Além disso, o senhor tem idade para ser meu avô, e eu não me valeria de tamanha desvantagem procurando surrá-lo.

Jonas enrubesceu, irado.

— Está me chamando de velho? Acha que não aguento pancada? Então, venha! Vamos ver quem pode mais!

— Contenha-se, doutor. Seu comportamento, como um homem de fé que o senhor é, não cai bem. Procure seguir o exemplo da mansidão de Jesus, que não revidou a nenhuma injúria ou maus-tratos sofridos quando a ignorância do mundo o condenava a morte. Melhor que se retire e, como eu pedi, deixe minha noiva em paz. Vamos nos casar em breve e temos muito trabalho pela frente.

Jonas espumava pelo canto da boca, seus lábios tremiam, e o rosto estava avermelhado. Sem o revide de Pedro, não teve alternativa a não ser se retirar. No carro, esbravejou para si mesmo:

— Não se casam! Nem por cima do meu cadáver! E o João me paga!

Arrancou com o veículo disparando pela avenida, alucinado.

 ⮑ Eram oito horas da noite, e o salão estava cheio. O templo erguido pelo advogado era amplo e bem planejado. As luzes, intensas, não ofuscavam a vista. O ar-condicionado, perfeitamente ajustado,

PARA SEMPRE CONTIGO

proporcionava um clima agradável. O templo, luxuoso, era, realmente, confortável. Tudo fora planejado, nos mínimos detalhes. Paulo, enquanto aguardava o pai se pronunciar no púlpito e dar início ao culto, tentava adivinhar o que Jonas fizera para ajuntar tantos seguidores em tão curto espaço de tempo. Quando expôs tal dúvida a Sara, sua irmã, ela explicou:

– Enquanto as obras estavam em andamento, ele percorria o bairro, pregando sua nova religião, conversando com os moradores e fazendo promessas. Assim, conquistou a simpatia de centenas de pessoas simples, necessitadas de tudo, esperançosas de que aqui encontrarão todo tipo de ajuda...

Paulo percebeu o desconforto de Sara. O pai a obrigara e ao cunhado a deixar a congregação que frequentavam. Dominador, como sempre. Preferiu não aumentar a angústia da irmã com palavras desnecessárias, era óbvio o motivo de seu desagrado.

Neste momento, o pastor Alfredo chegou. Paulo acenou, chamando-o. O pastor, preocupado com Jonas, piedoso, vieira manifestar solidariedade, na tentativa de aplacar o ódio que o fundador da nova religião sentia por aqueles os quais outrora considerara seus irmãos. No íntimo, orava para que Jonas renunciasse àquela absurda iniciativa, completamente distante da verdadeira fé pronunciada pelo Cristo.

– Então, chegou o grande dia da inauguração, meu filho!

– Estou apreensivo...

– Ele não mostrou melhoras?

– Ainda não. Ao contrário, continua cometendo loucuras. Foi até a casa de Valquíria, convidá-la a vir. Ela me ligou muito aborrecida. Nem sei mais como me desculpar com a moça.

– O irmão Frederico avisou que não seria fácil. Importante é não esmorecermos. É o momento de darmos o nosso testemunho de fé. Sabia que Jonas o convidou?

– E de onde ele conhece o Frederico?

– Isto eu não sei.

Paulo franziu o cenho. Então, o pai sabia que estava no bairro onde se localizava o centro espírita. Talvez tivesse construído o templo ali de propósito. Suspeitava há muito tempo.

– Será que Frederico vem?

O pastor Alfredo apontou na direção da entrada. Frederico, o dirigente espírita, acabara de chegar. Localizou-os e foi sentar-se junto deles. Paulo, amável, cumprimentou-o:

– Não acreditei que viesse, amigo.

– E por que não viria? – disse, sorrindo. – Vamos orar para que as intenções do nosso irmão sejam boas, que, de alguma forma, ele possa ajudar o próximo, segundo suas possibilidades. Não nos cabe julgá-lo.

Com dez minutos de atraso, Jonas adentrou o salão trajando um terno de corte fino, azul-marinho. Estava impecável. Chegou acompanhado de três seguranças, homens enormes que ele contratara. O filho ficou pensando no motivo daquela contratação. Afinal, por que um pastor precisaria de seguranças?

Jonas, extremamente satisfeito, iniciou o culto, realizando o grande sonho de sua vida. Discursava sorrindo, arrancando aplausos da plateia extasiada.

Tudo se encaminhava muito bem, até que, na segunda parte do culto, após os cânticos e louvores, ele voltou a discursar. O tema era a salvação. Por intermédio de palavras subentendidas, habilmente passou a falar de crenças estranhas e falsos profetas. Paulo logo percebeu que ele atacava a Frederico, e o instrutor espírita também entendeu que o ataque era para ele, baixando a cabeça em oração. Paulo murmurou:

– Que embaraçoso! Perdão, amigo.

– Não se preocupe, filho. Não me importo. Aqui, em meu coração, estou na companhia de Jesus. Sabemos qual é o problema de seu pai.

Paulo ficou em silêncio, envergonhado. As pessoas olhavam para trás e miravam Frederico com desprezo. O jovem alarmou-se quando o pai finalizou o discurso de modo inquietante.

— Vamos juntos, meus irmãos, banir a mentira e a feitiçaria do nosso meio! Nós somos filhos justos de Deus e seguimos Seus mandamentos! Nosso mestre Jesus pede pela nossa coragem de encarar esses mentirosos servidores de Satanás, que se abrigam em nossa sociedade como pessoas de bem, mas, na verdade, têm construído o reino do Iníquo na Terra! Somos servos de Deus, meus irmãos, e não fraquejaremos diante da luta! Teremos a vitória se confiarmos em nosso Mestre.

Houve uma explosão assustadora de aplausos na plateia. Aquilo era uma convocação. Paulo, Alfredo e Frederico se entreolharam preocupados. Jonas agia como se estivesse arregimentando os fiéis para uma batalha contra as crenças que não aceitavam.

Então, de repente, Paulo percebeu que o mesmo homem, com correntes nos pulsos, surgiu atrás de Jonas. Era uma imagem de contornos fracos, mas via-se claramente que era o escravo. Ele agitava as mãos balançando as correntes, sorria satisfeito e animava Jonas a falar. O jovem baixou as vistas e, em orações íntimas, buscou ânimo para continuar lutando pelo pai, completamente entregue ao fanatismo e ao espírito vingativo que o atormentava.

∾ Eram quase onze horas da noite quando João se aproximou do portão de casa. Exausto, procurou, vagarosamente, pelas chaves em sua mochila. Esperava pela ligação de Paulo, que prometera notícias sobre a inauguração da igreja do doutor Jonas. Subitamente, ouviu uma voz desconhecida.

— Você é João, do escritório de advocacia?

— Sou, sim!

Mal se virou, e um capuz encobriu suas vistas. Sentiu que braços fortes o envolveram e não podia se soltar. Sem poder resistir, foi atirado dentro de um veículo, que saiu em disparada. A mochila ficou caída, com o celular chamando insistentemente. Os óculos, espatifados na calçada.

Destruindo vidas

Fábia aguardava pela soltura de Elias. Há oito dias o rapaz amargava a dureza da prisão. Os romanos queriam informações de Abdias, desaparecido desde o assassinato de Marcus Varro. A dama foi pessoalmente apelar pela misericórdia de Pilatos, para que o libertasse. Tinha certeza de que o jovem não sabia nada.

Fraco, abatido, ele apareceu pelo corredor de saída da ala de presos, e Fábia o esperou de braços abertos. Ela não conteve as lágrimas ao constatar a debilidade extrema em que o moço se encontrava. Conhecia bem os terríveis métodos romanos de persuasão. Recebeu o samaritano inocente em seus braços, e ele se escorou nela, arfando.

– Você vem para minha casa, Elias. Não pode imaginar a estima que tenho por você. Além disso, não tenho mais ninguém. Minha casa parece um palácio repleto de fantasmas. Sinto que não poderei suportar a falta de Marcus.

– Senhora, eu peço perdão em nome de meu amigo alucinado! Quantos males ele causou! Não imaginava que Abdias fosse capaz de cometer tantas atrocidades! Eu cresci com ele, brincávamos juntos e nos divertíamos pela noite como jovens insensatos!

– E ele não teve sensibilidade suficiente para reconhecer em você um amigo de valor inestimável! Veja o que ele te causou. Mas chega de esforço, você precisa de descanso e cuidados.

Fábia chamou pelo servo, que se apresentou para amparar Elias. O rapaz mal se sustentava nas pernas.

Após a limpeza do corpo e tratamentos adequados em suas múltiplas feridas, Elias desfrutava do descanso merecido em leito confortável e saboreava um caldo delicioso. Fábia o observava, entristecida. Refletia sobre a capacidade de cometer maldades que o ser humano trazia guardadas na alma quando a ambição se fazia o leme de suas vidas. Enganara-se lamentavelmente com Abdias. Não suspeitara, em momento algum, que ele pudesse ser o monstro que era.

Elias terminou o caldo e deteve-se na senhora tristonha. O amigo não pestanejou em destruir a vida da mulher que dizia amar. Que espécie de amor era aquele? Nunca soube defini-lo.

— O que a senhora vai fazer agora? — quis saber, lamentando a situação da romana.

— Voltarei a Roma. Nada mais me prende aqui. Seu amigo tirou-me uma preciosidade, a razão de minha vida. O grego, na prisão, confessou que agia por instruções de Abdias.

— É verdade. Eu dividia a mesma ala com ele. Ácteon falou de todos os planos de Abdias e de seus pagamentos. Resolveu contar tudo por vingança. Abdias fugiu, deixando toda a culpa da morte de seu esposo para ele, mas agiu sozinho. Teve a coragem de assassinar alguém... É assustador! Agora, Ácteon alimenta ódio mortal por ele!

— Qual será a sorte do grego?

— Ele foi condenado por tramar o assassinato de sua amiga, Cássia. Será decapitado. Disse que, em seu último suspiro, amaldiçoará Abdias por mil anos!

— Causa-me arrepio tanto ódio! E você, Elias? O que fará agora?

— Voltarei a Samaria para realizar a difícil tarefa de contar ao senhor Ezequias, o pai de meu amigo, todas as loucuras do filho, vou contar que não há nenhuma tecelagem. O tecelão saberá que está mais pobre e cheio de problemas.

Fábia ergueu-se e foi admirar a tarde ensolarada. Refletiu por um momento e voltou-se a Elias.

– Antes de retornar a Roma, irei visitar meus amigos em Cafarnaum. Na tranquilidade daquela cidade e entre pessoas amigas, tentarei recompor-me. Quem sabe não terei a sorte de ver o doce Rabi novamente? Aquele homem é capaz de transmitir tanta paz! Ouvi-Lo reconforta-me e fico repleta de esperança e força.

– Concordo. Nunca houve outro profeta semelhante a Ele. Dizem que é filho do Deus Vivo. Depois que O ouvi, passei a crer em tal hipótese. Algo em meu íntimo diz que Ele é especial.

– Então, venha comigo a Cafarnaum.

– Eu gostaria, senhora Fábia, mas sinto que devo retornar a Samaria o quanto antes. Talvez Abdias esteja escondido por lá...

– Admiro sua dedicação e lealdade, ainda que ele não mereça. Bem, descanse agora. O cárcere o desgastou demais, pode adoecer se não se cuidar. Retornarei mais tarde para saber de seu estado.

– Obrigado por tudo, senhora.

Ela sorriu e saiu devagar, arrastando a amargura atrás de si. Elias penalizou-se. Mesmo sabendo da solidão daquela senhora, nem assim seria capaz de importuná-la com seu sentimento, uma paixão devidamente oculto, na alma.

Após trinta dias, a romana seguiu para a Galileia. Em Cafarnaum, Fábia sentia-se reanimada. O clima daquela cidade de gente tão simples e amigável inspirava-lhe e abrandava seu coração dolorido. Deixara Elias aos cuidados dos servos de confiança até que ele se restabelecesse por completo, e permitiu que ficasse na casa por quanto tempo quisesse, até resolver seguir para Samaria. Sentia que ganhara outro grande amigo na Judeia.

A família de Barnabé a acolheu como sempre: com carinho e hospitalidade. Ele, Rute e os outros ficaram consternados com a triste notícia do assassinato de Marcus. Eles o amavam também. Trataram de dispensar à senhora romana toda a atenção possível, para que ela ficasse bem. E Fábia felicitava-se por ter pessoas tão boas à sua volta.

No segundo dia de sua estadia na casa de Barnabé, no início da noite, o menino Josué veio chamá-la. Havia um soldado romano com uma mensagem para ela. Cismando, ela saiu, talvez fosse algum aviso de Pôncio Pilatos. O governador preocupava-se com ela e incumbiu-se de assisti-la até a sua partida para Roma. No portão de entrada da casa, o soldado a aguardava de costas.

– Pois não, oficial – ela procurou chamar sua atenção.

Ele manteve-se de costas, olhando pelos arredores verificando cuidadosamente. Fábia insistiu:

– O que há, oficial?

O soldado se virou bruscamente e a agarrou com força. Apavorada, ela o mirou e reconheceu aqueles olhos sombrios. Apesar de estar sem a barba e de cabelos curtos, ela reconheceu Abdias, disfarçado de soldado, impedindo qualquer movimento. E antes que gritasse, ele bateu com força em sua cabeça. Ela desfaleceu, indefesa.

Lentamente, uma luz avermelhada surgiu até mostrar por inteiro uma labareda bruxuleante. Dois grandes archotes iluminavam o lugar que se assemelhava a uma gruta úmida e fétida. Fábia ainda estava confusa e não se lembrava de nada. As vistas estavam turvas e os membros, doloridos. A cabeça também doía. Ela tentou tocar a testa molhada de suor e não conseguiu. Só então percebeu que tinha os dois braços atados em uma estaca robusta. Estremeceu. Era uma prisioneira. Remexeu-se, desesperada, tentando soltar-se, em vão. Chorou copiosamente quando se lembrou de que fora raptada por um falso soldado romano na entrada da casa de Barnabé. Ficou atenta quando a imagem conhecida surgiu pela entrada da gruta. Abdias aproximou-se, sorrindo ironicamente.

– Os soldados romanos não são tão fortes como aparentam, senhora. Foi muito fácil dominar um e roubar este uniforme.

Fábia limitou-se a observá-lo com repugnância.

– Então? Não sou um perfeito romano agora?

– Não! Vejo você como um perfeito demônio! O que pretende desta vez, Abdias? Não foi bastante matar o amor de minha vida, assassinar minha amiga e tirar-me a paz?

Fábia desabafou e voltou a chorar. Ele se aproximou ainda mais.

– Nada do que fiz foi para magoá-la. Se cheguei a extremos foi por sentir este amor desesperado que me consome cada vez que ouço sua recusa! Como pôde desperdiçar um sentimento tão grande quanto o que eu trago dentro de mim?

– Você é demente! O verdadeiro amor não pode causar tanto mal! Até Elias, seu melhor amigo, pagou por suas loucuras! Ele foi preso para interrogatório depois que você fugiu. E sofreu demais na prisão!

– Eu sinto muito, mas, às vezes, temos de abrir mão de algo para atingirmos nossas metas. Até mesmo uma grande amizade.

Ele foi acariciar a face pálida de sua amada. Ela virou o rosto, enojada. Desconsolado, o samaritano lamentou a própria condição.

– Por que não me ama, Fábia? O que falta em mim para que o amor desperte também em você?

– Falta humildade, desprendimento. Sua alma é vazia de respeito e caridade com o semelhante. O que você proclama ser amor não passa de sentimento de posse e orgulho desmedido. Tudo isso faz de você um ser desprezível que jamais poderá alcançar a grandeza do que senti e ainda sinto por Marcus, meu adorado esposo, que você afastou de mim com seu ódio e maldade.

Abdias se enfureceu. Levantou-se de um rompante colocando de volta o capacete. Com os olhos despedindo centelhas faiscantes, sentenciou:

– Se você se recusa a mim, não será de mais ninguém! Saiba que está escondida em lugar distante e será impossível alguém te encontrar. Ficará aqui, sozinha, até que me peça perdão por tanta humilhação e queira ficar comigo.

– Não se iluda, Abdias. Jamais vou desejá-lo ao meu lado. Quem sabe, agora, você realmente esteja fazendo a coisa certa? Deixando-me aqui, morrerei e irei para a companhia do meu querido esposo, e enfim serei feliz!

O rapaz saiu nervoso, sem dizer palavra. Fora da gruta, observou o céu repleto de estrelas fulgurantes e desanimou. Queria ser feliz ao lado de uma mulher que preferia um morto a ele. Angustiado, sentia a alma estraçalhar-se de tanta dor. Chorou. Amaldiçoou o dia que pousara as vistas naquela mulher.

∾ Devidamente oculto, o samaritano aguardou pela passagem da tropa romana. Soube que Fábia era procurada, a pedido de Barnabé, e deveria redobrar os cuidados. Como não conseguira cumprir a própria sentença de deixar a senhora morrer, esperava pelo anoitecer para ir buscá-la. Um sentimento de culpa repentino o animou a fazer um balanço de todos os atos e viu que era hora de parar. Inexplicavelmente, lembrou-se do convite do Rabi e passou a considerar que, talvez, se o tivesse seguido, estivesse agora em melhor situação.

Ele saiu numa charrete, tomando todo o cuidado, assim que o último clarão do dia se apagava. Após longo trajeto, acendeu o archote que levara consigo e passou a andar a pé, o local era de difícil acesso. Com o coração saltando, chegou à gruta, decidido a libertar a mulher de sua vida. Encontrou-a enfraquecida, com as faces encovadas. Lamentou pela própria loucura e passou a desamarrá-la. Fábia estava tão triste e fraca que não se negava à ajuda do samaritano. Em dado momento, Abdias percebeu uma diferença em sua vestimenta. O vestido branco que ela usava no dia em que fora raptada tinha uma grande mancha vermelha. Preocupou-se.

– Que significa esta mancha, Fábia? Algum animal te atacou? Diga-me!

– Abdias, em sua demência, você conseguiu destruir a última coisa boa que me restava – ela falava com dificuldade.

– O que fiz? Estive longe daqui!

– Eu, finalmente, conseguira realizar meu sonho: estava grávida. Agora, estou perdendo minha criança, Abdias... Nem mesmo um inocente escapou de sua insanidade.

O rapaz se desesperou. De imediato, tomou a pobre mulher nos braços e partiu pelo escuro. O terreno pedregoso o impedia de caminhar mais rápido. Não sabia bem aonde a levaria para que recebesse ajuda, estava apavorado, e a escuridão o fazia cair com a moça no colo, porém ele se levantava novamente e persistia na luta para salvar duas vidas. Quando, finalmente, chegou à charrete, partiu em disparada, desafiando a noite que dificultava a volta, avançando como podia, queria salvar a mulher que amava a todo custo.

Entre lágrimas, parou na frente da casa de Barnabé. Já era tarde. Abriu os portões da casa sem fazer ruído e examinou a senhora. Ela estava desmaiada. Avançou a charrete para dentro do quintal e jogou uma enorme pedra na porta do Galileu. Ele não poderia revelar sua identidade por estar sendo procurado. Ficou escondido para ver se alguém sairia. Logo, Caleb saiu acompanhado de Barnabé. Ambos lastimaram o estado da mulher desfalecida e chamaram por Rute e Débora. Num instante, a romana foi levada para dentro de casa. Agora, era esperar e torcer para que nada acontecesse a ela. Afastou-se em completo desalento.

Medo

Passavam de dez horas da manhã, e Paulo preocupava-se. João nunca se atrasava. O celular encaminhava as chamadas para a caixa-postal. Foi falar com a recepcionista.

– João não ligou mesmo?
– Não, doutor Paulo.
– Certo. Continue tentando o celular dele, certo?
– Sim, senhor.

Ele voltou para a sala inquieto. Não sabia o número de dona Terezinha, não tinha outro meio de localizar o amigo. Lembrou-se de Valquíria e ligou rapidamente.

– Paulo?
– Eu mesmo.
– Foi bom ter ligado. Estou com a dona Terezinha.

Embora Valquíria e dona Terezinha fossem amigas inseparáveis, ele estranhou a presença da advogada na casa de João logo cedo.

– O que houve?
– Nossa amiga está desconsolada, Paulo. João não voltou para casa ontem...
– Como assim não voltou? João não tem um comportamento irresponsável!
– Eu sei... Ontem à noite, ela saiu para olhar a rua, porque já era tarde e João não chegava. Ela encontrou a mochila e os óculos

dele caídos no chão. Não sabia o que fazer, ligou para mim e passei a noite aqui, enquanto Pedro foi à polícia, ao Instituto Médico Legal... Ele desapareceu!

– Por que não me avisaram?! – o advogado esbravejou, socando a mesa.

– Era muito tarde. Resolvi que seria melhor falar hoje. Ia te ligar quando você chamou.

– Eu não acredito no que está acontecendo! Meu Deus!

– Paulo, eu estou com medo.

– Estou saindo agora mesmo! Esperem!

Paulo deixou tudo e saiu em correria desatinada. Procurou manter cuidado no volante, mas dirigiu-se rápido à casa de João. Chegando, foi logo se acercando de dona Terezinha. A senhora tinha os olhos injetados, úmidos. Impossível conter o choro.

– Tenha calma, por favor. Certamente o encontraremos, são e salvo.

– Eu não sei, Paulo. Meu coração está apertado. O mundo anda tão louco. Os viciados atacam qualquer um por nada. As pessoas enlouqueceram, filho.

– A senhora tem razão, os tempos estão difíceis, mas não perca a fé. Vamos encontrá-lo, eu juro.

E voltando-se para Valquíria:

– Pedro não descobriu nada?

– Não. A polícia, você sabe, passa a procurar somente depois de quarenta e oito horas de desaparecimento.

– Absurdo! Vamos procurar pelos hospitais da cidade. Temos de tomar uma atitude, não podemos ficar aqui e esperar!

Terezinha levantou-se assim que ouviu a ideia do jovem.

– Vamos! Vamos procurá-lo agora, por favor! Eu só tenho o meu Joãozinho no mundo!

Sem demora, os três saíram e começaram a dura jornada em busca do rapaz desaparecido. Eles iam silenciosos, falando apenas o necessário, e a apreensão os dominava. Paulo orava intimamente, Valquíria também, e Terezinha persistia no choro discreto. A cada resposta negativa que recebiam recomeçavam, desconsolados, mas não desistiam. O advogado ligou para um delegado, amigo seu, e ele ficou de fazer o possível, pois não poderia fazer mais do que os trâmites usuais da força policial. De qualquer forma, era uma esperança.

Eram quase seis horas da tarde quando Paulo estacionou na frente de mais um hospital. Terezinha e Valquíria estavam extenuadas.

— Valquíria, leve dona Terezinha para tomar um café – ele sugeriu.

— Não quero, Paulo, obrigada. Só quero saber do meu filho!

— Eu sei, mas quando paramos para tomar um lanche a senhora quase não tocou no sanduíche. Pode passar mal, se ficar assim. Vá com a Valquíria enquanto eu busco informações nesse hospital, está bem?

Ela se deu por vencida depois de muita insistência dos jovens. Seguiu com o passo lento e a cabeça baixa para a lanchonete no outro lado da rua, e Paulo seguiu para a sua missão. Na recepção, agradeceu a Deus por ter encontrado uma jovem extremamente prestativa, que, depois de ouvir o relato, desdobrava-se para colher informações. Logo ela retornou de outra sala com uma ficha na mão.

— Senhor, existe um rapaz que bate com a sua descrição. Foi internado sem identificação. Uns oficiais da polícia civil o encontraram caído, próximo a uma estação de trem.

— Será que posso vê-lo? O rapaz que procuro é meu assistente, quase um advogado, como eu, e trabalha em meu escritório.

— Ele não tem parente?

— Tem, a mãe dele está comigo e foi tomar um café. Além disso, se for ele mesmo, não quero que ela sofra um choque, se for o caso. Precisarei prepará-la.

– Hum... Verei o que posso fazer.

Paulo suspirou e aguardou. Após alguns minutos, a jovem voltou:

– Venha comigo, doutor Paulo. Não é algo comum de acontecer, mas consegui. O rapaz está na UTI.

Paulo estremeceu. Encheu-se de coragem e seguiu a jovem atenciosa.

Já na unidade intensiva, o aparato técnico o impressionou. Ele se aproximou do leito e sentiu-se congelar. Trêmulo da cabeça aos pés, cobriu o rosto com as mãos.

– É... É ele...

A voz saiu estrangulada.

– Está bem, doutor? – a moça procurou ampará-lo.

– Quero... falar com um médico...

– Espere aqui, vou chamar.

Enquanto a jovem atenciosa saía, Paulo foi descendo as mãos, devagar. João, seu amigo, estirado ali, imóvel. Entregue à sorte.

– Não pode ser! Meu Deus! O que aconteceu, João?

O rapaz tinha vários hematomas espalhados pelo tórax desnudo, o rosto estava inchado e repleto de cortes. O braço esquerdo, envolvido em gesso. Certamente era uma fratura.

O médico entrou na sala, acompanhado da jovenzinha. Cumprimentaram-se e apresentaram-se formalmente.

– O senhor pode explicar-me o que houve com o rapaz? – Paulo estava aflito.

– Pelas evidências, parece que ele foi vítima de um espancamento.

– Espancamento?

– Sim, e duríssimo. Ele chegou desacordado, com fraturas no braço esquerdo e em quatro costelas; o osso do tórax, o esterno, também está fraturado. Ele tem marcas nas pernas que parecem pancadas com algum objeto, e a patela[13] direita foi deslocada. O que preocupa mesmo são os rins. Conseguimos parar uma hemorragia, mas o funcionamento é precário. Ele está em coma, doutor Paulo, o estado é grave.

Paulo, incrédulo, ouviu atentamente as palavras do médico. Desabafou:

— Este rapaz é um anjo! Quem poderia maltratá-lo assim?

O médico apoiou a mão no ombro de Paulo, consolando o jovem. O advogado saiu do quarto a passos curtos, vagarosos, pesados. Esforçava-se em conter o choro, porque precisava dar a notícia à dona Terezinha e seria necessário amp ará-la.

Chegou à recepção e encontrou a mãe de João com aspecto ansioso. Valquíria ao lado dela, apoiando-a. A senhora logo percebeu o semblante do rapaz e não foi capaz de disfarçar sua agonia. Ela correu para encontrá-lo.

— O que foi, Paulo? Onde está meu João?

— Calma, dona Terezinha. Eu preciso da senhora e também da Valquíria. Precisamos ter fé em Deus.

— O que aconteceu? Fale logo!

Valquíria, nervosa, torcia as mãos. Paulo iniciou com a voz trêmula:

— Eu o reconheci. O médico disse que ele foi espancado duramente. Foi encontrado caído, perto de uma estação de trem. Ele está em coma.

Terezinha precisou ser amparada pelo advogado. Ele a fez se sentar enquanto Valquíria foi buscar água. Assim que a senhora melhorasse, Paulo acionaria seu amigo delegado para uma investigação meticulosa.

---

13. Osso situado adiante da articulação do fêmur com a tíbia, no membro inferior.

Eram dez horas da noite. Pedro conversava em tom baixo com a noiva, e Valquíria dava seu ombro amigo à mãe inconsolável de João. Frederico fora se solidarizar com a senhora, e até Ricardo compareceu. Ele estava mesmo mudado. O pastor Alfredo buscava informações com Paulo. Foi aí que o médico chamou por ele, reservadamente. Apreensivo, ele o atendeu.

– Doutor Paulo, fizemos tudo o que estava ao nosso alcance. O rapaz acabou de falecer, sinto muito.

Paulo quase chegou a pedir ao médico para ele dizer que tudo aquilo era mentira. Suas pernas vacilaram, e as imagens rodopiaram rapidamente diante das vistas. Ele custava a crer. Sentiu enorme revolta e precisou controlar-se, porque alguém precisava muito dele. Terezinha pressentiu a má notícia e levantou-se para esperar. Ela nada perguntou, apenas esperou.

– Dona Terezinha... Ele... Seu menino... partiu...

A senhora permaneceu imóvel. As lágrimas rolaram fartas, porém não fazia um ruído sequer. Todos se acercaram dela, querendo ampará-la, e, quando esperavam por uma cena de franco desespero, ela recebeu o abraço de Paulo e surpreendeu a todos.

– Oh, Deus! Dê-me forças, Jesus!

Em meio à comoção geral, um mar de lágrimas banhou os rostos amargurados.

◡ Terezinha fechou a última caixa de papelão com a fita adesiva. Guardava alguns sapatos e tênis em bom estado. Tomou a decisão de doar todas as coisas do filho a uma instituição de caridade, pois julgou que ele ficaria feliz. João sempre fora um rapaz preocupado com as pessoas carentes. Queria cursar Assistência Social depois de concluir a faculdade de Direito. E teria levado o desejo a cabo, certamente, porque era estudioso e esforçado.

PARA SEMPRE CONTIGO

A senhora saudosa pegou uma caixa de sapatos e se sentou na cama, vazia há vinte dias. Fez questão de reler cada um dos inúmeros cartões de solidariedade que recebera. Eram de pessoas da faculdade, do Centro Espírita, da associação de amigos do bairro, do clube de futebol de várzea, do escritório de advocacia. Lembrou-se do salão fúnebre e do cemitério, ambos lotados. Não sabia que o filho fizera tantos amigos. Sorriu.

– Como era estimado o meu menino!

Ela se sobressaltou ao ouvir batidas na porta. Foi atender e era Paulo, pontual e sorridente.

– Então? Vamos?

– Me ajuda a guardar as caixas?

– Claro!

– Seus olhos estão vermelhos. É irritação?

– Ah, é que estou com dor de cabeça. É uma dor fraca, não incomoda tanto.

– De novo? Quando é que vai ao médico? Quer que eu perca outro filho?

– Eu prometo que vou, mãezinha.

Os dois foram arrumando as caixas no porta-malas do automóvel, e as sacolas de viagem ficaram no banco de trás. Terezinha ainda não concordava em ficar na casa do advogado, porém ele insistira até convencê-la.

– Minha mãe está saindo da casa de repouso e vai precisar de cuidados –– disse ele. – A senhora é enfermeira e tem minha inteira confiança. Além disso, não pode ficar sozinha.

– Mas nem sou de sua família para ficar hospedada em sua casa. E se a sua mãe e a sua irmã não gostarem da ideia?

– Elas concordaram, não se preocupe.

No interior do veículo, a senhora tristonha refletia. Paulo era um homem de bem. Ele não a deixara desde a morte de João. Cuidou de tudo, ficou à disposição para o que precisasse, ofereceu a casa para ela. Terezinha o amava como a um filho. Perdera um e ganhara outro.

Exatamente trinta dias após o falecimento de João, Ricardo fez questão de oferecer uma missa ao amigo. Paulo e Terezinha chegavam da igreja à noite, quando o jovem foi fechado por outro veículo na porta de casa. Nervoso, ele saiu do carro e viu que era o próprio pai. Jonas o interpelou sem lhe dar nenhuma chance de dizer uma palavra.

— O que pensa que está fazendo, Paulo de Tarso?

— Não sei do que está falando!

— Como não sabe? É louco? Por que colocou essa mulher dentro de nossa casa?

Terezinha saía do carro e ouviu. Ficou em silêncio, embaraçada.

— Nossa casa? Agora o senhor se lembra que é nossa casa?

— Não resido mais nela, mas aí continua a viver a família que eu construí! Tenho o direito de zelar por ela! E você coloca essa feiticeira para morar com a minha família!

— Ela é enfermeira! Está me ajudando a cuidar da mulher que você abandonou e sequer visitou enquanto estava internada!

— É enfermeira e mãe daquele amaldiçoado! Pensa que eu não sei?

Ao lembrar-se de João, Paulo tentou recompor-se. O amigo sempre o advertia que não adiantava discutir com o pai. Acalmou-se e buscou conciliação.

— Pai, escute-me, por favor. Eu preciso da Terezinha aqui, com a mamãe, e ela também precisa de mim. Acabou de perder o filho tragicamente. Não é hora de pesarmos em crenças religiosas. No momento da dor extrema, somos todos iguais. Pondere. Aja com o coração e não com a razão. Quando a caridade está ao nosso alcance, não podemos perder a oportunidade de praticá-la.

— Você e sua imprudência de andar só com gente errada! Vai acabar virando espírita também! Aí, que Deus tenha piedade de sua alma! Ele sabe que fiz o que pude para afastá-lo do mal!

Jonas esbravejou e retirou-se furioso. Terezinha chegou perto de Paulo, sem jeito.

— Meu filho, eu admiro a sua bondade, mas é melhor eu voltar para minha casa.

— De jeito nenhum! Com problemas ou não, já é hora do doutor Jonas deixar de controlar a vida de todos! A senhora precisa descansar. Vamos entrar, ainda nem jantou.

Embora as preocupações de Paulo em relação ao pai continuassem, os dias transcorreram sem maiores sobressaltos. Ester recuperava-se rapidamente da depressão, e a companhia de Terezinha a animava, porque a enfermeira tinha sempre boas palavras para ela. Sara e o esposo continuavam a seguir o Jonas fielmente, ainda que de má vontade. Jonas, voltado somente para a igreja, cheio de afazeres, parecia ter esquecido um pouco de Valquíria e Pedro. A vida transcorria tranquilamente, até que, num fim de tarde, Terezinha procurou pelo advogado assim que ele chegou do escritório.

— Filho, pode parecer loucura, mas, quando vou indo para o plantão, sinto que estou sendo seguida.

— Como assim?

— Não sei explicar. Fica aquela sensação de que tem sempre alguém à espreita, sabe? É estranho. Olho para trás, não vejo nada, porém, a sensação continua.

— Não pode ser, dona Terezinha. Creio que a senhora ainda está sob o impacto da perda de João. Afinal, passaram-se apenas dois meses, a ferida ainda não cicatrizou. As pessoas reagem à morte de maneiras diferentes.

— Será, filho? Vou pensar assim. Não quero ficar enchendo a cabeça com bobagens. Bom, está na minha hora. O plantão me espera.

– Eu a levo.

– Não, filho, vá descansar. Vou de ônibus, não posso me acostumar com carro, não.

Paulo sorriu, e a senhora saiu para outra noite de trabalho árduo. Ela amava o que fazia. O jovem insistiu que ela parasse de trabalhar e vivesse com a pensão vitalícia que ele, por conta própria, ofereceu. Porém, ela recusou dizendo que morreria logo se vivesse sem trabalho.

Terezinha desceu do ônibus e seguia para o hospital vagarosamente. Ia pensando, remoendo a saudade do filho, o companheiro de tantos anos. Orava, pedindo a Jesus que ele estivesse bem amparado no mundo espiritual. Absorta em reflexões, nem reparou no ruído de um veículo que se aproximava velozmente. De repente, viu-se sendo jogada bruscamente para dentro de uma lanchonete. No chão, procurou pela bolsa que escapou de seu braço. Um rapaz entregou-lhe a bolsa e a ajudou a se levantar.

– A senhora está bem? Desculpe, eu tive de puxá-la com força!

Ela se ajeitava sem entender nada. Apalpou o cotovelo levemente esfolado.

– Ainda bem que pensei rápido! – disse o rapaz, desajeitado. – A senhora ia ser atropelada! O carro avançou pela calçada numa velocidade impressionante!

– O mais estranho – comentou outro jovem – é que a rua não tem movimento. Nada atrapalhava o motorista para que perdesse o controle. Devia estar embriagado.

Terezinha agradeceu aos jovens e iniciou de novo o caminho ao hospital. Meio confusa, pensava nos comentários dos moços na lanchonete. Era verdade, aquela rua não tinha movimento. Procurou caminhar mais depressa, e, amedrontada, observava os arredores.

PARA SEMPRE CONTIGO

☙ Valquíria despertou cheia de ânimo naquela manhã. Alugara uma sala para instalar seu escritório. Era ótima, localizada em bom ponto comercial a preço justo. Fizera excelente negócio. Faltavam apenas alguns arranjos na decoração, coisas mínimas. Logo começaria a atender clientes. Apostara todas as economias no projeto de seus sonhos.

Fazia o desjejum com a família, quando o telefone tocou e sua mãe foi atender.

– Val, é para você. É o proprietário da sala que você alugou.

Ela foi atender sorridente. Logo seu semblante se transformou.

– Como?!

Os familiares ficaram atentos. A moça estava transtornada, prestes a chorar. Quando terminou a chamada, ela se dirigiu ao pai.

– Empreste seu carro, pai!

– O que foi, filha?

– Aconteceu uma coisa terrível!

– Não está bem para dirigir, ainda não sei o que é, mas vou com você.

Após o curto trajeto, Valquíria e o pai estacionaram e já puderam ver a extensão dos estragos. A sala comercial que ela alugara estava destruída. O proprietário, irritadíssimo, a esperava.

– Você é criminalista?

– Não – respondeu, meio atordoada.

– Pensei que fosse. Sempre aluguei este ponto para advogados, e isso nunca aconteceu! Venha ver o interior. Foi um estrago daqueles!

Incrédula, ela foi avançando e observando os detalhes. As portas e vidraças despencavam, havia estilhaços de vidro por todos os lados. O toldo da porta de entrada fora arrancado e queimado. Na sala principal, onde atenderia clientes, o carpete fora cortado e mostrava o piso rústico. As paredes tinham sido pichadas com figuras e palavras obscenas. Todos os móveis estavam quebrados, a

201

estante foi derrubada, e os livros de direito tiveram as páginas rasgadas e espalhadas pelo chão. Ela continuou a triste excursão e viu as torneiras do banheiro arrancadas da parede, os encanamentos vazaram até secar o reservatório e formou-se uma piscina. Era impossível entrar. As peças sanitárias se reduziram a pedaços disformes que nem lembravam a peça completa. Na pequena copa, mais torneiras arrancadas, o filtro de água destruído. Os vândalos pensaram nos menores detalhes. Até os vasos com plantas e flores mimosas estavam espatifados, e a terra se espalhava por todos os ambientes. Um ato de crueldade extrema. A advogada, sem dizer palavra, olhava tudo soluçando discretamente. Ela havia adiantado três meses de aluguel, fizera um crediário para a compra dos móveis, gastara tudo de que dispunha. O único objeto salvo da barbárie era o computador, porque ela ainda não levara a máquina ao escritório.

– Não sei o que poderá fazer para começar a trabalhar, Valquíria – disse o proprietário. – Apesar do seu adiantamento, não terei como fazer reformas agora. Eu apliquei o dinheiro que me deu em outros imóveis que possuo. Realmente, não terei como ajudá-la.

A moça continuou em silêncio. Não coordenava pensamentos, apenas observava, completamente amargurada, a situação de seu escritório.

– Filha – o pai de Val tinha olhos marejados – daremos um jeito. Não se aflija. Verei se consigo um empréstimo e falarei com seu irmão para dividirmos as parcelas até você se estabilizar. Sua mãe é mulher muito organizada, ela sabe administrar nossa casa muito bem. Tudo vai dar certo, acalme-se. É só mais um desafio que você vai vencer, esteja certa.

Muda, ela saiu e foi recostar-se no carro do pai. Seus olhos, entre lágrimas abundantes, observavam o céu azul e límpido. O dia amanhecera tão lindo e guardara surpresa tão desagradável. Era injusto sentir-se tão infeliz num dia esplêndido como aquele. Entretanto, chorava desesperadamente. Avaliava que fizera inimigos ferrenhos para ter sido golpeada daquela forma. Alguém, por motivo desconhecido, queria ver a sua ruína. E, consequentemente, passou a temer pela própria vida.

∾ Pedro, após o expediente, ficou ao lado de Valquíria, amparando-a. Combinou com o futuro sogro e o cunhado sua participação no rateio das parcelas do empréstimo para a reforma do escritório. Eram pouco mais de nove horas da noite quando resolveu ir embora, por insistência da noiva assustada.

– Adoro sua presença, mas estou com medo. Tenho um pressentimento estranho. Se alguém quer mesmo me prejudicar, pode atacá-lo também.

Assim, ele se retirou, amargurado pela situação da noiva. No coletivo, ia pensando em ajudá-la e considerava todos os compromissos. Tinha a faculdade para pagar, participava com alta soma no orçamento familiar. Sem saída, precisaria recorrer à poupança que mantinha para o casamento, e este sofreria mais um adiamento. Estalou lábios, desanimado.

No portão de casa, tirou as chaves do bolso. Reparou na motocicleta que vinha em alta velocidade fazendo um ruído irritante, e reclamou para si:

– Não é hora de fazer barulho! Esse pessoal não se emenda mesmo!

Neste momento, as chaves caíram. Ele se abaixou para pegá-las e ouviu dois disparos. Instintivamente, continuou abaixado. Vieram mais disparos e, mesmo sem saber se eram direcionados para ele ou não, pulou para dentro do quintal. O muro era baixo e conseguiu se proteger dentro de casa. Ainda assim, atentou para o ombro direito e viu o sangue manchando a camisa azul clara.

Estava tão alterado que não sentia dor. Ouviu a motocicleta se distanciar quando seus familiares saíram assustados.

— Ajudem-me! – ele gritou.

— O que foi, Pedro? – seu pai acercou-se dele.

— Atiraram em mim!

— Por quê?

— Não sei!

— Foi um assalto?

— Já disse que não sei!

Não demorou para que a vizinhança enchesse a rua. Afinal, foram vários disparos. Os vizinhos próximos à casa do rapaz chegaram e passaram a fazer diversas perguntas.

— Vamos levá-lo ao pronto-socorro! – gritou o pai de Pedro.

— Eu o levo! Vou tirar o carro! Esperem! – disse um jovem da vizinhança.

A mãe de Pedro foi buscar um pedaço de tecido e procurou estancar o sangue. Logo, o jovem que se ofereceu para o socorro estacionou o carro. Pedro entrou acompanhado do pai e saíram rápido em busca de atendimento. Sua mãe ficou no portão observando os respingos de sangue na calçada, enquanto os vizinhos chamavam a polícia. A senhora, apavorada, chorava copiosamente.

ᘏ No dia seguinte ao incidente, Terezinha foi visitar Valquíria e oferecer sua solidariedade. Seguiria com ela até a casa de Pedro. Depois de quase ter sido atropelada, andava receosa. Não contara a Paulo, mas, ao sair, sempre lutava contra o medo de enfrentar as ruas. Sentia-se ameaçada a todo instante.

Desceu do coletivo e caminhou pela avenida do prédio onde morava a amiga. Levou um tremendo susto quando um veículo saiu cantando os pneus. Os pedestres reagiram sem sobressalto, ela, porém, recostou-se na parede de uma padaria. Os outros ficaram olhando sem entender. Afinal, era só uma cantada de pneu. Ela, desajeitada, retomou a caminhada com o coração aos pulos.

Valquíria e Terezinha conversaram por um tempo e logo saíram em direção à casa de Pedro. Encontraram o rapaz em casa, assistindo à TV, a bala não havia penetrado em seu ombro, apenas resvalara. Ainda assim, mantinha o braço direito numa tipoia, por recomendação médica.

– Estou pasmado! – ele desabafou. – A conclusão técnica da polícia foi que as balas tiveram a mesma direção. Ou seja, eram endereçadas a mim! Queriam me matar! Meu Deus! Afinal, o que eu fiz? Certamente, eu era vigiado há tempos para saberem o horário que eu chego e saio! Meus hábitos estavam sob vigilância!

– Sabia, Pedro, que a dona Terezinha quase foi atropelada na calçada há uns dias atrás?

Pedro ficou confuso com o desvio da conversa. Franziu o cenho. Terezinha também ficou com ar de quem não estava entendendo.

– Não acham estranho que tudo isso tenha acontecido com nós três em curto espaço de tempo? – ela continuou. – Primeiro, a Terezinha quase morre debaixo das rodas de um carro que avançou pela calçada, sabe Deus como; meu escritório foi destruído daquela forma, e agora Pedro escapa milagrosamente de tantos tiros. Não acham que são coincidências demais?

Pedro e Terezinha ficaram quietos, avaliando as considerações da moça. Então, Pedro se pronunciou:

– Jonas?

– Talvez – respondeu Valquíria. – Ele brigou com o filho por chamar Terezinha para casa, e está simplesmente louco de raiva porque não consegue nada comigo. Matar você abriria caminho.

– Ele não faria tais coisas, seria muita loucura – retrucou Pedro. – Todas as suspeitas apontariam para ele.

– Jonas é uma raposa, Pedro. Eu o conheço há mais tempo do que você.

Terezinha, entristecida, emendou:

– Ele também não gostava do meu João... Será que...?

Os três se entreolharam, preocupados. As suspeitas eram tão assustadoras que não tiveram coragem de dizer mais nada.

– Precisamos falar com o Paulo – sugeriu Pedro.

Valquíria pegou o celular da bolsa e ligou para o advogado.

– Paulo, está no escritório?

– Sim.

– Sei que é quase hora do almoço, mas fique aí. Preciso falar com você.

– Está bem, eu aguardo.

A doutora desligou e se levantou.

– Vamos, Pedro. Estou com o carro do meu pai.

Saíram rapidamente.

Enquanto isso, no escritório de advocacia, Paulo estava em companhia de Ricardo. O rapaz foi fazer uma visita, pois não se viam desde o sepultamento de João. Ricardo agora se vestia de maneira simples e havia abandonado a postura arrogante que antes sustentava. Decidido a se tornar padre, vivia repleto de afazeres da paróquia onde agora colaborava e começaria os estudos teológicos no próximo ano. Por isso, Paulo sentiu-se à vontade em falar ao jovem dos problemas do pai. Apesar de serem assuntos relativos a outra religião, ouviu atentamente o amigo.

– O senhor Jonas não deve estar bem mesmo, Paulo. Só agora vou te contar uma coisa que guardei em segredo até hoje.

O advogado desanimou. O que viria agora?

– Um dia, o seu pai me ligou no meu escritório. Aconteceu alguns dias antes do falecimento de Alessandra. Ele me ameaçou.

– Meu pai? Jura?

– É verdade. Ele disse que se eu amasse minha vida, deveria deixar a Valquíria em paz. Nós discutimos, ele me ofendeu com palavrões, foi um bate-boca daqueles! Em dado momento, eu o adverti sobre Pedro, dizendo que eu não era o único com quem ele devia se preocupar. Ele respondeu que Pedro era só uma questão de tempo, um assunto quase resolvido.

Paulo ouviu aquilo atônito. Os problemas de seu pai eram muito mais graves do que ele imaginava.

– Desculpe, amigo, dizer algo tão desagradável. Mas se você quer mesmo ajudar seu pai, precisava acrescentar esta informação. Agora, quanto às complicações espirituais que você diz, eu confesso que sei muito pouco sobre o Espiritismo. Contudo, não creio que sejam fábulas, apesar de tanto preconceito existente por aí. É difícil conceber a ideia de que, depois da morte, ou seremos tragados pelo Todo Universal, perdendo a nossa individualidade, ou ficaremos durante séculos aguardando um julgamento sem podermos nos manifestar. Que será de nossos afetos? Nossos pensamentos, nossa lutas... ficarão para sempre esquecidas embaixo de uma porção de terra? Quando decidi me tornar padre, passei a ler a Bíblia. Em *Apocalipse*, Jesus diz: "Eis que fui morto e estou vivo para todo o sempre"[14]. O que é isso, então, senão a prova da sobrevivência do espírito? Então, Deus importa-se apenas com nossos cinquenta ou sessenta anos de vida em corpo carnal, e o espírito de nada vale? Se iremos gozar da eternidade em corpo de carne e ossos, isso corresponde ao materialismo. Creio que vencer a morte não significa que jamais morreremos e continuaremos como nossos corpos materiais eternamente. A morte é vencida pela sobrevivência do espírito, mantendo-se a individualidade dele. Seremos eternos como espíritos. Deus impôs leis à matéria, e não será Ele, o Legislador,

---

14. Apocalipse (2:17-18).

que transgredirá as próprias leis, dando um mau exemplo. Nascer e morrer são leis naturais. Não sei. Posso estar dizendo uma porção de bobagens, mas é desse modo que entendo.

Paulo sorriu. O amigo mudara demais. Jamais o vira falando daquela maneira.

— Eu tenho os mesmos pensamentos que você, Ricardo. Foi bom falar contigo e obrigado por me dar mais informações sobre meu pai.

— Eu não sei se estou em condições de ajudar alguém, Paulo, mas se precisar de mim, pode me chamar. De repente, sempre há uma maneira de ajudar. Quem sabe?

— Já vai?

— Vou sim. Valquíria e Pedro estão vindo para cá e ainda não me sinto à vontade diante deles pelo que fiz. Tenho de aprender a me perdoar e esquecer o passado. Conseguirei. Um dia, poderei encará-los de novo.

Ricardo partiu, e Paulo ficou em silêncio, aguardando pelos amigos. De antemão sabia do que tratariam. Há dias remoia suspeitas que não tinha coragem de confessar nem a si mesmo. Procurava afastar ideias absurdas e pensava que estava exagerando.

Não demorou, e os amigos surgiram à porta do gabinete que antes era de Jonas. Após os usuais cumprimentos, Pedro iniciou o assunto desagradável, meio sem jeito.

— Paulo, eu, Valquíria e dona Terezinha conversamos e consideramos todos os últimos acontecimentos. Não sei o que poderá achar do que temos a dizer, mas acho que é hora de levarmos o assunto sobre o seu pai mais a sério.

Num minuto, os três falaram de suas suspeitas. Paulo baixou a cabeça, refletindo. Intimamente, desanimou. Afinal, eles falavam de seu pai. Ainda assim, procurou achar argumentos que mudassem a crença dos amigos.

– Eu compreendo as dúvidas e receios de vocês, eu conheço o meu pai. Contudo, acreditam mesmo que ele possa ser o culpado de tais crimes? Sei que ele não é uma pessoa fácil, mas chegar ao extremo de cometer assassinatos, é demais para mim!

Valquíria procurou amenizar a aflição do rapaz.

– Não é fácil ouvir algo assim de quem amamos, Paulo. Não viemos aqui para condenar o senhor Jonas, mas para encontrarmos uma solução, caso se confirmem as suspeitas contra ele. De qualquer maneira, é preciso fazer alguma coisa. Seu pai é um fanático religioso, arroga-se na condição de fazer justiça com as próprias mãos! Isso não pode continuar! É preciso esclarecer o que está ocorrendo. Dona Terezinha perdeu o único filho; eu preciso recomeçar o meu projeto, depois de tanto esforço em montar o escritório, e Pedro, por pouco, escapou de ser atingido por várias balas de revólver. Isso precisa parar antes que ele prejudique mais gente. Nós três perdemos nossa paz e o direito de caminhar livremente. E estamos constantemente com medo. Cada ruído nos assusta e nos sentimos vigiados. É um modo terrível de se viver. Se após as devidas investigações, nada se confirmar contra ele, tanto melhor. Mas não podemos fazer vista grossa e deixar que as coisas aconteçam.

Perplexo, o advogado foi obrigado admitir que os amigos tinham razão. Diante deles, ligou para o amigo delegado e pediu sua presença para informar aqueles fatos. Conversaram por algum tempo, e os visitantes se retiraram em seguida, deixando o advogado mergulhado em angústia. Estava sozinho, todos do escritório foram almoçar. O silêncio era massacrante, impiedoso. Não podia imaginar, nem por um segundo, que o pai pudesse ser um assassino. Pôs os cotovelos sobre a mesa e apoiou a cabeça dolorida com as mãos úmidas de suor. Sozinho, pôde dar vazão à sua dor. Chorou ruidosamente, em desespero. Não via saída para sua vida e pensava que a paz não era uma bênção de que fosse merecedor.

– Meu Deus! Não pode ser. Ajude-me, Jesus!

Disse para si, agoniado. Chorava descontroladamente, e o corpo beirava a uma crise nervosa.

– *Calma!*

De repente, cessou o choro. A voz melodiosa e doce fez-se ouvir e transformou o ambiente. O silêncio angustiante tornou-se tranquilizador, e uma aura de harmonia pairou. O peito sufocado pareceu aliviar-se num instante. Foi como se alguém tivesse colocado a mão no seu coração e retirado toda a aflição. Sentiu-se reanimado, esperançoso. Conhecia aquela voz... Espantado e feliz de uma só vez, pronunciou com fala trêmula de emoção:

– João...

O silêncio persistiu. Ele percorria a sala com os olhos, querendo ver seu amigo querido. Queria vê-lo e abraçá-lo, matar a saudade. Por um momento, pensou que deveria relutar e recompor-se, certamente era vítima de alucinações. Num campo de visão além dos seus cinco sentidos, João, repleto de luz, bem ao lado do advogado, sorria e transferia ao amigo fluidos salutares, trazendo calma. Pouco a pouco, o nervosismo de Paulo cedia. Voltou a chorar, mas de felicidade.

Diante do Cristo

Elias retornara a Jerusalém. Sem sucesso, procurou por Abdias por toda a Samaria. Precisava encontrar o amigo de qualquer maneira, pois o senhor Ezequias, seu pai, estava furioso, queria o filho de volta para lhe prestar contas. O homem estava inconsolável, chorava e lamentava a insanidade do filho, que sempre fora rebelde. E o velho tecelão confiara nele, mandando-o a outra cidade, com altas somas, somente para que ele fizesse tudo errado. O filho tornara-se um bandido foragido.

O jovem samaritano estava cansado de procurar. Passou pelo palacete de Fábia, fechado e vazio. Certamente, ela retornara a Roma, desiludida e sozinha.

Numa noite, andava pela Cidade Baixa, decidido a fazer a última excursão em busca do amigo. Se não o encontrasse, retornaria para casa, e ele que se arranjasse. Ao longe, viu uma candeia iluminando fracamente um casebre. Reconheceu que ali era a antiga moradia do grego Ácteon. Alguém a invadira depois de sua prisão e execução. Entrou cuidadosamente. Aquela parte da cidade era muito perigosa. Examinou o local vagarosamente, tinha um punhal para defender-se para qualquer eventualidade. Encontrou, em um quartinho da casa, um homem recolhido num canto, em andrajos. Ele saltou com uma faca na mão quando viu Elias.

– Não se aproxime, não me levará!

Quase não havia luz no ambiente, mas ele reconheceu a voz.

– Abdias! É você? Sou eu, Elias!

– O quê? Elias?

O jovem foi buscar a candeia em outra parte da casa. Retornou e mostrou-se a Abdias.

– O que faz aqui, amigo?

Abdias largou a faca. Num instante, abandonou a postura ameaçadora e tornou-se desanimado. Baixou a cabeça, entristecido.

– Sou um foragido, lembra-se? Vivo como andarilho, de um lado a outro, me escondendo dos romanos.

– Mas vem se esconder justamente em Jerusalém?

– Nem sei mais o que fazer, Elias.

O jovem samaritano lamentou a sorte do amigo. Lembrou-se dele antes, em Samaria. Era um moço bonito e disputado pelas jovens da cidade. Vestia-se bem e nunca o vira desleixado como agora. Tornara-se um trapo velho.

– E Fábia? Ela retornou a Roma?

Abdias ficou mais triste ainda.

– Não, Elias. Fábia padeceu sob a demência de um homem que não soube dominar-se, apesar de todos os seus avisos.

– O que está dizendo? – indagou Elias, temendo pelos próprios pensamentos.

– Eu me disfarcei de romano e a raptei. Deixei-a numa caverna, e ela estava grávida. Eu não sabia. Quando retornei para levá-la de volta, arrependido do meu ato, ela sangrava. Perdia a criança. Ela estava na casa de Barnabé, eu a vigiei e soube que iria para Cafarnaum. Deixei-a na casa do galileu para que a socorressem, mas não houve tempo. Em razão de complicações, ela faleceu. Acredita, Elias, que matei a mulher que amava? Acredita que exatamente quando decidi me regenerar, não tive tempo? Agora, diga-me, amigo, como posso conviver com tamanha culpa na alma? Eu queria ter coragem para me matar para dar fim ao tormento de saber que sou o culpado de tanta desgraça na vida da pessoa mais importante de minha vida, porém sou incapaz de semelhante ato. Por isso, retornei a Jerusalém. Como não posso me matar, talvez os romanos me encontrem e façam o que eu não consigo! Eu quero morrer, Elias. Quero ser tragado pelos infernos e de lá não mais sair. É o que mereço por ter causado tanto mal.

Elias perdeu a fala. Fábia estava morta. A senhora respeitável e linda, que também nele despertara a doçura de um grande e belo sentimento, o deixara para sempre. Uma lágrima escorreu em sua face. Não deixou de apiedar-se do amigo insano. Ele errara muito, mas, de qualquer modo, não teria coragem de abandoná-lo à própria sorte.

— Abdias, não deseje a morte. Vamos tentar sair de Jerusalém nas primeiras horas do dia. Seu pai quer que retorne a Samaria.

— Não terei coragem de enfrentar meu pai. Eu o arruinei também, desgracei a vida de todos que passaram pelo meu caminho. Não mereço andar entre meus familiares.

— Pare de se lamentar, isso não resolverá sua situação! O que está feito, está feito! Não há como voltar atrás! Precisamos sair daqui.

— Não quero, Elias. Em nome do Deus de Abraão, deixe-me morrer aqui!

— De jeito nenhum! Tomaremos cuidado e vamos para outra casa que aluguei. Trocará suas roupas, está com um aspecto péssimo. Vai se alimentar e descansaremos um pouco para sairmos ainda na madrugada. Mexa-se, vamos!

Cansado, Abdias foi seguindo atrás do jovem persistente, sem murmurar.

❧ Conforme o combinado, os jovens preparavam-se para sair de madrugada. Os cabelos e a barba de Abdias estavam longos, então

Elias achou melhor que ele voltasse a ter o rosto limpo e cortasse os cabelos. Envolveu o amigo em tecidos, de maneira que ele parecesse um leproso.

— Ninguém tem coragem de se aproximar de um impuro! — asseverou.

Saíram cuidadosos pelas ruas da Cidade Baixa. Irremediavelmente, teriam de passar pelo Templo de Jerusalém para seguir a Samaria. Àquelas horas, o povo já começava a se aglomerar nos arredores do templo e poderiam misturar-se e desviar a atenção dos romanos. Logo avistaram o Pórtico Real da imensa construção. Elias estranhou:

— Hoje há um burburinho diferente por aqui. Tem muito mais gente do que em outros dias. Tomemos cuidado. Vamos devagar.

Aproximaram-se, e dois homens discutiam com ânimos alterados. Um era a favor e outro contra a prisão de alguém. Elias foi investigá-los.

— Perdoem-me, senhores, mas percebo uma pequena confusão aqui nos arredores. O que se passa?

— O Sinédrio[15] reuniu-se às pressas, por ordem de Caifás. Prenderam Jesus de Nazaré, e ele será julgado.

— Prenderam o profeta? Mas o que Ele fez?

— É um arruaceiro! Desafiou a autoridade dos fariseus e pode colocar Roma contra nós e piorar nossa situação!

— Você é um tolo! Ele apenas disse a verdade! O profeta pode ser, sim, o filho do Deus Vivo! — bradou o outro homem, irado.

A discussão recomeçou, e Elias ficou sem resposta. Indignado, tentava imaginar a causa de tal prisão.

— Não pode ser! Ouviu Abdias? Jesus foi preso! — procurava falar baixo o nome do amigo.

---

15. Conselho de anciãos judeus.

– Qual a acusação?

– Não sei. Os dois ali discutem e não esclarecem nada. Pelo que ouvi, parece que os sacerdotes do templo se enfureceram contra Ele.

– Eu te avisei em Cafarnaum, lembra-se? O que Ele pregava ia contra os interesses de fariseus e romanos!

– De qualquer maneira, não poderiam prendê-Lo! Ele é um homem pacífico e bom. O lugar Dele não é ao lado de criminosos numa cela! Que mundo é este?!

– Leproso! Leproso! – bradaram.

Afastaram-se rapidamente, para não chamar atenção.

– Ficaremos aqui por um tempo até que haja uma chance favorável de seguirmos caminho – disse Elias.

Ficaram a certa distância do templo, e Abdias, quieto, pensava. Agora, tinha certeza de que fizera a escolha errada. Lembrou-se do chamado do profeta e lamentou a impossibilidade de voltar no tempo e fazer tudo outra vez, da maneira certa. Se O tivesse seguido, não seria um assassino procurado, um bandido. Não teria arruinado a vida e as finanças do pai. Elias ainda tinha marcas de tortura do cárcere romano.

Não conseguiu conter uma lágrima teimosa que desceu e se perdeu no tecido que cobria o rosto. Relembrou a bela tarde, ao pé do monte, na Galileia, quando ficou frente a frente com o homem que desprezava. Permitiu-se desfrutar novamente das sensações experimentadas diante do Rabi. Depois de longa temporada com o coração pesando de amargura, enfim aproveitou um momento de sossego em sua alma conturbada. Admitiu que o profeta era capaz de transmitir tanta paz que somente lembrar-se dele o tranquilizara.

– Temos uma chance. Vamos – disse Elias.

– Eu não vou.

– O quê?

– Já ouviu. Não vou.

– Enlouqueceu?

– Não. Acho que estou fazendo a única coisa certa até hoje! Ficarei e aguardarei o fim do julgamento. Se o profeta for condenado, tentarei resgatá-Lo.

– Impossível! Os guardas do templo, aliados aos romanos, são imbatíveis! Quer lutar sozinho contra um exército?

– Muitos O amam! Certamente, tentarão também. E eu estarei com eles!

– Por que, Abdias?

– Não pergunte, amigo. Apenas, deixe-me fazer o que julgo ser correto. Sou culpado, eu sei. De qualquer modo, deixe-me compensar toda a maldade que fiz salvando um inocente da condenação! Entenda-me, Elias, por favor.

Abdias retirou os tecidos que cobriam o rosto, e Elias desistiu. Nunca convencera Abdias a fazer o contrário do que pretendia, não seria agora que conseguiria.

◦ O dia já estava claro, e os rapazes precisaram redobrar os cuidados. Perambulavam de um lado a outro para que os soldados não reconhecessem o procurado enquanto tentavam colher informações sobre o julgamento do Nazareno. Souberam que Pilatos deixara a responsabilidade de julgá-lo ao rei Herodes Antipas, e este, por sua vez, o devolvera ao procurador, abstendo-se de dar a palavra final. Como a multidão era grande, conseguiram entrar no pátio onde Pilatos apresentava o profeta ao povo. Por ocasião da Páscoa judaica, ele ofereceria dois prisioneiros para que a turba escolhesse qual teria a bênção da soltura.

O Nazareno apareceu no alto do pátio transfigurado, tinha sofrido maus-tratos, e uma coroa de espinhos fora posta em sua cabeça como em zombaria. Elias se indignou.

– Veja como O machucaram! Está repleto de chagas por todo o corpo!

– Sim... Ainda assim, parece tão sereno...

Elias reparou nisso depois da observação do amigo. Quieto, o profeta fazia pairar seu olhar manso por toda a multidão.

O outro prisioneiro foi apresentado. Barrabás era um homem rebelde, todos o conheciam por ter tentado, por diversas vezes, criar uma revolução contra a dominação romana.

– É agora, Elias. Certamente, escolherão o profeta. Se acontecer algum problema, estarei ao lado dos seguidores Dele, e você poderá ir para casa. Diga ao meu pai que finalmente fiz a coisa certa.

Mas, para desgosto dos rapazes, a grande maioria pediu pela soltura de Barrabás. Perplexo, Abdias ouviu a condenação:

– Crucifiquem-No!

Elias apertou a mão do amigo, e seus olhos marejaram.

– Ele não fez nada! Não podem executá-Lo!

– Temos que tirá-Lo daqui!

– Não dominaremos os soldados! É impossível, Abdias! A maioria estará contra nós!

Neste momento, Pôncio Pilatos lavava as mãos num gesto simbólico, demonstrando que nada tinha com a condenação, e o povo é que escolhera.

– Covarde! – bradou Abdias. – Se sabe que ele não tem culpa, então por que não se pronuncia? É esta a justiça romana? Vamos sair daqui, Elias!

Os moços saíram do pátio, inconformados. Realmente não havia o que fazer. Seriam os dois contra uma turba enlouquecida pronta para atacar.

Não demorou que o cortejo rumo ao Gólgota partisse. Diversas pessoas seguiam os condenados à crucificação. Elias estava deprimido.

— Vamos embora, Abdias. Não suportarei vê-Lo morrer.

— Eu quero ir, amigo. Quero ficar o mais próximo que puder Dele. Ele não tem medo, é um homem diferente, jamais vi outro igual. Ele não se lamentou diante da condenação, nem mesmo um sobressalto O acometeu. Não é só uma questão de coragem, é uma espécie de certeza de um bem maior que existe Nele. Ele é seguro do que faz e do que crê, por isso não se abala, porque confia na verdade que O sustenta. Queiram os romanos ou não; queiram os judeus ou não, Jesus é o que é, e nada mudará tal realidade. Sei que Ele não precisa de mim, mas quero estar por perto agora que começo a compreendê-Lo.

Abdias não esperou pela companhia do amigo e foi em frente. Sem outra alternativa, Elias o seguiu em silêncio.

No Gólgota, quando a cruz foi erguida, os homens sentaram-se na relva, desolados. Elias ainda sugeriu ao amigo que se sentasse distante dos soldados, porém ele não se abalou.

— Não me importo mais, Elias.

Ficaram em silêncio. Contemplavam o meigo profeta pregado ao madeiro rústico, choravam junto com amigos e familiares, uns poucos que permaneceram. A morte na cruz é um sofrimento longo, e eles trocavam de posição a todo o momento para o descanso do corpo, mas não arredavam pé. Abdias ficou ali, pensando em sua vida perdida em desvarios, analisava cada ato e lamentava. Se tivesse outra chance, de modo nenhum a desperdiçaria. Voltou-se a Elias.

— Amigo, você já ouviu falar sobre outras existências?

— Como assim?

— Existem pessoas que acreditam que não vivemos uma só vida. Dizem que quando alguém morre vai para o mundo espiritual, passa lá algum tempo e depois retorna em outro corpo, pronto para uma nova jornada. Acredita?

— Não sei. Nunca pensei sobre o assunto.

– Seria maravilhoso se fosse verdade. Até um criminoso teria a chance de regenerar-se e reparar seus erros. Quando se perde uma existência inteira, deveríamos ter a oportunidade de recomeçar e fazer tudo de maneira correta.

O rapaz suspirou e pousou os olhos no Messias em agonia.

– Se eu pudesse viver de novo, gostaria de servi-Lo, porque Ele me chamou e não fui...

Ele se levantou cheio de amargura. Mirou o Divino Amigo com olhos marejados.

– Rabi, se for verdade que voltamos a viver depois desta vida, permita que Eu retorne como homem de bem e me faça Seu servo!

Naquele momento, o Nazareno ergueu o olhar aos céus e falou com mansidão confortadora:

– Pai! Perdoai-os! Eles não sabem o que fazem!

Os dois jovens trocaram um olhar e um leve sorriso. Não precisaram falar para saber que ambos entenderam as poucas e sábias palavras do Rabi. Toda a humanidade repousa sob a segura proteção de Deus, e Ele, como Pai e Soberano Criador, conhece todas as Suas criaturas e cuida delas, amparando-as em Suas debilidades e reerguendo-as quando tombam, porque é de pé que Ele deseja que fiquem todos os seres. A humanidade assassinou o Filho do Homem por sua extrema ignorância, e é para exterminá-la que o homem viverá a sua aventura de século em século, existência após existência, até que compreenda e veja a Luz do Cristo resplandecer em suas mentes para sempre. Deus dá ao homem o poder de escolha, a responsabilidade de suas obras e a recompensa pelo seu trabalho, quanto mais se aprimora e se educa na jornada redentora. A humanidade, em sua infância espiritual, não sabia que matava somente o corpo de Seu Dedicado Pastor, o único capaz de conduzir as ovelhas em segurança. Contudo, ela atingirá, fatalmente, a suprema maturidade, no esforço de seguir as leis de Deus divulgadas pelo Mestre, em sua pureza e verdade.

Os samaritanos prepararam-se para seguir viagem. Nada mais os prendia em Jerusalém. Foram se afastando devagar, até que Abdias sentiu uma pesada mão em seu ombro. Voltou-se, surpreso. Era um soldado romano.

– Eu o observava há horas! Finalmente, encontramos Abdias, o samaritano!

O rapaz baixou a cabeça, nem pensou em fugir. O oficial chamou dois guardas, e, rapidamente, o samaritano estava preso. Avançaram para Elias, e Abdias protestou:

– Deixem meu amigo em paz! Ele não tem nenhuma culpa! Ao contrário, sempre tentava me impedir de cometer loucuras!

Os soldados soltaram Elias depois do consentimento do oficial. Abdias passou a ser puxado bruscamente pelos romanos.

– Adeus, amigo!

Elias acenou sem poder responder, pois chorava copiosamente.

∾ Após quarenta dias da prisão de Abdias, Elias jogou sua sacola nas costas para voltar a Samaria. Ficara na cidade esperando por um milagre. Porém desistiu quando soube que Abdias era levado para Tiro, para prestar serviços em navios romanos. O rapaz sabia bem o que significava tal condenação. Os condenados a trabalhar nos remos eram presos perpétuos, e só uma coisa os tirava do serviço: a morte.

Os Heróis da Nova Salvação

Com a simpatia de sempre, Frederico recebeu Paulo no Centro Espírita. O jovem fora procurá-lo depois do expediente para esclarecer algumas dúvidas. Em ambiente agradável e reservado, o advogado relatou o que acontecera no escritório. Bondoso, Frederico sorriu.

— Então, seu amigo resolveu fazer uma visita?

— Foi o que senti. Eu era muito apegado a João, era como um irmão. Reconheci sua voz. Será que não foi alucinação?

— Por que pensa assim?

— Não sei. Talvez pelo meu estado de nervosismo depois que recebi a visita de Pedro, Valquíria e dona Terezinha.

— E aí, no fundo do seu coração, o que pensa que aconteceu?

O rapaz refletiu um minuto antes de responder.

— Acho que era o João... Acredito que seja mesmo possível a comunicação entre vivos e mortos... Se não, estou enlouquecendo!

— Você não enlouqueceu, Paulo. Apenas teve uma linda experiência. Perceba como é consoladora a certeza de que os afetos e as amizades sinceras não terminam no túmulo. As pessoas a quem amamos e que nos precederam no mundo espiritual estão sempre próximas, ao nosso alcance. O amor é eterno e infinito, meu jovem.

— É verdade, Frederico. João sempre me apoiou e auxiliou em meus problemas. Faleceu e nem assim deixou de me socorrer quando eu precisava. Mas responda-me uma dúvida: não é cedo para que ele se comunique? Faz pouco mais de sessenta dias desde a sua morte.

— Isso é bastante variável. O poder de comunicabilidade dos espíritos logo depois do desencarne vai depender muito do grau de adiantamento de cada um. Aqueles que se prepararam para retornar ao mundo espiritual e procuraram seguir o bem terão maior facilidade em se comunicar. Pelo que conhecíamos de João, creio que tenha sido fácil a sua adaptação. Esforçado no bem ele era, sem dúvida.

Paulo parou para pensar novamente. E levantou uma possibilidade.

— Frederico, acha que eu preciso mudar de religião? Será que eu seria melhor se fosse espírita?

— Não se precipite, Paulo. O fato de nos tornarmos melhores não se mede pela religião que seguimos, mas pelos esforços que fazemos em seguir as normas do Cristo em sua pureza. Quando Ele caminhou entre nós, não disse para que seguíssemos esta ou aquela crença, disse apenas que fizéssemos a vontade do Pai. Os dons espirituais, sem discriminação, espargem-se pelo universo e alcançam quem se afine com eles, sem perguntar em que acreditam. Fortaleça a sua fé antes, para que as dúvidas se dissipem e seus caminhos sejam sempre revelados. João e eu partilhávamos do mesmo pensamento: cada um está onde deve estar.

— Acho estranho que os espíritas não se importem em converter pessoas à Doutrina...

— Não nos importarmos não é a questão. A verdade é que respeitamos as escolhas de cada um segundo suas necessidades. Além disso, toda a verdade que despontou no planeta se estabeleceu por ela mesma, sem o concurso decisivo do homem. Aconteceram lutas, claro, nem por isso tais lutas bateram o martelo, sacramentando a verdade. Combateu-se o Cristianismo, e ele venceu.

PARA SEMPRE CONTIGO

Martinho Lutero combateu os abusos da Igreja e teve vários adversários, mas o tempo mostrou quem tinha razão. Da mesma forma, não temos a preocupação a respeito de conversões para impor nossas ideias. Acreditamos que, aquele que muito bate no peito dizendo ter razão é justamente aquele que não a tem. Cremos por compreensão e confiança, e todo cristão verdadeiro não precisa que lhe apoiem as opiniões para continuar crendo. Não é o número de adeptos que dirá se uma crença é verdadeira ou não. Se nos basearmos nos números, teremos de relembrar uma cena de mais de dois mil anos, quando uma multidão escolheu Barrabás a Jesus e condenou um inocente a morte. Diante dessas considerações, será que "A voz do povo é a voz de Deus"? Esse famoso dito popular está correto?

Paulo ficou satisfeito e agradeceu a Deus por ter amigos valiosos nos dois mundos. Passou a falar a Frederico sobre os temores referentes ao senhor Jonas. O dirigente espírita demonstrou preocupação.

– É muito grave o que me relata, Paulo. Se as suas suspeitas se confirmarem, estaremos falando de assassinato e tentativa de homicídio.

– Não existe um meio ostensivo de afastar o obsessor de meu pai?

– O problema, Paulo, é que o obsessor é só um coadjuvante nesta história. Não julgo nem condeno ninguém, mas o senhor Jonas precisa fazer uma grande reforma íntima em sua vida. O irmão infeliz pode inspira-lo mal, contudo, seu pai, com aquela personalidade dominadora, piora a situação. Desculpe-me, Paulo, mas devo ser honesto com você: a ação de um espírito só é possível se houver uma sintonia, um elo entre o obsessor e obsediado. Os processos obsessivos sempre começam na pessoa envolvida, quando não vigia os pensamentos e ações; quando alimenta sentimentos negativos e promove a injustiça e a mentira; quando abandona o caminho do bem e se deixa conduzir pelos falsos profetas do mundo.

Paulo baixou os olhos e considerou:

— Então, meu pai está perdido, amigo Frederico. Sempre o conheci assim como é.

— Ora, rapaz, não desanime. Nunca podemos perder a fé. As pessoas sempre podem nos surpreender quando menos esperamos. Procure não pressionar o senhor Jonas, mantenhamos as orações. Quando precisar de mim, basta vir aqui ou me ligar.

Paulo se despediu e saiu pensativo. Depois da visita de João estava mais calmo, porém continuava preocupado. Antes de sair do escritório, falou com o delegado, que prometeu se empenhar no caso.

Como estava no bairro da igreja do pai, resolveu vê-lo. De modo algum poderia pressioná-lo quanto aos últimos acontecimentos, mas tentaria colher informações. Encontrou-o em companhia do pastor Alfredo. Jonas recebeu o filho com entusiasmo.

— Foi bom ter vindo, Paulo!

— Ora, quais são as novidades?

— Espere aí com Alfredo. Acabei de chegar e vou tomar um banho. Serei rápido.

— Só me responda uma pergunta, pai: por que precisa de seguranças? Estes homens que você contratou são muito estranhos! Não gosto deles!

— Ora, Paulo. Segurança nunca é demais.

— Mas você é um pastor, não um astro do cinema!

— Todos precisam de segurança! Por ser pastor e combater o mal, muita gente pode querer se vingar. Preciso me precaver.

Alfredo e Paulo se entreolharam enquanto Jonas foi para o banho. Paulo observou o copo de bebida sobre uma mesinha de canto.

— Ele bebeu de novo, Alfredo?

— Tornou-se um hábito, filho, infelizmente.

— Como se não bastassem os problemas atuais... Mas, afinal, por que ele está assim tão eufórico?

PARA SEMPRE CONTIGO

– Ah, Paulo. Creio que devemos redobrar as orações.

– O que houve?

– Ele estava aqui me informando sobre uma suposta revelação que recebeu. Disse que deve comandar uma cruzada para extirpar o Espiritismo deste bairro. Está selecionando seus melhores seguidores, que serão a elite da igreja que ele fundou, e serão chamados Os Heróis da Nova Salvação.

– Por que este nome tão presunçoso e cheio de pompa?!

– Os seguidores devem ser os heróis, porque restabelecerão o reino de Deus na Terra. A ideia é ambiciosa. Ele começará neste bairro e quer aumentar sua ação para a cidade, depois para o Estado e, quem sabe, para o mundo!

– Como se todo o mal do mundo se resumisse no Espiritismo! Com tanta fome, guerras, doenças e sofrimentos de toda sorte espalhados por aí, ele só se preocupa com uma crença que sequer compreende, porque nem se deu ao trabalho de investigar algo sobre ela! Ouviu de alguém que era errado, então, está errado! Age como um homem das cavernas diante da descoberta do fogo!

Paulo largou-se no espaldar da poltrona, perplexo.

– E os fiéis? Concordam com tamanho disparate?

– Parece que sim. Tenho frequentado, algumas vezes, os cultos, e todos demonstram estar animados com as ações do seu pai.

– Meu Deus! Muitas pessoas não questionam, aceitam tudo que se lhes apresentam diante delas. Por isso há tanta gente sendo enganada por falsos cristos e supostos profetas. Onde está o bom-senso?

– É, Paulo. Desde que o mundo é mundo, as pessoas vêm dando crédito a tantos espertalhões. O problema está em certas mentes perniciosas que buscam sempre o caminho mais fácil, trilhando atalhos para ganhar o Reino dos Céus. Como se fosse possível enganar a Deus! Aí, quando chega alguém como seu pai, que instiga os sonhos mais ocultos de heroísmo religioso, tais pessoas despertam e saem empunhando bandeiras. Estes insensatos pensam que, entrando em disputas infrutíferas como estas, se desobrigam da reforma moral e uma "mágica" se operará neles, que os tornarão puros. Eles decoram e devoram os escritos sagrados, e quase nunca se lembram da máxima do Cristo que diz: "Nem todo aquele que clama 'Senhor! Senhor!' entrará no Reino dos Céus"[16]. Cometem o pecado da vaidade e da intolerância, achando-se moralmente superiores para apontar o dedo em riste no rosto de seus irmãos, assinalando-lhes que estão errados como se eles mesmos fossem possuidores de todas as virtudes do Cristo. Fariseus modernos, mantêm a aparência do bem e da tranquilidade do Rabi, mas são como Ele mesmo falava no templo, "os sepulcros caiados"[17], cheios de beleza e fino trato externamente, mas cheios de restos e imundícies por dentro!

O advogado soltou um longo suspiro. E desabafou:

– Meu pai está enlouquecendo, Alfredo!

– Enquanto há fé, há esperança. Não se deixe dominar pelo desânimo, Paulo. Se desistirmos de Jonas, será a sua ruína completa!

Paulo considerou que aquele dia era especial. Primeiro, ouviu a voz do amigo pedindo sua calma; em seguida, veio a conversa proveitosa com Frederico, e agora, ele se deparava com Alfredo na casa de seu pai e ouvia outras palavras repletas de luz. Entendeu que se aproximava o momento de provar a fé diante de acontecimentos importantes.

– Ele construiu de propósito a igreja neste bairro – disse tristemente. – Queria afrontar o Frederico.

---

16. Mateus (7:21-23).

17. Mateus (23:27).

– Eu já havia chegado a esta conclusão, Paulo. Aliás, ele vem atiçando todos os moradores contra o pessoal do centro espírita. Antes de você chegar, ele me dizia que logo o centro fechará as portas pela insistência dos fiéis. Disse que o padeiro se recusa a atender espíritas e simpatizantes. Na farmácia, eles entram, e os atendentes ficam cochichando e atendem de má vontade.

– Isso é inconstitucional! Nenhum cidadão pode ser discriminado pela crença que professa! Deus do Céu! Meu pai está criando uma guerra! E, Frederico, tão bondoso, sequer ameaçou me contar tal fato. Eu estava com ele agora mesmo, vim do Centro. Precisamos agir, Alfredo, temos de fazer alguma coisa!

O pastor Alfredo concordou com Paulo e balançou a cabeça, entristecido. O jovem silenciou para pensar num modo de frear as loucuras do pai.

✿ Valquíria e Pedro conversavam numa praça tranquila. A moça era pura amargura.

– Não sei o que farei, Pedro. O banco negou o empréstimo ao meu pai. Não tenho como reformar a sala que aluguei.

– Posso retirar todo o dinheiro da poupança, mas nosso casamento será adiado novamente. De qualquer maneira, não dará para toda a reforma.

– Acho que vou desistir, meu amor. Vou distribuir currículos e tentarei uma vaga em empresas, na área jurídica. Não adianta insistir, o sonho acabou.

– Vai desistir tão fácil?

– Não tenho mais o que fazer.

Os jovens silenciaram-se, procurando soluções. O telefone de Valquíria quebrou o silêncio:

– Val?

– Oi, Paulo.

— Tive uma sensação de que deveria falar com você. Tudo bem?

— Ah, não se preocupe. Meus problemas continuam, mas darei um jeito.

— Seu pai não conseguiu o empréstimo?

— Não.

— Pedro está com você?

— Sim.

— Venham até o escritório. Eu vou ver o que posso fazer para te ajudar.

— O que é isso, Paulo? Não se incomode!

— De certo modo, sinto-me responsável pelo que aconteceu.

— Nada foi provado.

— Eu sei. Mas, se foi mesmo meu pai quem te prejudicou, estarei reparando o erro. Se não foi, estarei ajudando uma amiga.

— Está bem. Já estamos indo.

Os noivos chegaram cheios de incertezas e saíram muito satisfeitos. Paulo, generoso, ofereceu grande quantia de dinheiro para a amiga reconstruir sua sala e começar a trabalhar. Ofereceu até mais do que ela precisava, e um longo prazo para devolução, sem juros. Eles saíram felizes, poderiam continuar a planejar o casamento.

— Ela não será feliz comigo, mas será feliz com alguém. É o que importa — disse para si, sozinho em seu gabinete.

Ele esperava por dona Terezinha. Estranhou que ela quisesse falar com ele àquela hora. Devia ser urgente, para não poder esperá-lo em casa.

— Paulo — ela entrou afobada — tenho uma novidade que mudará todo o caso da morte de João!

— Sério? Mas, do que se trata?

— Eu fui hoje à casa alugada para tratar da entrega da chave ao proprietário. Ficarei definitivamente na sua casa, como você quer. Encontrei uma jovem que era amiga de João. Somente agora teve coragem de revelar o que viu naquela noite em que meu filho desapareceu. Três homens o abordaram e o dominaram, jogando-o para dentro de um carro e depois sumindo. Ela havia acabado de chegar do colégio e viu tudo. Estava com o namorado na porta de casa, que fica quase no final da rua. A família a impediu de passar tal informação por medo, porém ela resolveu me falar.

— Vamos agora mesmo à casa da jovem e a levaremos ao Jorge, o delegado.

— Sossegue. Já fiz isso. Ele já sabe de tudo e está otimista. Disse que é um grande passo na investigação.

Paulo ficou contente, contudo escondeu uma aflição. Três homens abordaram João. E três eram os seguranças de Jonas. Poderia ser coincidência. Preferiu não pensar nisso.

❧ As luzes e enfeites do Natal enfeitavam a cidade. Os dias passaram sem novidades. Pedro e Valquíria convidaram Terezinha e Paulo para um jantar simples, numa cantina do centro da cidade. Eles queriam comemorar o início do trabalho da doutora, que já reformara a sala e começaria a atender logo. Fora isso, Terezinha andava melancólica, porque os enfeites dos lugares faziam-na lembrar de que seria o primeiro Natal sem João. Por isso, Valquíria teve a ideia do jantar, para animá-la.

No restaurante italiano, os quatro conversavam contentes.

— Então, Val? Está tudo pronto mesmo? — indagou Paulo.

— Tudo certo. Arranjei um pessoal muito bom que fez o trabalho rapidamente. Excelentes profissionais.

— E depois de começar o trabalho, o casamento sai, não é, Valquíria? — disse Terezinha.

— Espero. Vamos tentar mais uma vez.

Paulo agradeceu quando o celular tocou, chamando. Não precisaria disfarçar, ficara desconcertado com a notícia do casamento dos amigos. Desculpou-se e dirigiu-se a um lugar mais calmo para atender, pois a música estava alta. Era o pastor Alfredo. Ficou quinze minutos falando com o amigo e retornou transtornado.

– Algum problema, Paulo? – Pedro preocupava-se.

– Vocês não vão acreditar! Tentaram incendiar o Centro Espírita!

Os amigos começaram a falar ao mesmo tempo. Queriam saber detalhes e se alguém havia se ferido.

– Calma, pessoal! Está tudo bem!

– Hoje é dia de estudos, ninguém se feriu mesmo? Certeza? – perguntou Valquíria.

– Parece que Frederico teve um pressentimento, saiu para dar uma olhada no lado de fora e viu quando dois garotos espalhavam a gasolina. Eles fugiram, deixando os galões caídos na rua.

– Na hora dos estudos, todos ficam fechados nos salões dos fundos, e não dá para saber o que acontece do lado de fora – observou Pedro. – A rua é cheia de pontos comerciais que estão fechados uma hora dessas, e ninguém poderia ver nada. Os garotos sabiam o que estavam fazendo... Queriam não só incendiar o prédio, mas matar as pessoas.

Os três se entreolharam e depois dirigiram um olhar a Paulo. Não eram necessárias palavras para afirmar que suspeitavam de um mandante bem conhecido. O jovem captou a mensagem e apoiou a cabeça numa das mãos.

– Nem sei mais o que pensar, amigos...

Sua voz soou baixa e agoniada. Pediu ao garçom um copo de água. Tirou um comprimido do bolso.

– A cabeça dói novamente, Paulo?

Ele nem respondeu a Terezinha. Prometera que iria ao médico e não foi. O garçom trouxe a água, e ele sorveu o líquido gelado junto com o comprimido. A água trouxe um novo fôlego.

– Alfredo me deu a notícia da tentativa de incêndio. Disse mais: parece que algumas pessoas que frequentavam assiduamente a igreja de meu pai, desapareceram inexplicavelmente.

– Quantos estão desaparecidos? – quis saber Pedro.

– Três mulheres e um homem. Val, você pode deixar dona Terezinha em casa? Preciso sair.

– Claro, Paulo, não se preocupe.

– O jantar estava ótimo na companhia de vocês. Até logo.

O rapaz saiu, e os amigos ficaram calados, tristes.

– Ele foi falar com Jonas – disse Valquíria.

– Coitado do Paulo! – emendou Pedro. – Vive atormentado com o pai desajustado!

– E ainda têm estas estranhas dores de cabeça... Ele sempre reclama... Vou pegá-lo de surpresa e levá-lo ao médico. Quero ver se ele não vai!

Pedro e Valquíria observaram Terezinha, sorrindo. Ela realmente tratava Paulo como se ele fosse seu filho João.

Valquíria estava certa, Paulo fora mesmo ver o pai. Chegou quando o culto já havia terminado, porém Jonas conversava com os fiéis, e decidiu esperar. Ouviu quando uma senhora aproximou-se dele chorosa, reclamando do desaparecimento da filha.

– Tenha fé, minha irmã – disse o pastor. – Ela será encontrada, saberemos, em breve, o que houve. Sinto que ela está em boas mãos. Não se preocupe.

– Será, pastor?

– Tenho quase certeza de que ela está bem. Vá para casa e confie em Jesus.

Uma a uma, as pessoas foram se retirando. Jonas seguiu até o filho, sisudo.

– Não veio novamente ao culto... Sabe que preciso do apoio de minha família. Sua irmã e Renato também não vieram. O que faço para conduzir minha família ao caminho da salvação?

Paulo sorriu. Tinha uma resposta pronta, porém preferiu não iniciar uma discussão. Ia dizer que bastaria que ele deixasse de obrigar as pessoas a cumprir somente a sua vontade.

– Pai, sabia que o Centro Espírita quase foi incendiado? – perguntou de sopetão.

Jonas ficou surpreso.

– É sério?

– E eu brincaria com uma coisa assim?

– Santo Deus! Mas está tudo bem?

– Sim. Foi por pouco. Coisas estranhas estão acontecendo, não acha, pai?

– Que coisas?

– Pedro foi baleado; o escritório de Valquíria, depredado; dona Terezinha quase foi atropelada, e o pior de tudo: João foi espancado até a morte. Agora, o centro espírita, por pouco, não acaba num incêndio! Não acha estranho?

– Não vejo nada de estranho. Eles seguem uma crença demoníaca, cedo ou tarde terminariam assim. O diabo é traiçoeiro, filho. Quando as pessoas que o seguem não lhe servem mais, ele as descarta. É simples.

– Castigo, então? Perdão, mas não engulo essa de castigo!

– Que outra explicação tem, Paulo de Tarso?

– O fato de todas as pessoas envolvidas serem seus desafetos não te lembra de nada?

Jonas ficou lívido.

– O quê? Então, suspeita que eu... Paulo de Tarso! Eu sou um homem de Deus! Tenho uma missão divina a cumprir! Como pode pensar mal de mim? Sou seu pai!

Paulo observou atentamente a reação de Jonas. Procurou apanhar cada trejeito. Não adiantaria levar a discussão adiante. Se ele fosse mesmo o culpado de todas as atrocidades, certamente tinha como se safar.

— Saiba que a investigação sobre o caso de João avança. Uma testemunha viu três sujeitos sequestrarem o rapaz e sumir com ele. O senhor será chamado a depor em breve. Prepare-se.

— O que tenho eu com isso?

— Não sei. Terá de fazer a pergunta à polícia, não a mim.

Paulo falou e saiu, irritado. A cabeça latejava.

Faltando sete dias para o Natal, Paulo resolveu dispensar os funcionários, o fórum entraria em recesso e não haveria muito o que fazer. Duas horas antes de terminar o expediente, os empregados fizeram uma animada festa de confraternização, trocaram presentes e partiram contentes, sabendo que só deveriam retornar em janeiro. Só o advogado continuava no escritório, conversando animadamente com Ricardo, agora era agradável ficar na companhia do noviço.

— Meus pais estão retornando da Europa para as festas de fim de ano. Venha passar a noite de Natal conosco, Paulo.

— Desculpe. Eu não comemoro o Natal.

— Eu sei, por isso estou convidando. Vai ficar sozinho em sua casa?

— Tem sido assim todos os anos. Já estou habituado. Além disso, creio que Jesus tem de ser lembrado todos os dias. E o Natal tornou-se uma festa comercial, as pessoas passam a encarar verdadeira maratona de compras e preparativos. Não vejo fundamento algum nisso.

— Eu sei. Também entendo que Nosso Mestre deva ser lembrado todos os dias, e nossa maior homenagem seria que passássemos a segui-Lo fielmente. Contudo, não acredita que seja válido existir um dia especial para homenageá-Lo, desde que façamos como dever ser feito? Existe uma correria às compras? Não precisamos fazer igual. Há pessoas que dedicam o dia vinte e cinco de dezembro para cometer excessos de bebida e comilança, como se festejassem outra data qualquer? Podemos nos reunir entre familiares e amigos com moderação e em orações. Não sabemos a data correta em que Ele morreu na cruz, e muito menos a data de Seu nascimento, mas será que a exatidão importa tanto assim? Os motivos e as razões de Seu nascimento e sacrifício na cruz não serão mais relevantes? Adotei uma nova postura, e o próximo Natal será bem diferente. Será o dia em que afirmarei meu compromisso de servir a Deus e de ficar em estado de permanente fraternidade durante o ano todo. Em orações, muitas pessoas fazem promessas de se melhorar, e quantos não as cumprem! Mas Deus sabe que somos fracos e que estaremos em constante compasso de aprendizado, caindo e levantando mais adiante, porém, mesmo assim, deixaremos de orar e tentar melhorar? Claro que não! As promessas do dia de Natal podem se perder durante o ano que virá logo depois, mas o importante é que elas jamais deixem de ser feitas e que a tentativa de cumpri-las continue sempre.

Paulo sorriu e teve de concordar com o amigo.

– É... Acho que aceitarei o convite. Posso levar a dona Terezinha? Não quero que ela fique sozinha e triste, será seu primeiro Natal sem o João. Alias, somente sem a presença física de João.

– Claro que pode, eu ia convidá-la! Pedro e Valquíria também aceitaram meu convite. Eu, finalmente, consegui encará-los. Como a minha casa é grande, a família de Valquíria também irá. A de Pedro já estava com viagem marcada. Será uma bonita festa em homenagem ao Nosso Senhor, você verá. Se sua mãe e irmã resolverem ir, serão igualmente bem-vindas!

Paulo ficou animado. Seria sua primeira comemoração de Natal. E o amigo tinha razão. Se uma data tão importante do ano era recheada de excessos e apelos comerciais, cada um podia fazer a sua comemoração de maneira cristã, sem aderir às futilidades.

O interfone da portaria chamou. Era Jorge, o delegado, que pretendia lhe falar. Ele permitiu a entrada do policial e sentiu o coração pesar. Um pressentimento o advertia que teria más notícias. Ricardo despediu-se entendendo que eram assuntos particulares, mas Paulo o impediu:

– Fique, Ricardo, por favor. Acho que precisarei muito de você.

O rapaz se sentou novamente, estranhando o repentino abatimento do amigo. Os dois ficaram em silêncio, apreensivos, até que Jorge entrou no gabinete preocupado.

Após os usuais cumprimentos, o delegado se sentou e encarou o amigo com um ar de pesar. Parecia ter dificuldades em iniciar.

– Fale, Jorge, seja o que for devo ouvir – Paulo incentivou.

O delegado pigarreou.

– Infelizmente, não trago boas notícias. As suspeitas que você alimentava quanto ao seu pai se confirmaram. Perdoe-me falar assim. Rodeios nada resolvem.

O advogado baixou a cabeça e passou a torcer as mãos úmidas de suor. Não conseguiu articular uma palavra sequer.

– Após longa investigação, e com a ajuda de algumas testemunhas, chegamos ao seu pai como mandante do espancamento de João e das tentativas de assassinato de dona Terezinha e Pedro. Ele também mandou depredar o escritório da doutora Valquíria.

Ricardo pousou a mão sobre as mãos do amigo, que já mostrava algumas lágrimas a banhar o rosto rubro.

– Os homens que o seu pai contratou são criminosos, assassinos e ladrões. Já cumpriram suas penas, e de seguranças treinados não têm nada. Aceitaram trabalhar para o senhor Jonas em troca de excelente salário. São como mercenários, nada têm a perder. Passamos a investigar um deles, justamente o mais descuidado, e ele foi visto contratando os garotos que tentaram incendiar o Centro Espírita. Dia após dia, acompanhávamos seus hábitos, até que o pegamos. Há exatamente dois dias foi capturado e, para obter relaxamento de pena, disse tudo o que precisávamos. A ideia inicial não era matar João, mas "dar-lhe uma lição", porém não deu certo. Pedro, de fato, deveria ter morrido, só assim seu pai teria a doutora à disposição. Destruindo o escritório dela, poderia oferecer ajuda financeira e seria uma maneira de aproximar-se; pretendia tornar-se um amigo até conseguir conquistá-la. E, finalmente, matando a dona Terezinha, ela estaria fora de sua casa e realizaria a vingança contra a seguidora de uma crença de demônios. O rapaz entregou tudo. Perceba, Paulo, que todos os incidentes aconteceram em dias de culto. Seu pai acreditou que seria o álibi perfeito, e os supostos seguranças só participaram do espancamento de João. Nos outros casos, os criminosos contrataram terceiros para executar os serviços.

Paulo aspirou longamente, tentando recompor-se. E ainda não conseguia falar.

– O senhor Jonas não deve estar muito bem mesmo, Paulo. Sendo ele um advogado tão inteligente e perspicaz, como pôde se apoiar em bases tão frágeis? Bastou o depoimento da garota vizinha de dona Terezinha para que passássemos a desenrolar o caso. E ele sempre fora avesso a João e às crenças dele e da mãe, tentava conquistar a advogada sem sucesso, é claro que andava ressentido com todos, e, se fizesse algo, todas as direções apontariam para ele. Mas algo que o segurança disse me espantou: ele acredita ser amparado por forças divinas, por isso não temia ser descoberto. Agora, acreditamos que ele também esteja envolvido no desaparecimento dos fiéis, que já contam dezessete pessoas sumidas. O segurança nada pôde afirmar sobre isso, e pareceu ser sincero.

PARA SEMPRE CONTIGO

Paulo suspirou novamente, tentando recobrar o fôlego. Com a voz embargada pelo choro discreto, manifestou-se.

– O que acontecerá agora, Jorge?

– Os trâmites usuais: tenho um mandado de prisão e... O resto, você já sabe. Achei que deveria vir a você primeiro antes de ir até o templo, em respeito à amizade que temos.

– Obrigado pela compreensão, Jorge. Se meu pai é um criminoso, não posso deter a ação da justiça. Entretanto, deixe-me falar com ele antes de concluir sua missão. Dê-me somente mais este tempo e confie em mim; não facilitarei uma fuga. Assim que eu me encontrar com ele, o avisarei, e você poderá prendê-lo.

– Certo. Estarei aguardando o seu telefonema.

Jorge se retirou, entristecido pelo amigo. A sós com Ricardo, Paulo deu vazão ao desespero. Passou a chorar copiosamente enquanto Ricardo procurava confortá-lo. Em seu sofrimento, não via a figura luminosa de João, que o observava ternamente e fazia intermináveis orações para ampará-lo.

∾ Paulo descansava deitado em seu quarto. Precisara tomar um comprimido para evitar a incômoda dor de cabeça. Ricardo o levara para casa em seu carro, ele não poderia dirigir no estado em que se encontrava. Dona Terezinha já sabia de tudo. Ricardo a esclarecera sobre a prisão iminente de Jonas. No primeiro momento, ela revoltou-se, mas logo entendeu que a justiça estava prestes a ser feita e que sua missão na casa era amparar a família infeliz. Pediu a Ricardo a delicadeza de manter Ester e Sara ainda alheias sobre o caso. Elas precisariam ser informadas com extrema piedade, e, além disso, Ester se recuperava da depressão. Eram necessários alguns cuidados a mais. O pastor Alfredo, avisado por Paulo, também estava na casa, oferecendo sua solidariedade.

No quarto, Paulo consultou o relógio. Era a hora de começar o culto na igreja de Jonas. Preparava-se para sair quando ouviu claramente uma voz ecoar pelo ambiente.

– *O salão dos fundos...*

Ele olhou ao redor procurando.

– João?

Não entendeu a advertência. "Que salão?", perguntou a si mesmo. De qualquer modo, agradeceu ao amigo espiritual e contou com ele.

– Ajude-me, João!

Saiu às pressas e encontrou Ricardo aguardando por ele na sala de estar. Endereçou um olhar a dona Terezinha, que o entendeu prontamente.

– Vá, filho. Eu cuido de sua mãe.

– Onde estão Sara e Renato?

– Foram à igreja.

Paulo estalou os lábios. Justamente naquele dia a irmã e o cunhado resolveram não faltar ao culto. Paciência. Saiu acompanhado de Ricardo e Alfredo.

No caminho, Pedro ligou para o seu celular.

– Paulo, eu e Val já sabemos de tudo. Falei com a dona Terezinha. Você está bem?

– Suporto o baque na medida do possível.

– Estamos indo a sua casa. Não é uma situação agradável e queremos estar por perto.

– Estou a caminho da igreja de meu pai. Se quiserem me esperar lá, eu agradeço.

– Está bem.

Durante o trajeto, Paulo pensava na mensagem que recebera de João, querendo decifrá-la. De repente, exclamou:

– É verdade!

Ricardo, ao volante, espantou-se.

– O que foi, Paulo?

– Nada. Seja mais rápido, por favor.

Quando Ricardo estacionou diante da igreja, Pedro e Valquíria já haviam chegado e o esperavam. Enquanto todos se cumprimentavam, Paulo foi se atentar à entrada do templo. O escravo estava ali, gargalhando plenamente satisfeito. Ficou com medo que o obsessor pudesse estragar tudo inspirando Jonas sobre o que estava prestes a acontecer. Pegou o celular.

– Frederico?

– Como vai, Paulo?

– Eu preciso de sua ajuda. Será que pode vir até a igreja do meu pai? Quando chegar aqui, explico tudo.

– Estou indo.

– Obrigado.

Paulo dirigiu-se a Alfredo.

– O senhor pode dar uma olhadela no templo? Veja se os dois seguranças do meu pai estão lá. Esperaremos aqui fora.

Alfredo foi sem demora, mesmo sem entender por que deveria fazer aquilo.

– Quanto suspense, Paulo! – afirmou Ricardo – Do que exatamente você suspeita?

– Será melhor que veja. Espere. Preciso me precaver para que nada dê errado.

Logo, Alfredo retornou.

– Não estão lá dentro.

– Fugiram quando perceberam o desaparecimento do companheiro. Melhor assim.

Entregou seu celular a Valquíria.

– Por favor, Val, localize Jorge em "Contatos" e chame-o. Fique aqui fora observando enquanto entramos. Qualquer movimento estranho dentro da igreja, avise-nos.

Paulo e os outros atravessaram o pátio gramado que havia antes da entrada do templo e aguardaram mais um pouco.

– Logo começará a música, esta banda toca muito alto e nos favorecerá.

Os outros obedeceram, embora não entendessem nada. Frederico chegou e juntou-se a eles. Paulo explicou resumidamente a causa de estarem ali.

Os estranhos rituais começaram e Paulo chamou os companheiros para os fundos da igreja. Havia um salão construído atrás do templo, separado por um muro alto. Jonas nunca esclarecera o motivo de ter construído aquele salão. Paulo observou o portão de ferro que dava acesso à construção. Estava trancado com um cadeado. Passou a tentar quebrá-lo enquanto Ricardo foi procurar por uma ferramenta qualquer no carro.

Depois de muito esforço o cadeado rompeu-se e entraram aflitos. Todos com a mesma suspeita que Paulo. Na porta do salão, outro cadeado, e novo esforço em quebrá-lo. A porta se abriu, e Paulo foi o primeiro a entrar. Acendeu as luzes e não teve surpresa alguma ao encontrar as dezessete pessoas desaparecidas. Elas estavam fracos, com os rostos encovados e pálidos. O senhor que parecia mais forte dirigiu-se a Paulo.

– Oi, menino Paulo! – a voz enfraquecida. – Veio juntar-se a nós?

– O quê? Juntar-me para quê?

O senhor parecia feliz.

– É Paulo! Estamos aguardando os emissários dos Céus! Seremos conduzidos por eles e, onde estivermos, ajudaremos seu pai na obra de restauração do mundo!

O pastor Alfredo segredou-lhe ao ouvido:

– Lembra-se de que lhe falei dos Heróis da Nova Salvação?

Paulo, boquiaberto, passou o olhar os fiéis enclausurados.

— Precisam de um médico!

— Não, Paulo – protestou um senhor, enfraquecido. – Jejuamos desde que entramos aqui, com a intenção de nos prepararmos para a vinda dos emissários divinos. O Irmão Jonas recebeu a revelação do que acontecerá! Nós queremos salvar o mundo! Não pode nos impedir de cumprirmos nossa sagrada missão!

— Ora, parem com isso! Meu Deus!

Pedro, aflito, ligou o celular e chamou o serviço médico. Paulo e os outros passaram a andar de um lado a outro socorrendo os fiéis. Alguns nem se moviam, de tão debilitados. Outros recusavam a ajuda e pediam para serem enclausurados novamente. Os homens não davam ouvidos a nenhuma súplica, e o grupo continuava a atendê-los. Então, uma voz grave foi ouvida à entrada do salão:

— Eu sabia que vocês me trairiam!

Jonas segurava fortemente Valquíria, com o braço esquerdo passado em volta do seu pescoço. Os homens tremeram ao ver que o pastor ameaçava a jovem com um revólver.

— Paulo de Tarso! Meu próprio filho me apunhala pelas costas!

Paulo estremeceu e procurou ordenar as ideias. Se quisesse salvar a amiga e eliminar o risco de alguém sair baleado, precisaria ser muito racional.

— Meu pai, eu não vim trair o senhor. Eu estou admirado da obra que o senhor vem fazendo, e todos nós viemos nos unir a estes fiéis para também sermos conduzidos com eles! Nós queremos ajudar a salvar o mundo!

O rapaz temeu pelo seu sucesso quando viu espiritualmente o escravo atrás de Jonas e pôde ouvi-lo.

— Deixe de ser burro! Eles vão tentar enganá-lo!

Paulo dirigiu um olhar desesperado a Frederico, que passou a orar fervorosamente. Jonas, com o semblante transfigurado pela loucura, berrou ameaçador:

– Mentiroso! Se vieram pela salvação, o que fazem aqui esses seguidores de Satanás?

Ele se referia a Pedro, Valquíria e Frederico. Alfredo, entendendo a linha de raciocínio de Paulo, respondeu:

– Eu e seu filho conseguimos convertê-los, irmão Jonas!

– É verdade – bradou Valquíria. – Agora, seguiremos a sua Igreja, senhor Jonas! Seremos salvos!

Jonas pareceu acalmar-se, e Paulo observava o escravo enfraquecer-se inexplicavelmente. Paulo aproximou-se do pastor, ainda temeroso.

– Dê-me o revólver, pai, e deixe a sua mais nova serva em paz – pediu calmamente, estendendo a mão.

A esta altura dos acontecimentos, a grande maioria dos seguidores já estava fora do templo presenciando a cena lastimável do senhor. Sara e Renato pareciam não crer no que viam e ouviam. Jonas sorriu fracamente e entregou a arma ao filho, soltando a doutora em seguida. Ela correu para Pedro e se abraçaram em desespero. Paulo chegou mais perto do pai e o abraçou com olhos marejados.

– Ficará tudo bem, papai.

Jorge e os policiais chegaram e acercaram-se do advogado, agora tranquilizado pelo filho dedicado. Algemaram-no após darem voz de prisão e esclarecerem as acusações, enquanto ele, em desvario, dirigia-se aos fiéis sorrindo:

– Esperem meus amigos! Eu retornarei! Eles não conseguirão me afastar! A minha missão é salvar o mundo! O protetor da Terra me escolheu! Ninguém conseguirá me vencer! Esperem por mim!

Os seguidores estavam pasmados. Sara chorava, e Renato a amparava, entristecido. Jonas foi conduzido à viatura, e Sara aproximou-se de Paulo.

– Eu ia contar, irmãzinha – ele esclareceu. – Queria prepará-la primeiro. As acusações que Jorge pronunciou são verdadeiras.

– Que tragédia! – exclamou Renato, inconformado. – Dona Ester não vai suportar!

– Ficaremos ao lado dela e faremos o possível para que não sofra tanto.

As ambulâncias chegaram, e os paramédicos passaram a atender as pessoas do salão. Enquanto as macas saíam, os seguidores da igreja localizavam os parentes desaparecidos.

Paulo observou o cenário de desolação ao redor. Amargurado, viu Frederico se aproximar devagar. O dirigente espírita captou os pensamentos do jovem.

– Não se desespere, Paulo. Não fomos vencidos pelo obsessor.

– Mas não fomos capazes de evitar tanta tristeza!

– Nós não somos deuses, Paulo. Não somos capazes de comandar a vontade de ninguém, muito menos a do seu pai e do obsessor. Algo pior poderia ter acontecido. O espírito já estava bem envolvido pelas nossas orações, tanto que foi fácil vencer sua influência perniciosa hoje, e ele não pôde continuar a inspirar Jonas. Além disso, muitas vezes seu pai agia sozinho. O pior passou, Paulo. Agradeça a Deus por ninguém ter se ferido hoje, porque isso poderia acontecer.

O rapaz conteve o choro. Concordou com o amigo e fez uma oração íntima, ainda muito entristecido.

– E essas pessoas, Frederico? O que faremos? Certamente, todos estão desiludidos e enfraquecidos na fé depois de toda essa confusão!

– Jesus mostrará o que deve ser feito, filho. Você não pode perder a sua confiança em Deus. Provações, todos nós temos.

– E este povo tão crédulo? Por que aceitam coisas absurdas tão facilmente?

– Não vamos julgar as fraquezas humanas, Paulo. Ao contrário, temos de auxiliar as pessoas desditosas em suas dúvidas. Também nós estamos sujeitos ao erro e ao engano. E o que você viu aqui, hoje, não se trata de um caso isolado. Qualquer pessoa, de qualquer crença religiosa que não compreenda bem a Boa-Nova do Cristo, estará inclinada ao fanatismo. Não pense que o Ricardo, do Catolicismo, e eu, do Espiritismo, somos os heróis na tragédia que se sucedeu, e ao Jonas caberá a desonra do vilão. Se todos nós não mantivermos a devida vigilância de nossos pensamentos e atos, acabaremos como ele, causando desordens e injustiças. É como disse o querido apóstolo de Cristo, cujo nome você tem a honra de carregar: "A todo aquele que cuida estar de pé, olhe, não caia"[18].

Neste momento, uma senhora aproximou-se de Paulo.

– E agora Paulo? Quem nos conduzirá a Deus? Quem dirigirá este templo?

– Eu não sei, senhora, mas, acalme-se. Vamos decidir sobre esta questão.

– Por que não fica no lugar dele?

– Eu? Eu não posso! Não estou preparado para isso!

– Fique, por favor! Esta igreja não pode ser fechada!

Paulo olhou para Frederico, aflito. O amigo sorriu e segredou:

– Cada um está onde deve estar. Lembra-se?

O advogado sorriu. Prometeu à senhora que pensaria no assunto. Juntou-se à irmã e ao cunhado e resolveram ir para casa, dar a triste notícia a Ester.

ᔈ Era véspera de Natal. A casa de Ricardo tinha um clima delicioso e calmo, apesar de tantas pessoas transitando. Paulo conseguiu convencer a mãe e a irmã a visitar a casa do amigo. Renato também estava lá. Valquíria, entre os familiares e Pedro, sorria satisfeita. Terezinha e Ester conversavam calmamente, apesar da

---

18. Coríntios I (10:12).

tristeza da ex-esposa de Jonas. O advogado, silencioso, observava a todos. Parecia que tudo estava em seu lugar, apesar da ponta de tristeza que ainda sentia. Era difícil reconhecer o pai como um desajustado. Convocara seus colegas criminalistas para auxiliar Jonas, e eles disseram que o ex-pastor seria recolhido em prisão psiquiátrica, tal era o seu estado descontrolado. No cárcere, teve vários surtos de cólera em que passava a pregar sozinho. Por ter curso superior, estava em cela especial. Seria difícil suportar tal situação, mas não poderia deter a justiça.

Perto de meia-noite, José Carlos reuniu seus familiares e amigos. A hora da comemoração natalina se aproximava. Contudo, ninguém se atrevia a dizer algumas palavras, ninguém sabia o que dizer. Então, Pedro se ofereceu:

— Posso falar, já que ninguém se habilita?

Todos concordaram, aliviados.

— Bem — ele iniciou — pouco importa a crença de cada um de nós. O importante é que estamos aqui reunidos. Creio que pouco importa em que acreditamos. O importante é lembrarmos e comemorarmos o nascimento Daquele a quem amamos, apesar de nossas falhas e fraquezas. Não importa se somos católicos, espíritas ou evangélicos, basta que roguemos, e Ele vem em nosso socorro, sem Se importar com nossas crenças. E é este exemplo do Cristo que devemos seguir. Todos somos pessoas cheias de problemas e falhas, estamos aqui compartilhando deste abençoado planeta juntos, e juntos devemos continuar, um amparando o outro nas provações e caminhadas espinhosas. Hoje, podemos auxiliar o necessitado; amanhã, talvez, nós seremos os necessitados. Não podemos ter o orgulho de dizer que não precisamos de ninguém e somos suficientes para caminhar sozinhos. Em algum momento, sempre teremos de rogar pela mão prestativa que se estenda para nós, e aí, na hora da necessidade extrema, não levaremos em consideração as diferenças ou as crenças. Então, melhor é caminharmos juntos, sem preconceitos e discriminações. Melhor é aproveitarmos esse momento tão valioso, para, juntos, agradecermos pelo presente que Deus nos enviou para nos salvar e ensinar Sua Soberana Lei. Amar e entender Jesus são dádivas de valor inestimável, e todos os dias devemos agradecer pela alegria Dele sempre estar entre nós, amparando-nos e cuidando de nós, Seus filhos tão rebeldes e indisciplinados, que, no entanto, Ele ama extremamente, sem distinção. Aproveitemos esta hora tão terna para falar diretamente ao Seu coração repleto de paz e amor. Vamos orar.

Pedro iniciou o Pai Nosso, e um coro o seguiu. A oração sentida deixou Paulo cheio de esperança. Não tinha alternativa a não ser continuar vivendo, a despeito de todos os problemas. Afinal, viver e progredir é a missão do ser humano.

O discurso

Faltavam cinco minutos para as oito horas da noite. Paulo, suarento, tentava conter com um lenço a transpiração, que não era causada somente pelo calor de janeiro. Era nervosismo. Enfim, depois dos pedidos insistentes dos fiéis, assumiria a igreja deixada pelo pai. Frederico e o pastor Alfredo tentavam acalmá-lo.

– Acalme-se, Paulo – aconselhava Alfredo – verá que não é tão difícil assim.

Frederico o ergueu da cadeira, carinhosamente.

– Pastor Paulo de Tarso! Quanta alegria, meu amigo!

O rapaz se angustiava.

– Meu Deus! É muita responsabilidade! Eu não estou pronto! O que direi a toda essa gente?

– Deixe que Jesus te mostre as palavras diretamente em seu coração. Se confiar, será inspirado.

– Venha, filho – disse Alfredo. – É a sua hora. Estaremos lá com você.

Devagar, ele deixou o gabinete que antecedia o salão principal. Dirigiu-se timidamente ao púlpito. Alfredo sentou-se atrás dele, e Frederico foi para plateia, sentando-se na fileira da frente, ao lado de Ricardo e Terezinha. Ester, Sara e Renato também se encontravam na mesma fileira e aguardavam, ansiosos.

Rapidamente, o novo pastor relembrou os últimos acontecimentos desde que ingressara no escritório de advocacia de seu pai.

Deu uma olhada pelos presentes e pensou em começar o culto de outra maneira, deixaria a leitura da Bíblia para depois do que pretendia falar.

– Meus amigos – começou, ainda nervoso – iniciamos hoje esta relação tão prazerosa de nos encontrarmos para louvar a Deus. Antes, porém, eu preciso esclarecer alguns fatos. Muitos dos que estão aqui pediam para que eu assumisse a igreja como novo pastor. Contudo, gostaria de dizer que vocês poderão me chamar pastor, e eu não me negarei a responder, porém confesso que não me sinto à altura de tal responsabilidade. Como poderei eu pastorear almas, se também necessito, constantemente, de esclarecimentos? Depois de todos os dissabores que enfrentei, posso me considerar um homem de fé, mas falta-me a sabedoria. Estarei a todo o momento rogando pela inspiração divina, para que, juntos, alcancemos a tão sonhada salvação aspirada. No entanto, esta mesma inspiração que direcionou minha vida até hoje não me deixa acreditar em falsos milagres. Eu só consigo crer num milagre criado pela força de nosso trabalho, na perseverança de cada um em vencer um problema difícil. A fé, para mim, é a união da nossa confiança em Deus e em Seu Filho com uma extraordinária vontade de vencer baseando a nossa atitude no bem e na justiça. Tal atitude jamais vai nos apanhar ociosos a esperar que o bem se faça sem luta e sem bravura. Não creio em vitória sem esforço; não creio em forças sobrenaturais que realizam coisas mirabolantes a nosso favor. A salvação virá pela força de nossa fé e pelo nosso esforço em melhorarmos a nós mesmos. Por isso, meus amigos, eu não me ofenderei se alguém se retirar desta sala por não concordar comigo, mas não tentarei, em tempo algum, criar situações de arrebatamento ou coisa parecida. Entendo o arrebatamento como aquele entusiasmo supremo que nos invade a alma e nos faz produzir o bem ao nosso semelhante e a nós mesmos; que nos impulsiona à luta sem medo e que nos faz terminar o dia e dizermos à nós mesmos: hoje encerrei o dia melhor do que ontem. Não causei mal ao meu vizinho, não espezinhei meu amigo ou amiga, não fiz nenhuma lágrima cair nem pensei mal de ninguém. Não humilhei meu opositor, não julguei nem condenei. E, principalmente, não me coloquei acima de outros seres por minhas crenças ou por qualquer motivo que seja.

"A batalha que meu pai planejava não tem sentido para mim. Não creio que as religiões existam para criar uma guerra. Uma religião deve existir para tentar conduzir o homem ao seu Criador e saciar seus anseios espirituais, não para criar batalhas e derramamento de sangue. Uma crença religiosa não nasceu para semear o ódio e a intolerância entre pessoas que são irmãs pela paternidade única de Deus. Quando Jesus falou sobre amarmos uns aos outros, Ele não disse para amarmos somente entre os evangélicos ou católicos, ou espíritas. Ele falou de um amor sem distinção. Não podemos retornar aos tempos da Idade Média, quando as maiores atrocidades aconteceram em nome de Jesus. Não podemos continuar a criar ateus, porque eles existem por nossa culpa. Sim, eles existem por culpa dos próprios religiosos! Os ateus veem nossas brigas e disputas e dizem: por que vamos acreditar, se nem mesmo eles se entendem? Por que proclamam um Deus de amor e justiça se vivem se atacando e condenando?

Eu não quero ser um líder heroico. Não desejo ser aquele que restituirá a paz no mundo, porque a missão de salvá-lo é de Jesus. Ficarei feliz em poder estender a mão ao necessitado de pão material e espiritual, sem que, para isso, tenha que me reconhecer como um enviado divino. Não precisamos ser especiais para fazer o bem, e não podemos evitar aqueles que não compartilham das mesmas crenças que as nossas. O próprio Mestre repreendeu João por ele ter impedido o homem, que, sem ser Seu discípulo, expulsava os demônios em Seu nome, dizendo: "não o proíba, porque quem não é contra nós, é por nós"[19]. Como poderemos querer a exclusividade da suprema verdade? Meu pai agia assim e vejam o que aconteceu! Os fariseus agiam assim e pediram pela crucificação de Jesus! E quantos erros poderemos cometer querendo atirar em nossos irmãos de outras crenças nossas verdades imperfeitas? Se dizemos que somos cristãos e não somos capazes de impedir o mal e suas complicações, então a nossa crença é vã. Uma guerra, por menor que seja, é um grande mal. Toda contenda tem sua origem no ódio e no conflito de interesses.

Naquele triste dia em que meu pai foi detido pelos abusos que cometeu, eu pude contar com a ajuda de valorosos amigos que não seguem a mesma religião que a minha, nem por isso fui menos feliz. Com eles aprendi que o mundo só terá paz quando os homens se despirem do seu orgulho e de sua vaidade e deixarem de querer que suas opiniões prevaleçam sobre seus semelhantes. Meu grande amigo João me disse certa vez que Deus fica esquecido quando os homens discutem entre si, querendo ter razão, e vejo que ele estava certo. Vamos prosseguir em nossa igreja pregando a paz, e tentemos fazer dela aquele recanto seguro, onde qualquer pessoa poderá se abrigar sem receio e ser devidamente socorrida. O mundo já tem guerras demais para criarmos mais uma: a guerra religiosa."

Paulo finalizou o discurso e foi surpreendido pelos demorados aplausos. Os presentes o homenagearam de pé e pareciam satisfeitos. Ninguém se retirou. Ele pôde ver que o senhor ao lado de Frederico estendeu a mão para cumprimentá-lo, demonstrando amizade. Valquíria e Pedro, no fundo do salão por receio de serem enxotados, foram chamados por uma senhora para que ficassem ao lado dela.

---

19. Marcos (9:38-42).

A banda, agora com música mais moderada, iniciou os louvores. Os cânticos inspirados e belos envolveram as pessoas, que passaram a cantar enlevadas. E Paulo sorriu, quando viu João cantar também, muito feliz.

∿ A igreja católica estava lotada naquele sábado. Faltava pouco para as seis horas da tarde quando Valquíria, linda, entrou acompanhada pelo pai, ao som da marcha nupcial. Pedro, de olhos brilhantes, aguardava por sua amada no altar, muito alinhado. A emoção tomava conta de todos. Na assistência, Paulo, acompanhado de Ricardo, abençoava em pensamento a união de seus amigos. Era sincero. Deixara de se lamentar por não ter nem ao menos tentado conquistar a doutora. Entendeu que ela e Pedro se pertenciam. Queria que o pai também tivesse entendido daquela forma, só assim não teria feito tantas loucuras em nome de um sentimento não correspondido. Invariavelmente, pensava na condição de Jonas. Os colegas criminalistas eram competentes, e o ex-pastor cumpria sua pena em cárcere sob cuidados psiquiátricos. Já se passara um ano desde aquele dia infeliz, na igreja de Jonas, e as feridas ainda incomodavam.

Ricardo o despertou dos pensamentos.

– Veja, Paulo. Logo eu estarei ali, celebrando um casamento.

Paulo concordou com o amigo e massageou as têmporas.

– Dor de cabeça de novo?

O advogado ainda não fora ao médico. Depois que se tornara um pastor, dividia-se entre a advocacia e a igreja, e não lhe sobrava muito tempo. Antes que o amigo desse uma bronca, avisou:

– Tenho consulta marcada para a próxima segunda-feira, e desta vez não deixarei de ir.

– Acho bom!

Paulo trocou um olhar com Frederico e Terezinha. Ambos se entendiam muito bem, formavam um lindo casal. Provavelmente, um novo casamento aconteceria em breve, depois daquele de Valquíria e Pedro.

– Tudo está em seu lugar, não é, Paulo?

– Creio que sim. Sofremos, mas estamos todos aqui, em paz.

– Vai comemorar o Natal este ano?

– Sem dúvida!

Sorriram.

A cerimônia terminou, e Paulo despediu-se dos noivos na igreja. A festa seria num *buffet* perto dali, porém não conseguiria ir, em virtude da dor que o incomodava. Sob os protestos dos amigos, desculpou-se e foi para casa.

Chegando, tomou o remédio de sempre e deitou-se. Pensou em sua vida. Estava feliz. A mãe e a irmã estavam felizes. Tudo estava em seu lugar, conforme dissera Ricardo.

A dor não cedia e parecia aumentar. Ele orou a Deus, agradecido, e sentiu sono. Um leve torpor fez seu corpo parecer anestesiado. Dormiu.

Revelações

Do lado de fora, ouvia-se um alegre cantar de passarinhos. O ambiente era claro, calmo e aconchegante. Paulo despertou, observando tudo ao redor, cuidadosamente. O lugar que o abrigava era semelhante a um hospital. Ele viu outros homens deitados, dormindo tranquilamente. Não havia aparelhos nem soro, mas certamente era um hospital. Permaneceu quieto, talvez não pudesse se levantar. Mas sentia-se bem. A dor de cabeça irritante havia passado e, apesar de ter acabado de acordar, sentia sono novamente. Bocejou no exato momento em que entrou uma jovem alegre.

— *Se está com sono, por que não dorme de novo?*

— *Não dormi demais?*

— *Dormiu bastante. E você está certo: aqui é um hospital.*

Paulo achou graça. Como é que a mocinha sabia o que ele pensava? Preferiu não comentar. E considerou: suas dores de cabeça acabaram dando trabalho mesmo, tanto que ele fora parar num hospital. A jovem o observou sorridente.

— *O que foi?*

— *Você tinha um aneurisma cerebral, Paulo. Ele se rompeu.*

— *Meu Deus! Não imaginei que fosse tão sério! Tinha consulta marcada e nem cheguei a ir!*

Imediatamente, lembrou-se dos familiares e amigos.

— *Minha mãe e irmã vieram me visitar? Como será que elas estão? E a dona Terezinha?*

– *Paulo, sua família te ama. Elas não podem visitá-lo aqui. Agora você precisa entender que faz parte de uma nova realidade.*

– *Você está me confundindo.*

– *Desculpe-me, não foi minha intenção.*

Paulo ajeitou-se na cama, meio irritado. De repente, passou a refletir nas palavras da jovem. Já percebia a resposta às suas dúvidas, mas preferiu confirmar.

– *O que você quis dizer com "faz parte de uma nova realidade?"*

A jovem sorriu delicadamente. E foi então que ele entendeu, lembrando-se dos amigos espíritas, que falavam de vida após a morte.

Ele se espantou e quis levantar-se. Porém, colhido por uma tonteira, desistiu. Olhou para a jovem, sério.

– *Que brincadeira é esta? Eu preciso ir embora! Por que está zombando de mim, mocinha?*

– *Eu me chamo Laura. E não estou zombando de você.*

Ela pareceu convincente. Ainda assim, Paulo estava confuso. Analisou os pés e as mãos. Tocou o próprio rosto.

– *Como posso ter morrido se estou vivo?*

– *É, você está vivo! O espírito não morre, meu amigo!*

– *Há quanto tempo estou aqui?*

– *Hum... Dez dias.*

– *Dez dias como? No tempo da Terra?*

– *Sim, aqui o tempo obedece o mesmo calendário da Terra.*

– *Então, eu já...*

– *Você, não. Mas seu corpo físico já foi sepultado.*

Ele estremeceu. Era estranho ouvir aquilo. Ainda não conseguia acreditar em sua nova condição e ficou nervoso. Laura impôs a mão direita a certa altura de sua cabeça.

– *Você precisa descansar mais. Durma.*

– *Eu não quero. Tenho mais perguntas a fazer. Eu... Não quero.*

PARA SEMPRE CONTIGO

Adormeceu tranquilamente.

∾ Despertou de novo, desta vez mais calmo. Rapidamente lembrou-se da conversa que tivera com Laura e não se levantou. Para onde iria se levantasse?

Laura entrou, sorridente como sempre.

– *Melhor agora?*

– *Não sinto sono como da outra vez. Quanto tempo eu dormi?*

– *Dois dias.*

– *Até quando ficarei neste hospital?*

– *Até se restabelecer por completo.*

– *Mesmo morto, continuo doente?*

Laura riu.

– *Você não está morto! Muito menos doente! Você ainda está sob as impressões do corpo carnal pelo desenlace recente.*

– *Ah! É tudo tão confuso!*

– *Agora, você precisa se adaptar e aprender a viver como desencarnado, entende?*

– *Mais ou menos...*

Lembrou-se dos compromissos que deixara na Terra. A advocacia, a igreja que atendia muitas pessoas carentes, a grande obra social que ele conseguira criar. Pensou nos amigos e na família.

– *Sossegue, meu amigo* – recomendou Laura. – *Você deixou pessoas aptas a continuar o seu trabalho. Seus amigos e familiares não se esqueceram de você e te amam.*

Ele não ficou triste. Ia perguntar à jovem o motivo daquela sensação maravilhosa que tomava conta dele, e ela se adiantou:

– *Estão orando por você neste exato momento.*

Ele sorriu, feliz. De repente, lembrou-se de um fato.

– *João! Meu amigo João! Quando poderei vê-lo?*

255

A jovem olhou para a entrada do quarto, e João entrou. Paulo sentou-se na cama para esperá-lo e não teve tonteiras. Abraçaram-se demoradamente. Paulo chorava e sorria ao mesmo tempo.

– *Ei, domine a emoção!* – recomendou João.

– *Eu senti tanto a sua falta! Eu tenho que chorar, desculpe-me!*

– *Viu? Eu não te dizia? Verdadeiras amizades e afetos não se desfazem! O companheirismo é imortal! Acompanhei todos os seus maus momentos e, ainda que você não percebesse, eu estava lá, te ajudando!*

– *Meu Deus! Isso é incrível! Simplesmente incrível! Como Deus é bom!*

❧ João e Paulo caminhavam tranquilamente pelas alamedas floridas da colônia, em animada conversa. Paulo, devidamente adaptado à vida no plano espiritual, teve um repente de melancolia. Passaram-se mais de cem dias desde o seu desencarne, e não sentira uma saudade tão forte dos familiares e amigos como naquele instante. Ainda preocupava-se com Jonas. João o convidou para sentar-se num banco de praça.

– *Saudade teremos sempre, amigo Paulo. Mas, assim como nossos familiares oram por nós quando sentem nossa falta, também devemos orar por eles. Um dia, todos se encontrarão aqui, no mundo espiritual.*

– *E meu pai, João? Quando poderei visitá-lo?*

– *Em breve.*

– *Será que o obsessor o deixou em paz?*

– *Ele se manifestou no Centro Espírita do Frederico, logo depois do seu desenlace. Quando o seu pai foi preso, ele ficou meio sem ter o que fazer. Aí percebeu o quanto a sua sede de vingança havia sido vã. Seu ódio era tal, que não percebera que estava se prejudicando. Arrependeu-se, e agora amarga a tristeza de não poder voltar atrás em tudo que fez. Ele foi esclarecido sobre a reencarnação e espera ansiosamente pela nova oportunidade de voltar ao planeta.*

PARA SEMPRE CONTIGO

– *Mas, afinal, o que meu pai fez de errado a ele?*
– *Esta dúvida poderá ser respondida por você mesmo.*
– *Como?*
– *Chegou a hora das revelações, Paulo.*

O rapaz ficou sem entender, mas uma névoa fez-se diante dele. Uma infinidade de acontecimentos começou a bailar em seu pensamento como num filme. Havia uma grande fazenda e um quartinho afastado da casa grande. Um jovem relaxado estirado numa cama rústica, e havia uma bela jovem negra a beijá-lo. O fazendeiro invadiu o quarto berrando diante da cena, e o rapaz mal entendia o acontecimento:

– O que é isso, Raul? É assim que deseja desposar minha filha Helena? Você é um desavergonhado!

Raul mal podia mover-se. O fazendeiro saiu bufando, inconformado. O capataz, Onofre, entrou logo em seguida.

– Vá embora! Já fez seu trabalho!
– E meu dinheiro?
– Padre Gregório vai acertar depois. Espere.
– Olhe, Onofre, vê se não tenta me enganar! Se não der meu dinheiro, conto tudo ao sinhô!
– Vá-se embora, vadia!

O capataz meteu a mão no bolso e apalpou o pacotinho do dinheiro acertado para armar a cena contra Raul, o fidalgo que queria desposar a filha do fazendeiro. Pensou que poderia ficar com todo o dinheiro e seguiu a escrava. No caminho da senzala, apanhou-a, arrastou-a um canto escuro e passou a espancá-la ferozmente, depois de amordaçá-la e amarrá-la. Um jovem escravo, que cumpria castigo no pelourinho viu tudo e, terminado o castigo, foi contar o que vira a Fulgêncio, o escravo que namorava a mocinha espancada. Fulgêncio passou e espreitar o capataz para vingar-se, porque a escrava fora encontrada morta no cafezal. Um dia, conseguiu cercá-lo e bateu com tremenda força em sua cabeça. Pensou

257

que o havia matado e, depois da tentativa de homicídio, fugiu com um bando de escravos renegados. Mas Onofre não morrera. Quando soube da fuga do seu inimigo, pegou o filho que este deixara e desapareceu com ele. Fulgêncio soube, após muito tempo, que o menino estava morto, e jurou vingar-se do capataz impiedoso.

Paulo, espantado, voltou-se para João, que mantinha-se ao seu lado. Quieto, o rapaz apenas o analisava.

– *Que homem implacável!*

– *Eu sei. Mas se esforce. Veja mais...*

Paulo se concentrou e viu dois jovens felizes andando de mãos dadas. O rapaz era aquele que fora visto sendo beijado pela escrava; deduziu que a moça era Helena. Eram namorados. O cenário mudou, e os jovens se transformaram em dois ciganos; viu quando outros ciganos os chamaram de Sofia e Yago. Eles dançavam em volta de uma fogueira, e um homem, em vestes sacerdotais, os espreitava, devidamente oculto. A fogueira se desfez, e um palácio se ergueu no lugar dela. Os jovens agora vestiam-se de romanos e caminhavam um ao lado do outro, e os rostos eram de Valquíria e Pedro.

O jovem se admirou e não entendeu.

– *Valquíria e Pedro! O que eles têm a ver com essa história?*

– *Continue, Paulo. Entenderá.*

O ex-advogado parou e procurou concentrar-se novamente. Diante de outro palácio, viu um homem franzino, com ar dissimulado. Parecia estrangeiro e vestia-se pobremente. Ele falava com uma serva do lado de fora da imensa casa.

– Ponha isto na bebida da senhora Cássia. Será grandemente recompensada.

A jovem obedeceu e entrou. Paulo observou o semblante do homenzinho transformando-se na face do capataz da fazenda. Depois, deparou-se com uma linda mulher, vestida de romana, deitada na própria cama, e parecia morta. A pele clara da mulher se escureceu até que dona Terezinha aparecesse no lugar dela.

Então, de repente, Paulo se ergueu, surpreso. Começava a entender tudo.

– *Sou eu!* – bradou aflito. – *Meu Deus! Como pude ser tão pernicioso às pessoas?!*

Ele se reconheceu no padre Gregório, tramando com o capataz pela separação de Raul e Helena; divisou o bispo Saramago criando armadilha contra Sofia e Yago; e, enfim, viu-se vestido como o samaritano Abdias, com olhar rancoroso sobre Fábia e Marcus Varro. Angustiado, vislumbrou toda a sua vida de crimes e abusos sacerdotais.

– *Acalme-se, amigo!* – recomendou João. – *Tudo já passou, não se desespere. Agora sabe por que não podia deixar seu pai. O grego Ácteon o amaldiçoou em Jerusalém; juntos, vocês deveriam resgatar uma trajetória de crimes. Sua missão era deixar Valquíria e Pedro seguir em paz, pois sempre interferiu de maneira impiedosa na vida deles. O sacerdócio, seu instrumento de erros e maldades, seria retomado para que aprendesse a seguir uma vida verdadeiramente dedicada ao Cristo, como você mesmo pediu ao pé da cruz do Mestre. Seu pai, ou Ácteon, faliu novamente; você não. Finalmente, conseguiu desvencilhar-se do amor doentio por Valquíria e a deixou ao lado de quem ela ama. Algumas vezes, certamente foi tentado a conquistá-la, porém resistiu, e ainda a protegeu contra seu pai. O sacerdócio foi vivido satisfatoriamente, e você passou a entender a Boa-Nova de Jesus e ainda desfez uma batalha pronta para ser deflagrada entre crenças contrárias. Procurou ser justo e bondoso. A adversidade entre você e senhora Cássia, ou seja, minha mãe, foi resolvida quando você a recolheu em sua casa depois do meu desenlace. Finalmente, fizeram as pazes e passaram a se tratar como mãe e filho.*

Em lágrimas, Paulo agradeceu a Deus pelo entendimento que, enfim, surgia. Entendeu também porque discutia tanto com o pai. João captou seus pensamentos e emendou:

– Por isso o senhor Jonas nunca fez questão de esconder a preferência por Sara. Vocês eram inimigos declarados. Por mais que ele o ajudasse a armar tramoias contra as pessoas, ele sempre se voltava contra você. Depois de te ajudar a separar Helena e Raul, ele decidiu entregá-lo ao fazendeiro. Era o braço direito do bispo Saramago, contudo, quando Sofia e Yago se separaram, ele o traiu contando tudo aos ciganos, que o perseguiram até a morte. Ele veio como seu pai nesta ocasião, porque a paternidade poderia impedi-lo de atacá-lo com mais veemência. Em contrapartida, você deveria ampará-lo.

Paulo passou a refletir, agora mais calmo. E desabafou:

– Meu Deus! Como somos ignorantes e fracos! Eu estive diante do Divino Amigo e não aproveitei o momento. Perceba todo mal que foi feito apenas porque perdi uma grande oportunidade! Quanto tempo se passou até que eu entendesse, afinal!

– Por isso, Paulo, as pessoas estão erradas em dizer que o Espiritismo, quando afirma a reencarnação, dá margem a que se cometa o erro livremente apenas porque haverá outras chances e outras existências. Contudo, o pensamento está errado, porque é necessário fazer aquilo que devemos no exato momento em que divisamos o caminho correto a seguir. Perder uma oportunidade leva a tudo o que aconteceu com você. Passaram-se mais de mil anos entre sofrimentos e lutas incansáveis até que, finalmente, conseguisse se regenerar e corrigir o próprio rumo. Não se pode enganar a Deus dizendo: não farei nada agora, terei outra vida para consertar minhas falhas. Deus é Aquele que enxerga até os nossos segredos mais escondidos. Aproveitar a oportunidade é subtrair uma grande parcela de tempo em busca de progresso e evolução. Assim, a dificuldade será menor.

O jovem concordou com o amigo em silêncio. E ficou admirado com mais uma revelação. Lembrou-se de um jovenzinho tímido que o advertia na sacristia da igreja onde era padre; divisou o rosto de um frade inteligente e lúcido que o avisava sobre os problemas que teria se não deixasse a cigana em paz; por fim, viu o rosto de João, ali ao seu lado, transformar-se em Elias. Ele riu, satisfeito.

— *Só podia ser você mesmo! Meu grande e leal amigo!*

João abriu largo sorriso. E ainda se transfigurou novamente, passando a ter cabelos alourados e olhos azuis como safira.

— *Adonai!* — Paulo exclamou, feliz.

— *Eu mesmo! Lembra-se que conversávamos aqui, neste exato lugar, antes que reencarnasse? Não disse que Deus e Jesus nunca nos abandonam na estrada, sem mapa ou direção? É assim que atravesso com você as suas existências desde tempos remotos, procurando ajudá-lo. Sigo para sempre contigo, meu amigo!*

— *Jesus está sempre conosco e, ainda assim, coloca uma guarda ao nosso lado, para não fraquejarmos. Obrigado, Adonai, pela sua amizade e dedicação!*

O semblante de João reapareceu. Ele sorriu.

— *Pode continuar a me chamar de João, está bem?*

Os dois passaram a rir. Estavam felizes. Mais uma etapa concluíra-se, e permaneciam unidos como irmãos. Paulo estava radiante.

— *Eu venci! Estava com medo de errar novamente e venci! Deus, como tal certeza é maravilhosa! Eu quero ser útil, João! Como faço para falar às pessoas que estão na Terra? Como posso me comunicar por um médium? Eu quero falar de minha experiência a todos, para que tenham fé e aproveitem as oportunidades para não passar pelo que eu passei!*

— *Calma, amigo! Uma coisa de cada vez.*

Caminharam pelas alamedas floridas da colônia espiritual, e Paulo, animado como nunca, falava descontroladamente sobre os planos ao jovem sereno e comedido que era João.

∾ Numa noite agradável de sexta-feira, na Casa Espírita, Frederico recebeu, das mãos de Terezinha, algumas folhas de papel. Tratava-se de uma mensagem psicografada por ela. Leu os escritos com cuidado. Contente, entregou as folhas a Ester, Sara e Renato. Eles liam e as lágrimas transbordavam entre risos. Valquíria e Pedro ficaram curiosos, mas não puderam deixar de dar atenção a um lindo menino peralta de quatro anos, que brincava pela sala de sessões do Grupo de Estudos Espíritas Paz e Esperança. O casamento dos dois fora coroado com uma criança abençoada. Sara conseguiu conter as lágrimas e passou a ler em voz alta, ainda cheia de emoção:

"Mãe querida; minha doce irmã Sara; estimado cunhado Renato. Amados amigos de minha abençoada jornada. Que a paz do Mestre Jesus seja repleta em todos!"

Ao ouvir as primeiras palavras pronunciadas pela voz encantadora de Sara, Frederico, Terezinha, Pedro e Valquíria sorriram. A jovem continuou, docemente:

Eu não poderia desejar estar em melhor lugar do que me encontro. Ao lado do grande amigo João, aprendo e vivo a eterna vida do espírito, bênção imorredoura que brota do Nosso Amado Criador diretamente às nossas mentes e corpos etéreos. É sublime continuar amando as pessoas que deixamos no planeta. Nada se perde, o amor é infinito e nos envolve, sustentando-nos para sempre. As experiências não são esquecidas. Ao contrário, são arranjadas de tal modo, para que possamos ver o passado e ajustar nossa visão na direção de uma nova existência, e assim vamos de século em século, aprendendo e abolindo de nosso íntimo a ignorância tão avassaladora, mãe de todos os enganos e erros. Foi com grande emoção que vislumbrei o passado, minhas existências em épocas remotas, e percebi o quanto fui desumano e frio; fui um homem que não se poderia chamar de amigo. Contudo, a justiça divina veio sobre mim como vem para todo ser, e sofri as dores que eu mesmo causei, amarguei as angústias que imprimi no coração de pessoas inocentes, mas, graças ao bom Deus, aproveitando uma nova oportunidade, renasci no meio de gente tão pacífica e bondosa que me amparou nos difíceis momentos de dúvidas e temores. Não tive como falir novamente! Venci o orgulho, reajustei a direção e passei adiante, aprovado na escola da vida e apto para novas aventuras pelo conhecimento de mim mesmo e da divindade.

Retorno a todos para rogar que não cometam o erro que cometi; ainda hoje guardo a imagem do querido Mestre, em Cafarnaum, convidando-me a seguir com Ele em suas doces pegadas, mas, estúpido que fui, deixei-O seguir sem mim, para dar alimento à minha insaciável ambição! Creiam! Troquei a abençoada e segura companhia de Jesus por uma perversa satisfação pessoal que nem cheguei a atingir! Fui cruel, traiçoeiro, manipulador de almas. E paguei o alto preço da desilusão. Entretanto, a inesgotável bondade do Senhor recolheu-me os destroços e deu-me a chance de tornar-me novo homem pelo trabalho e esforço. Considerem a oportunidade que desperdicei! Quantos anos passei em agonia, com a mente perturbada pela minha miserável sede de poder e glória! Assim, reafirmo: aproveitem os momentos de reflexão, sigam o caminho do bem e renovem-se a cada dia. Façam o que puderem pela melhoria de sua evolução espiritual agora. Não passem pelo mundo como o viajante despreocupado que diz: perdoarei amanhã, depois procurarei transformar meu defeito em virtude; vencerei tal tendência ruim em outra ocasião; neste momento devo cuidar de minha completa satisfação pessoal, mesmo que seja em detrimento de outrem, e amanhã, será a hora de seguir o Cristo. A hora é agora. O momento é este. Por mais que os nossos sonhos desfeitos nos atormentem a alma, nada irá se comparar à ruína de nos desviarmos do caminho traçado por

Deus. Valorizem e procurem o que realmente tem valor na vida, sem preconceitos. O preconceito turva a mente e o coração e promove a injustiça e o mal. Aqui, entendemos que a missão dos religiosos é conduzir os homens a Deus. Somos todos servidores de boa vontade. Estamos aqui animados no bem, dispostos a servir. Nosso Mestre é Jesus e com Ele trabalhamos para Deus. O Mestre é um somente, e a Ele nos reportamos, felizes. Entre tantos nomes ilustres que passaram por aqui, estes, mais dignos e elevados do que eu, deixo minha humilde contribuição de aprendizado na forma de minhas experiências. Boas ou más, fizeram de mim o que sou hoje. E, pela graça eterna de Deus, finalmente posso dizer, com a consciência tranquila, que hoje sou melhor do que ontem. Rogo a Deus, em minhas orações, que os abençoe sempre e que a paz seja interminável entre meus queridos amigos e familiares. Jamais os esquecerei. Que o Senhor nos permita a alegria do reencontro em regime de fraternidade acolhedora.
Do amigo de sempre,
Paulo de Tarso.

Frederico endereçou a Terezinha, agora sua esposa, um olhar cheio de carinho. Pela mediunidade dela veio a confortadora mensagem psicografada de Paulo, o jovem pastor que desafiara preconceitos e injustiças em nome do Cristo de paz e amor. Todos tinham olhos marejados.

– Ah, quando poderei receber uma mensagem de minha querida Alessandra!

Frederico olhou ao redor. Concluiu:

– Na hora certa, Ricardo. Aguarde.

Ester, Sara e Renato trocaram sorrisos. Frederico convidou todos a darem as mãos para uma oração. Fecharam os olhos e ouviram Frederico iniciar a prece:

– Soberano Deus, nosso único Pai; doce Rabi da Galileia, eterno Amigo das criaturas; nós, seus humildes servos, agradecemos por infindáveis graças. Nossos amigos se vão e retornam para acariciar nossos corações. A tristeza cede e dá lugar à esperança, e o amor triunfa das trevas! Entendemos que a morte não existe e que a vida continua em outro plano. Assim, ela não nos assombra: esta é a lei imutável de Deus. No momento da separação, quando o corpo físico falece, entregamos os entes queridos a Deus, na certeza de que, cedo ou tarde, iremos nos rever, que a separação é apenas momentânea. A eles, endereçamos nossos melhores pensamentos, nossa prece fervorosa, certos de que eles se encontram vivos, em país distante. Eles nos trazem, por intermédio da mediunidade, notícias de um mundo melhor, repleto de harmonia. Lá estaremos um dia, na medida de nossas obras voltadas para o bem. Para tanto, perseveremos na prática da caridade, em clima de companheirismo com nossos semelhantes, sejam quem forem. Perante o Criador, somos todos iguais, independentemente daquilo em que acreditamos ou não. Eles se apressam em nos trazer o testemunho das próprias experiências para não cairmos em erro e nos perdemos na tenebrosa estrada da ignorância. Assim, estamos todos em presença um dos outros como outrora, aqui na Terra. O companheirismo não se desfaz, a amizade torna-se ainda mais duradoura apoiada pela Luz Divina; desta forma tão bela e reconfortante, vamos seguindo nossa jornada pelo mundo, confiantes na eternidade de nossas almas e de um futuro brilhante. Nós agradecemos, a Deus e a Jesus, nosso Mestre, as bênções que recebemos. Esperamos, um dia, sermos merecedores da misericórdia divina, cumprindo sua soberana vontade. Assim seja, graças a Deus.

A fervorosa prece, pronunciada por Frederico, ecoou pelo salão, acompanhada pelos corações que ali se encontravam. Paulo,

João e Alessandra vislumbraram a chuva de luz prateada que envolveu o ambiente. Emocionados, sentiram-se elevados na salutar atmosfera fluídica que os envolvia, proveniente das esferas celestiais, misericórdia do Criador em favor dos seus filhos amados.

Referências históricas

BELZEBU (Beelzebuth)

Divindade filisteia ou cananeia. **Beelzebuth** (deformação do nome de uma divindade filisteia ou cananeia: *Baal Zebub* ou *Baal Zebul*, vulgo Belzebu, Príncipe dos Demônios, Senhor das Moscas e da pestilência, Mestre da Ordem) é conhecido principalmente como O Terceiro dos Três. Tem essa nomeação por ser o terceiro demônio mais poderoso do inferno, curvando-se somente perante Lúcifer e o próprio Shaitan, de Tenebras.

Baalzebub é uma entidade que amalgama outras duas poderosas entidades conhecidas da mitologia Cananeia e Fenícia:

• o deus Baal ou Bael, senhor dos trovões, da agricultura e da fertilidade. Também associado à morte e à crueldade;

• Zebub, o deus das moscas e da pestilência.

Segundo a mitologia, Zebub era um infernunita arqui-inimigo de Baal. Este, junto com grandes magos da Antiguidade, derrotou Zebub numa batalha épica, que, por ter expandido suas forças no cosmo, abriu um abismo que sugou os dois deuses e os uniu em um só, o então "belth-zebul". Em espírito, foi arremessado ao Inferno e lá perdurou na "fossa", até ser resgatado por Shaitan. Seu poder excedia o poder de Zebub e do próprio

Baal. Proclamou-se senhor da cidade de Dite, antes governada por Orcus.

Na ideologia católica, Belzebub era visto, na Idade Média, como um dos sete príncipes do Inferno, sendo a personificação do segundo pecado, a gula.

CAIFÁS

O sumo sacerdote do Templo de Jerusalém que também participou do julgamento de Jesus.

CICUTA

Cicuta L. (também chamado **abioto**, em alguns lugares de Portugal) é um gênero de planta apiácea que compreende quatro espécies muito venenosas, nativas das regiões temperadas do Hemisfério Norte, especialmente da América do Norte. São plantas herbáceas perenes, que crescem até 1-2 metros.

É também o nome comum do veneno extremamente poderoso produzido pela planta conhecida como **cicuta** (*Conium maculatum*), nativa da Europa, do Médio Oriente e da bacia mediterrânica. A principal causa de sua toxicidade é a presença da substância cicutoxina. Além do seu uso para a ponta de flechas, este veneno ficou conhecido como "veneno de Sócrates", (469 a.C–399 a.C.), porque o filósofo grego foi condenado a bebê-lo; antes de falecer, segundo Platão, seu mestre incutiu uma dúvida em seus acusadores: "E agora chegou a hora de nós irmos. Eu, para morrer; vós, para viver; quem de nós fica com a melhor parte ninguém sabe, exceto o Deus."

CIDADE DE SAMARIA

A província situada entre a Judeia e a Galileia foi fundada após o Cisma das tribos de Israel e fazia oposição a Jerusalém. Os fariseus chamava Siquém ["a cidade dos samaritanos"], Sichen ou Shkhem, de Sicar ["mentira"], porque os seus habitantes, os samaritanos, aceitavam apenas o Pentateuco [os cinco livros do Antigo Testamento], recusando-se a seguir ao que lhes foi acrescentado. Tinham o próprio templo erguido no monte Garizim, e a rixa entre galileus, judeus e samaritanos perdurou durante anos. Samaria também era chamada de Sebasta, que quer dizer Augusta, nome dado por Herodes em homenagem ao imperador romano.

EMMANUEL

Mentor espiritual do médium Francisco Cândido Xavier, que o acompanhou durante toda a sua vida mediúnica. A citação apontada nesta obra encontra-se no seu livro *O Consolador*.

FARISEUS (em hebraico = separação)

Considerados judeus puros, fariseus eram os doutores da lei judaica, sacerdotes e escribas do templo de Jerusalém. Eles tinham grande influência no Estado e na religião nacional. Eram fascinados pela dominação e pelo poder e prezavam os atos externos, porém tinham hábitos dissolutos. Jesus dedicou grande parte de suas pregações a eles, desmascarando-os (ver a discussão do templo, no Livro de Mateus). A expressão "fariseu moderno" é uma alusão aos antigos fariseus, que adequavam as leis de Deus aos próprios interesses e opiniões.

FORTALEZA ANTÔNIA

A fortaleza Antônia ficava próxima à praça do templo em Jerusalém. Construída por Herodes, o Grande, que deu esse nome em honra ao líder romano Marco Antônio, a fortaleza era a maior instalação romana militar em Jerusalém. As torres da fortaleza permitiam às tropas romanas observar a multidão reunida no templo, e os judeus se irritavam muito com isso. A torre principal media 47 metros e tinha uma passagem ao Templo através de uma galeria. Acredita-se que, nas dependências da fortaleza, Jesus foi ridicularizado, julgado e condenado à morte na cruz.

GALÉ (Galera Romana)

Em geral, **galé** ou **galera** designam qualquer tipo de navio movido a remos. Algumas variações possuem mastros e velas para auxiliar a propulsão. Eram navios muito usados em guerras, na Europa, por isso desempenharam um papel de grande importância na época.

Por vezes os remadores eram prisioneiros, e os carrascos marcavam em brasa duas letras nas costas dos condenados, os quais as temiam mais do que tudo, porque um condenado às galés vivia muito pouco tempo, quase não tinha descanso, comia mal e era chicoteado quando não obedecia. Os prisioneiros eram condenados às galés por terem cometido crimes muito graves, porém, com o tempo, as guerras foram aumentando, e o governo necessitava de mais remadores, por isso os juízes foram orientados cada vez mais a condenar bandidos às galés, e, assim, até mesmo pequenos infratores eram condenados. O tempo das remadas dos condenados era marcado por um tambor.

GALILEIA

Região conhecida pelo famoso Mar da Galileia (ou lago de Genesaré, lago Kneret, ou, ainda, Mar de Tiberíades, nome dado para homenagear ao imperador romano Tibério, contemporâneo de Jesus). Era o oposto de Jerusalém, repleta de plantações de amoreiras e parreiras. Toda a região tinha uma fauna e flora riquíssimas, e, consequentemente, o clima era excelente. As pessoas eram mais hospitaleiras e cheias de calor humano, talvez seja por isso que Jesus tenha passado mais tempo na Galileia do que em Jerusalém. Na Galileia existiam pequenas indústrias que produziam desde tecidos até enxadas e ancinhos. Ao longo das estradas havia muitas pousadas e estalagens. As principais cidades da Galileia eram: Betsaida, Gadara, Corazim, Cafarnaum, Magdala, Tiberíades, Tabgha e, mais afastadas do mar da Galileia, Naim, Nazaré e Caná.

GENTIOS

De acordo com a linguagem do Novo Testamento, ao termo 'gentio' se contrapõe 'judeu'. Parece que havia algo de pejorativo nessa palavra, visto que a sua definição, segundo os dicionários, é: *pagão, idólatra*. Além disso, em virtude do rito da circuncisão entre os judeus, os demais povos eram chamados de 'incircuncisos', numa evidente atitude de menosprezo.

'Gentio' – nome que designava todas as nações, fora a judaica (Is. 49:6; Romanos 2:14; 3:29). Os judeus eram o povo escolhido por Deus. Tinham religião sublime, cuja verdade contrastava com as falsidades das religiões dos gentios.

Segundo comentário de John D. Davis (*Dicionário da Bíblia*, Editora Hagnos), a atitude dos hebreus faz lembrar a conduta dos brâmanes indianos que não queriam comer junto com os seus patrícios de classe inferior na sociedade, e muito menos com aqueles que eram desclassificados, ou com os estrangeiros. O apóstolo Pedro, instruído pela visão que teve em Jope, rompeu com estas restrições, foi visitar Cornélio, que era gentio, e comeu com ele, o que deu motivo aos cristãos convertidos ao judaísmo de se escandalizar (Atos 10:28; 11, a partir do versículo 1º).

Por sua vez, o apóstolo Paulo de Tarso, em pé nos degraus da Torre Antônia, após vislumbrar Jesus, o Divino Amigo, a caminho para Damasco, declarou à multidão que Deus o havia comissionado para pregar aos gentios. Os judeus, ao ouvir essas palavras, gritaram: "Tiremos este homem do mundo, porque não convém que ele viva" (Atos 22:21-22). Como resultado deste episódio, Paulo só não foi preso e morto, como queriam os judeus, porque era romano de nascimento, condição que prevaleceu. Em compensação, como apelou para César, teve de viajar até Roma para se defender. Entende-se, por tais passagens, porque o denominavam "O Apóstolo dos Gentios".

GÓLGOTA

O possível local da crucificação de Jesus. O nome significa Caveira. Calvário tem o mesmo significado.

HERODES ANTIPAS

Governador e rei da província da Galileia e Pereia. A pedido dele, João Batista foi degolado para satisfazer sua sobrinha, Salomé. Era um rei fantoche, porque, na verdade, quem governava a Judeia era Roma, que o nomeou rei por estratégia política. (Ver a história da dominação romana na Palestina antiga). Seu pai, Herodes, o Grande, ordenou o assassinato dos meninos judeus pela ocasião do nascimento do Cristo. Ele queria impedir o nascimento do Messias, predito por todos os profetas da época.

JERUSALÉM

Cidade-berço dos judeus de raça pura e aristocrática, era a sede do governo nacional. Por ser um centro econômico movimentado, era também a sede do governo romano na região. Dividia-se entre Cidade Alta, no monte de Sião, local de moradia dos ricos e poderosos; Cidade Baixa, ao longo do Vale de Cedron, moradia dos pobres e bairro do Templo.

Diz-se que na Cidade Alta ficavam o palácio do rei Herodes Antipas, a casa de Pôncio Pilatos e do sumo sacerdote Caifás. Jerusalém não era uma cidade bem planejada, seus córregos eram mal tratados e sujos, e o sistema de esgoto era mal distribuído.

O povo sofria com a escassez de água. Era uma cidade de um cenário desolador e frio. Tinha como vizinhas: Jericó, Belém, Betânia, Betfagé, Efraim, Emaús, Ramá e Arimateia.

JÚPITER

Principal deus romano. Os romanos eram politeístas e acreditavam em deuses como Juno, Marte, Vênus e outros, e cada qual tinha o seu similar aos deuses gregos. Plutão era similar a Hades; Vênus era Afrodite, e Júpiter era o mesmo que Zeus.

KRAKEN

Animal lendário também presente na mitologia grega. É um monstro gigante, similar a um polvo ou lula, que vive no fundo do mar e destrói as embarcações. Entre as lendas gregas, dizia-se que era filho de Hades, o deus dos mortos e do Inferno.

LEVIATÃ

Criatura da mitologia hebraica. No Antigo Testamento, a imagem do *Leviatã* é retratada pela primeira vez no Livro de Jó, capítulo 41. Sua descrição na referida passagem é breve. Foi considerado pela Igreja Católica, durante a Idade Média, como o demônio representante do quinto pecado, a Inveja, também sendo tratado como um dos sete príncipes infernais. Uma nota explicativa revela a primeira definição: "monstro que se representa sob a forma de crocodilo, segundo a mitologia fenícia" (Velho Testamento, 1957: 614). Não se deve perder de vista que nas diversas descrições no Antigo Testamento ele é caracterizado sob diferentes formas, uma vez que se funde com outros animais. Formas como a de dragão marinho, serpente e polvo (semelhante ao Kraken) também são bastante comuns.

MARTINHO LUTERO (Reforma Protestante)

Martinho Lutero (Eisleben, 10 de novembro de 1483 – 18 de fevereiro de 1546) foi um sacerdote agostiniano e professor de teologia alemão, figura central da Reforma Protestante. Veementemente contestando a alegação de que a liberdade da punição de Deus sobre o pecado poderia ser comprada, confrontou o vendedor de indulgências Johann Tetzel com suas 95 Teses, em 1517. Sua recusa em retirar seus escritos a pedido do Papa Leão X, em 1520, e do Imperador Carlos V, na Dieta de Worms, em 1521, resultou em sua excomunhão pelo papa e à condenação como um fora-da-lei pelo imperador. (Pesquisar em Reforma e Contra Reforma Protestante).

MEDUSA E MINOTAURO

Monstros lendários da mitologia grega. A Medusa é uma das três górgonas, mulher com a cabeça repleta de serpentes vivas que transforma em pedra quem se atreve a encará-la. O Minotauro é metade homem, metade touro.

NAZARÉ

Cidade da Galileia situada a 123 quilômetros de Jerusalém, onde Jesus passou a maior parte da infância e juventude junto de seus familiares. Também como os samaritanos, os nazarenos eram mal vistos e chamados de gentios pelos judeus considerados "puros". Existem várias alusões bíblicas quanto à discriminação social na antiga Palestina. Ver João 1:46, "pode vir alguma coisa boa de Nazaré?", e João 7:41 "é acaso da Galileia que há de vir o Cristo?".

PÔNCIO PILATOS

Pôncio Pilatos foi prefeito da província romana da Judeia no ano 26 d.C. até o ano 36 ou começo do 37 d.C. Sua jurisdição chegava até a Samaria e a Idumeia. Antes dessas datas, pouco é sabido da sua vida. O título do cargo que exerceu foi o de *praefectus* (prefeito), da mesma forma que todos aqueles que ocuparam esse cargo antes do Imperador Cláudio, e está confirmado por uma inscrição que apareceu na Cesáreia. O título de procurador que alguns antigos autores utilizam para referir-se e este cargo é um anacronismo. Os Evangelhos referem-se a ele de forma genérica com o título de "governador". Como prefeito, tinha que manter a ordem na província e administrá-la tanto judicial como economicamente.

PRETOR

Na Roma antiga, o pretor era o magistrado encarregado da justiça. Tomava parte de julgamentos e sentenças. As funções na Judeia eram as mesmas, porém submetidas às decisões do Governador ou Prefeito de Jerusalém.

SADUCEUS (em hebraico = Sadôq ou Sadoc)

Designação da segunda escola filosófica dos judeus, ao lado dos fariseus. Suas doutrinas são quase desconhecidas, não restando nada de seus escritos. A Bíblia afirma que eles não acreditavam na ressurreição, tendo até tentado enlaçar Jesus com uma pergunta ardilosa sobre esse postulado. Provavelmente, ainda que rechaçando a tradição farisaica, possuíram uma doutrina relativa à interpretação e à aplicação da lei bíblica. O único que nos oferece alguns dados sobre suas doutrinas é Flávio Josefo (37 d.C.–100 d.C.), historiador e apologista judaico-romano, que, por ser fariseu e por haver escrito para o público greco-romano, não é considerado digno, neste caso, de incondicional credibilidade.

SINÉDRIO [Sinedrim]

Na Antiga Jerusalém, era o tribunal dos judeus. Formado por sacerdotes, anciões e escribas, com poder concedido pelo Império Romano para julgar questões administrativas e criminais. Segundo os historiadores, existiam dois sinédrios: o político e civil, com 23 membros, formando, na maioria por saduceus; e o religioso, com 70 membros, presidido pelo sumo sacerdote, composto, em maioria, por fariseus. A condenação de Jesus foi sentenciada pelo Sinedrio religioso. O Sinédrio podia condenar a morte, mas não executar a sentença: tal providência cabia aos governantes nomeados pelo Império Romano. O Sinédrio também condenou Estevão, Pedro, Paulo e João.

TEMPLO DE JERUSALÉM

Idealizado pelo rei Davi e construído pelo seu filho, Salomão. Era o orgulho dos judeus. Apesar de erguido em homenagem a Deus, na construção existiam fortes evidências da discriminação judaica. Havia o Pátio dos Gentios, das Mulheres (porque as mulheres eram proibidas de ter acesso às Escrituras, não podiam ensinar nem ler), o Pátio dos Levitas, e ninguém podia se misturar. No interior do templo ficava o Santo Santorum, onde era guardada a Arca da Aliança, e somente o sumo sacerdote podia entrar naquele ambiente, e apenas uma vez por ano. Construído em mármore branco com ressaltos de ouro, tinha oito portais colossais, sendo que o mais famoso, o Pórtico Real, era chamado de Alpendre ou Pórtico de Salomão, diante do qual Jesus se proclamou o filho de Deus, e os judeus quiseram apedrejá-lo. Imensa construção comportava, em cada pátio, entre cinquenta e cem mil pessoas.

TRIBUNO

Na Roma antiga era o magistrado que atuava junto ao Senado em defesa do direito da plebe. Na Judeia, o tribuno era o mesmo que um auxiliar direto do Governador ou Prefeito de Jerusalém, tomando parte das decisões importantes sobre o Estado. Existia também o tribuno dos soldados, mas sem os mesmos poderes do tribuno do governo.

Os mistérios que rondam os dois lados da vida...

Vultos sombrios, uma casa assombrada e um segredo...

Distante da cidade, a casa do bosque esconde um estranho segredo. Seus vizinhos estão certos de que a residência é assombrada. Desafiando o perigo, Leandro invade o lugar. Protegido pelo entardecer, ele penetra na casa e cai nas garras do desconhecido. O primeiro a recebê-lo é um vulto sombrio...

Mais um sucesso da Petit Editora!